编审委员会

主　任　李树忠

副主任　吴景明

委　员　（按姓氏笔画排序）

王敬波　卞建林　孔庆江

曲新久　杨　阳　杨秀清

李欣宇　费安玲　焦洪昌

法学 系列教材

民法总论（第二版）

姚新华/著

MINFA ZONGLUN

中国政法大学出版社

2024·北京

图书在版编目（ＣＩＰ）数据

民法总论 / 姚新华著. —2版. —北京：中国政法大学出版社，2024.1
ISBN 978-7-5764-0951-2

Ⅰ.①民…　Ⅱ.①姚…　Ⅲ.①民法－研究－中国　Ⅳ.①D923.04

中国国家版本馆CIP数据核字(2024)第000161号

出　版　者	中国政法大学出版社
地　　　址	北京市海淀区西土城路 25 号
邮　　　箱	fadapress@163.com
网　　　址	http://www.cuplpress.com (网络实名：中国政法大学出版社)
电　　　话	010-58908435(第一编辑部) 58908334(邮购部)
承　　　印	北京旺都印务有限公司
开　　　本	720mm×960mm　1/16
印　　　张	19.00
字　　　数	300 千字
版　　　次	2024 年 1 月第 2 版
印　　　次	2024 年 1 月第 1 次印刷
印　　　数	1~3000 册
定　　　价	62.00 元

编写说明

　　法学的实践性历来为法学教育所重视和强调，如何培养法科学生的法律运用能力也一直是法学教育的重点和难题。随着国家统一法律职业资格考试对法治实践水平的着重考察，以及同等学力人员申请硕士法学学位教育对理论知识结合司法实务的迫切需求，本系列教材编写组结合互联网科技和移动电子设备的发展趋势，根据全国各大法学院校不同学制法学教育的特点，针对学生法学基础深浅不一、理论与实践需求各异的现状，以掌握法学最基础理论知识、应对国家统一法律职业资格考试和同等学力人员申请法学硕士学位专业考试、提升司法实践能力和法律运用能力为目标，组织编写"法学e系列教材"。

　　本系列教材的特点主要体现在以下几个方面：

　　第一，本系列教材的编写人员均为中国政法大学从事法学教育数十年的知名教授，拥有极为丰富的法学教学经验和丰硕的科研成果，同时深谙司法实务工作特点和需求，能够在授课过程中完美地结合法学理论知识与法律实务技能，多年来深受学生的喜爱和好评。他们立足于法学教育改革和教学模式探索创新的需要，结合互联网资源信息化、数字化的特点，以自己多年授课形成的讲义和编著过的教材为基础，根据学生课堂学习和课外拓展的需要与信息反馈，经过多年的加工与打磨，精心编写而成。本系列教材是各位编写人员数十年法学教学、司法实践与思考探索的结晶，更是他们精心雕琢的课堂教学的载体和平台。

　　第二，知识详略得当、重点突出，完善法科学习思维导图。首先，本系列教材内容区别于传统法学全日制本科、研究生专业教材和学术著作，主要涉及法学教育中最根本、最重要的知识要点，教材篇幅适中，内容简洁明了、通俗易懂，准确阐述法学的基本概念、基本理论和基本知识，主要使学生了解该学科的通说理论。其次，本系列教材不仅旨在传授法学基础知识，更要帮助学生在脑海中形成脉络清晰的树状知识结构图，对于如何解构法律事实、梳理法律关系、分清主次矛盾、找到解决方法，形成科学完整的法学方法论，为法学理论拓展或法律实务工作奠定坚实的基础。最后，对于重难点内容进行大篇幅详细对比和研究，使学生通过学习本教材能够充分掌握重要知识点，培养学生解决常见问题的能力；对其他相关知识点如学术前沿动态和学界小众学术观点，则以二维码的形式开放线上学习平台，为有余力者提供课外拓展学习的窗口。

第三，实践教学与理论教学相结合，应试教学与实务教学相结合。本系列教材承载了海量案例库和法律法规库，同时结合扫描二维码形式跳转到相关资源丰富的实务网站，充分结合案例教学、情景教学、课后研讨和专题研究等教学、学习方法，引导学生从理论走向实践、从课堂走向社会。同时，为了满足学生准备国家统一法律职业资格考试和同等学力人员申请法学硕士学位专业考试的需要，本书设置了专项题库和法规库并定期更新，以二维码的形式向学生开放各类考试常考的知识点及其对应的真题、模拟题，提供考点法律法规及案例等司法实务必备信息，引领学生从法学考试走向法律实务、从全面学习走向深度研究。

第四，立体课堂与线下研讨相结合，文字与图表、音视频相结合。除了完善课前预习和课堂授课内容，本系列教材也为学生提供了丰富、立体的课下学习资源，结合网络学习平台，加强出版单位和读者沟通，加强师生互动沟通，不断更新、完善教师教学效果、学生学习成果、出版整合资源成果。

本系列教材是各位参编教师数十载潜心研究、耕耘讲台的直接成果，搭乘e时代的高速科技列车，以法学结合互联网、教材结合二维码为创新方式，攻克法学教育资源庞杂、重难点难以兼收的难题，希望为广大法科学子和司法实务工作者提供更加科学、实用的法学教材。我们相信，这些成果的出版将有力地推动各类法学院校法学教学改革和法律人才培养目标的实现，我们也希望能够得到广大从事法学教育工作的专家、学者的鼓励、交流与批评、指正！

编审委员会

2017 年 7 月

第二版前言

　　《中华人民共和国民法典》（以下简称《民法典》）的公布及实施，是法律生活中的大事。修订后《民法典》的内容和条文都有所变化，因此须为此作相应的修订和补充。对新法律的回应并不局限于法理和内容的增订，还从学术视角审视新法律，并提出些思考。

　　从清末、民国一直到新中国，民法立法一直是"补课"作业，立法部门和民法学术界对西方法律及其法律学说抱着学习心态，但民法研究中也有对本土司法实务的理论总结。而对处于"百年未有之大变局"的世界，及迈向"全面建成社会主义现代化强国"的中国，《民法典》的公布只能是一个新起点和新时代的开端，民法理论向何处去，需要有新的视野面向未来。

　　中华民族的复兴，理所当然应包含法律文明的复兴；跻身于世界民族之林，也需要有自我主张，法律学人的担当任重而道远。对于一个有五千年历史的中华民族来说，只有平视这个世界，才可能创作出真正属于我们自己的法律；对一个渴望复兴并正在走向复兴的民族来说，只有俯视这个地球，才可能树立真正的自信，并创造出属于民族的也是世界性的法律！

姚新华

写于癸卯年夏至

二〇二三年六月二十一日

　　民法也称市民法，市民即交易者。所以，民法就其本质，是市场经济的基准法；就其源起而言，是西方重商主义的产物。这表现在民法调整的人身关系和财产关系中，对人、对财产的定位，都是以交易为视角和导向的。因此，在民法理论中也产生很多纠结，如在财产归属和交易安全发生冲突时，该如何平衡两者的利益；又如在格式化交易中，如何维护消费者一方的意思自治等，都是民法中的难题。社会的发展就是人的发展，社会的进步就是文明的进化，民法中存在的这些问题，也是民法理论的发展动力和创新之源。

　　作为农耕民族的中国，历代历朝都把"重农抑商"作为国策，相应的就是本土法律中缺乏体系化的交易规则，这是不争的事实，也是近代从西方引入民法的首要原因。民法作为外来法，体现着启蒙运动以后出现的新思想、新观念，对促进中国由农业社会向工商社会转型，具有推动作用，满足了工商社会日益活跃的交易对法律规范的需求，由此也填补了本土商业规范的不足。人们熟知"文以载道"，其实法亦载道，只有"载道"的法律才会被人民信仰，才会有力量。这个"道"既包括公平正义，也包括一个民族的文化传统。这就引出问题的另一面，作为外来的民法，要植根于有五千年文明的中国，只有与既有的民族精神和信仰融合兼蓄，外来之法才能真正落地。就此而言，隔断自身历史，照搬照抄外邦的法律，只能取得"有法"之外壳，却不会有"可依"之效果。在笔者看来，这是衡量我国民事立法是否成功，民法理论研究有无独立价值的一个重要视角。

　　在以科学方法构建的民法体系中，总分则架构、物债两分、法律行为是被公认的创新性理论。很巧，这些民法理论与马克思主义一样，也来自德国。而民法总则就是总分则体系中的一个范畴，继受这个体系的我国民法立法、民法学研究就是在这个高起点上展开的。2017年3月，我国《中华人民共和国民法总则》（以下简称《民法总则》）公布，使这个民法学体系又获得了实定法的支撑。结合法律规范论述基本概念、基本理论，可以满足学以致用的要求；再由理论解读规范，延展思考深度，获得理论体系的知识。任何法律规范都会随着时间而被修改，唯知识之树常青。这是笔者写作时萦绕于脑际的想法，究竟做到几成，只能由读者评价了。

姚新华

写于戊戌年六月十三

目录

第一章 绪 论

本章知识结构图

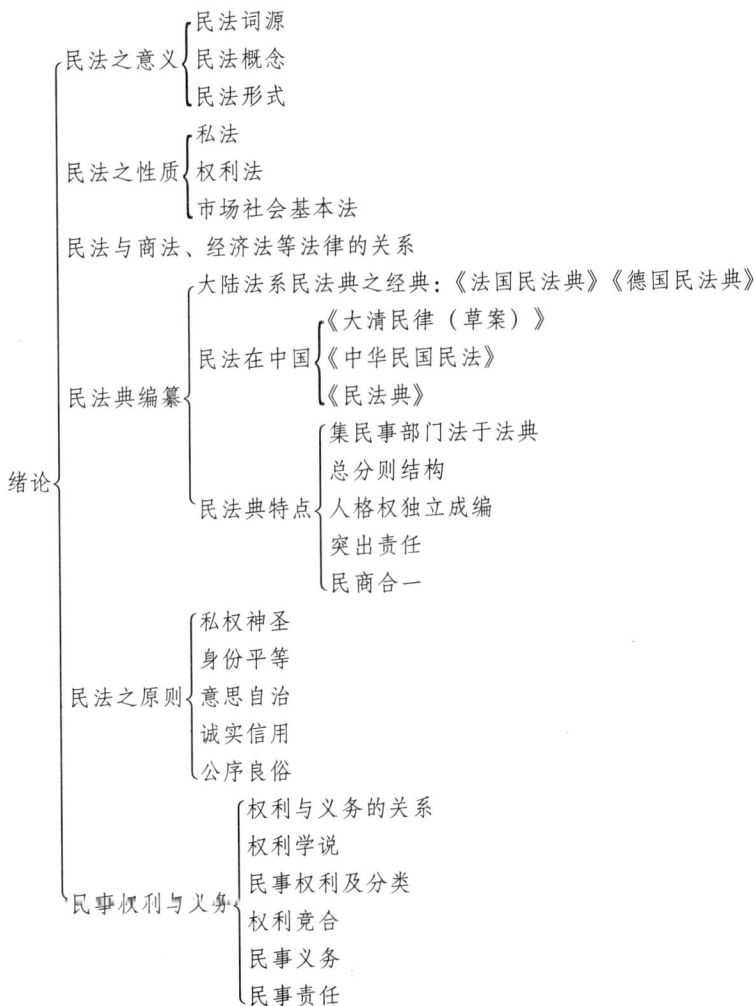

```
                        ┌ 民法词源
              民法之意义 ┤ 民法概念
              │         └ 民法形式
              │         ┌ 私法
              民法之性质 ┤ 权利法
              │         └ 市场社会基本法
              民法与商法、经济法等法律的关系
              │              大陆法系民法典之经典:《法国民法典》《德国民法典》
              │                        ┌《大清民律(草案)》
              │              民法在中国 ┤《中华民国民法》
              │         ┌              └《民法典》
              民法典编纂 ┤
              │         │              ┌ 集民事部门法于法典
              │         │              │ 总分则结构
              │         └ 民法典特点    ┤ 人格权独立成编
   绪论 ┤                              │ 突出责任
              │                        └ 民商合一
              │         ┌ 私权神圣
              │         │ 身份平等
              民法之原则 ┤ 意思自治
              │         │ 诚实信用
              │         └ 公序良俗
              │              ┌ 权利与义务的关系
              │              │ 权利学说
              │              │ 民事权利及分类
              民事权利与义务 ┤ 权利竞合
                             │ 民事义务
                             └ 民事责任
```

$$
绪论
\begin{cases}
权利救济 \begin{cases} 预防与救济 \\ 救济原则：公力救济 \\ 自力救济：自卫、自助、救助 \end{cases} \\
民事法律关系之客体 \begin{cases} 物及物之分类 \\ 货币 \\ 有价证券 \\ 人格利益 \\ 其他 \end{cases}
\end{cases}
$$

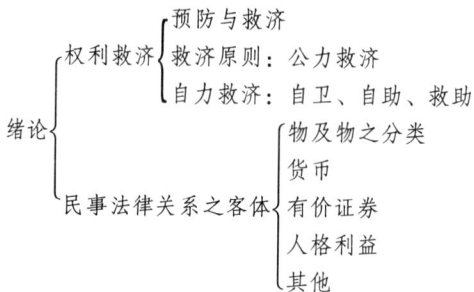

本章重点内容讲解

本章主要对民法的知识体系作一般性概述。民法是随着西学东渐的部门法体系引入本土的，作为有别于公法的私法，民法是市场社会的基准法，其特征是以权利为表征、以意思自治原则为主轴，是构建与规范人与人之间的人身关系和财产关系的法律体系。通过对民法的性质、民法与邻近法律的关系及中国近代以来编纂民法典过程的揭示，了解社会转型与民事立法之间的有机联系及存在的不适；再通过对民事权利与义务关系的总括性阐述，初步掌握民法规范体系之全貌。

第一节　民法导论

一、民法的意义

（一）民法的词源

"民"一字，简单地说就是指人。《诗经·大雅》曰："厥初生民，时维姜嫄"，这个人不是特殊的人，而是指老百姓。《论语》曰："务民之义，敬鬼神而远之"，这是与官、神相对应的。

民法之原意指"市民法"，来自拉丁文 Jus gentium。19 世纪，日本学者在介绍欧洲法律文明时，津田真道在庆应四年（1868 年）自荷兰语 Burgerlykregt 译为"民法"。该词取自尚书，《尚书·孔传》曰："咎单，臣名，主土地之官，作《明居民法》一篇，亡。"清末光绪三十四年（1908 年）起草《大清民律》，民法就此成了汉化的外来语，被赋予了特殊的含义。翻译时将"市民法"译为民法，省略了"市"这个字，有学者认为是重大遗漏，耿耿于怀，认为这把"市民社会""市民权利"等一同省略掉了；也有人认为将"市民"简化为"民"，考虑到了东方农业社会与西方城邦国家的差别，东方有民间、民众，而无市民。总之，民法是西学东渐的结果，是外来法律文明本土化的产物。

（二）民法的概念

在大陆法系民法典中，鲜有直接下定义的。在西方学者中，民法多被认为是与公法相对应的法律部门，也即公法以外的法律关系就是私法。民法就是市民社会的法律，即市民法，是一个适用于全体人的、无等级社会的法律部门。《民法典》第2条规定："民法调整平等主体的自然人、法人和非法人组织之间的人身关系和财产关系。"这里的关键词有三个，即平等主体、财产关系、人身关系。

所谓平等关系，是相对于依附关系、上下级关系、命令与服从关系而言的，当事人双方在民事关系中是平等的身份。易言之，即使上下级之间这一隶属关系在民事关系中也是不被承认的，只能谓之甲方乙方。财产，是指有经济价值的、人们可以支配或者享有归属并可交易的资源，财产关系即因该资源的分配、归属、利用、交易等发生的民事关系，包括所有权关系、合同关系、侵权关系、继承关系等。而人身关系则包括人格关系和身份关系，人格关系是自然人基于彼此的人格或者人格要素而形成的关系，包括生命、身体、健康等物质性人格关系，以及姓名、肖像、名誉、荣誉、隐私等精神人格关系；身份关系则是指自然人基于彼此的血缘和特定身份形成相互关系，包括父母子女、兄弟姐妹、祖父母、外祖父母、叔伯姑舅姨等亲属关系，以及夫妻关系等。由于人身权利属于自然人的基本权利，因此人身权在原则上归自然人独享，法人只能在法律有特别规定时比照适用。

在厘清这三个关键词后，可以对民法下一个定义，即民法是指在部门法分类体系中，调整普通社会成员之间的人身关系和财产关系的法律规范体系。

（三）民法的形式

民法，作为涉及人身关系与财产关系的法律规范体系，大陆法系国家多是用法典的形式表彰的，即将私法规范按确定的价值判断和逻辑体系整合规定在一部法律之内，此也被称为民法的法典化。这种将实质的民法规范表现于法典形式，学理上也谓之形式民法，这也是大陆法系区别于普通法系的主要标志。

中华人民共和国成立以来，长期没有统一的民法典，在规范体系上采用的是实质民法，即制定单行民法规范。如20世纪80、90年代及21世纪制定的《中华人民共和国民法通则》（已失效，以下简称《民法通则》）、《中华人民共和国民法总则》（已失效，以下简称《民法总则》)、《中华人民共和国物权法》(已失效，以下简称《物权法》)、《中华人民共和国担保法》(已失效，以下简称《担保法》)、《中华人民共和国合同法》(已失效，以下简称《合同法》)、《中华人民共和国侵权责任法》(已失效，以下简称《侵权责任法》)、《中华人民共和国继承法》(已失效，以下简称《继承法》)等单行民法规范。2020年5月28日，第十三届全国人民代表大会第三次会议表决通过了《民法典》，由此开启了民法典时代，这在中国法制建设史上，也是一个重要的节点。

二、民法的性质

(一) 民法是私法

划分公法与私法，是构建现代部门法体系的重要理论支撑。在这一区分中，民法、商法属于私法，而行政法、刑法、诉讼法等则属于公法。民法在性质上属于私法，这是其区别于其他部门法的最重要的特性，民法也因此被称为私法。

对于公法与私法的划分标准为何，有主体说、意思说、利益说等多种学说，彼此之间存在争议。但通过公法与私法的比较，人们对私法的认识也产生了几条共识。首先，民法作为私法，是调整普通人之间人身关系与财产关系的法律规范，受保护的自然人和法人的利益谓之私权 (Rights)；而公法调整的法律关系无不是维护国家政治制度和公共秩序的，受保护的国家利益，谓之权力 (Power)，也称公权。其次，私法关系是平等主体之间的关系，当事人之间须以意思磋商的方式实现自身的利益或者承担义务；而公法关系的特点则是命令与强制，主体之间是服从与被服从的关系。最后，私法关系中，当事人行使权利的后果，由当事人自己承担，所以私法上采取当事人意思自治，只有当事人的决策可能影响到他人时，才需要进行一定的限制；而公法关系中，国家运用公权力的后果，不由决策者自己承担，而由民众承担，所以要匹配相应的法律对公权力予以限制和监督，以防止公权力滥用而损害民众个人或社会利益。

【拓展阅读1】

(二) 民法是权利法

民法是以权利为本位的普通法。以权利为本位的法很多，如《中华人民共和国妇女权益保障法》、《中华人民共和国残疾人保障法》、《中华人民共和国未成年人保护法》(以下简称《未成年人保护法》)、《中华人民共和国老年人权益保障法》(以下简称《老年

人权益保障法》)、《中华人民共和国消费者权益保护法》等也都
是权利法，但这些法律是只适用于特别人的特别法，不具有普遍
性。唯有民法是以所有的自然人和法人为保护对象的法律，是惠及
一切人的普遍法律规范。

民法对法律关系的调整是以权利为坐标的。人的权利主要就是
政治权利（公权）和民事权利（私权），政治权利由《中华人民共
和国宪法》（以下简称《宪法》）和其他公法规定并调整，而民事
权利由民法规定并调整。民法一方面将私人之间的关系概括为人身
关系和财产关系，并围绕着人、人身权利、财产权利构建法律体
系，凸现人及权利的价值，同时为权利又构建了完整的救济体系，
将权利负载的利益落到实处。这与以义务为本位的公法，形成鲜明
的对照。

基于对人的权利与个人选择的尊重，民法规范多为任意性规
范，民法对权利的规定多为示范性的。除少数强行性规范如物权法
定外，绝大多数私权允许当事人自行设定、双方协商，此即所谓私
法自治。这与行政法的公权力法定、刑法的罪刑法定等采取的法定
主义原则并以强行性规范为主、不容受法者商议，是根本不同的，
两者有着本质的差别。

（三）民法与市场社会

民法的拉丁文原意就是市民法，因此民法的产生与演变，与市
场社会有着紧密的关系。我国在计划经济年代里没有民法，有人把
这作为法制落后表现，其实不然，不搞市场经济，民法就不是必需
品。按照历史唯物论的观点，只有实行市场经济才需要制定市民
法；而不可能通过制定市民法去塑造一个市场经济社会。

西方学者口中的市民社会，就是从中世纪封建社会中解放出来
的一种"去国家化"的共同体关系，是建立在商品经济基础上的社
会形态。在这一关系中，市民是平等自由、具有独立人格的财产所
有者，性质上是"原子式"个人，[1] 它们独立于政治国家进行着
商品生产和商品交换。调整市民社会关系的法律，即市民法。对于
市民社会，黑格尔认为："市民社会是个人私利的战场，是一切人
反对一切人的战场，同样，市民社会也是私人利益跟特殊公共事务

---

[1] 按照西方的思维，将团体、家族、家庭"拆分"到个人，就再也不能分了。类似物质最小原
子，内部再无结构。因此，人只有外部关系，无内部关系。

冲突的舞台,并且是它们二者共同跟国家的最高观点和制度冲突的舞台。"[1]即市民社会是以私有财产为基础的,并依附于政治国家。在当代德国学者哈贝马斯(Jürgen Habermas)那里,由于公共领域与私人领域的不断融合,市民社会中的市民与政治国家中的公民身份合一,市民社会也被解释为公民社会。[2]总之,他们的理论,市民社会与政治国家是两元结构。

马克思主义历史唯物论中的市民社会是一元的,即市民社会与政治国家不是对立的两元,市民社会决定政治国家。马克思以黑格尔学说为起点,认为"法的关系正像国家的形式一样,既不能从它们本身来理解,也不能从所谓人类精神的一般发展来理解,相反,它们根源于物质的生活关系,这种物质的生活关系的总和,黑格尔按照18世纪的英国人和法国人的先例,概括为'市民社会',而对市民社会的解剖应该到政治经济学中去寻求。"[3]

在政治经济学中,市场经济中的商品生产和商品交换,需要哪些基本条件呢?

马克思在《资本论》一书中,提出了建立商品关系应具备三个必备条件:①商品不能自己到市场去,不能自己去交换,因此必须有独立的商品"监护人"(所有者),即交换者。②交换者必须承认彼此对商品的私有权,通过让渡占有对方的商品,即商品交换本质是所有权交换。③商品交换者之间要有交换的共同意愿,并以契约形式表现这种意愿。[4]与马克思所说的商品交换关系三要素相适应,民法形成了以调整财产所有和财产交换为目的,由民事主体、物权、债权等制度组成的具有内在联系的民法体系。这个法律体系,吻合了商品生产和商品交换的基本要求。

所以,民法反映了商品社会的要求,才由此成为商品经济的基准法。但这并不是说,民法就是交换法。民法反映的商品生产关系,不局限在交换这个领域,包括商品社会中人、人格、家庭、财产等,涉及人生活的一切方面和所有领域。市场经济中的人,一切以市场价值为算计标准,成本、投入—产出、获利等,都会对人格

---

[1] [德]黑格尔:《法哲学原理》,范扬、张企泰译,商务印书馆1982年版,第309页。

[2] 参见[德]哈贝马斯:《公共领域的结构转型》,曹卫东等译,学林出版社1999年版,第171页。

[3] 中国法学会研究部编:《马克思恩格斯论法》,法律出版社2010年版,第149页。

[4] 参见[德]马克思:《资本论》(第1卷),中共中央马克思恩格斯列宁斯大林著作编译局译,人民出版社2004年版,第103~104页。

塑造起引导性作用。在一定程度上，市民社会的"算计"会侵蚀人与人之间的其他社会关系，如家庭、亲情、伦理等，有负面作用。如何限制民法规范的负面作用，也应该是社会主义民法有别于资本主义民法的一个重要特征。

三、民法与其他部门法

（一）民法与商法

商法又称商事法，是近代才从民法中分离出来的，所以商法理论源于民法及罗马法，与民法同属私法范畴。在罗马法的传统中，民法本来就包含着商业规则，除此之外并没有其他的特别商事规范。

近代资本主义建立后，为了维护第三等级的资本家利益，以及基于商事与民事规则相比较所具有的特殊性，法国于 1804 年公布民法典后，又于 1808 年公布了商法典，开启了民商分立的先河。之后这一民商分立模式又被德国、意大利、日本等国仿效。但也有国家在制定民法典时，认为民法以平等为要旨，不能为商人阶级单立法律，于是采取民商合一体制，如瑞士、意大利等国。即将商法规范尽可能纳入民法典，只有对民法不能包容的特殊商业活动，才以特别法形式制定单行法，例如公司法、票据法、保险法等，但这些单行法仍作为民法特别法存在，而与民商分立中商法作为独立法典的性质不同。

在民国时期，就采取民商合一体制，即只制定民法典以及作为民法特别法的商事法，而不另立商法典。我国新制定的民法典，仍然沿用民商合一立法体制。

（二）民法与经济法

【拓展阅读2】

经济法有两个不同的来源：一是在 20 世纪初的第一次世界大战中，德国为了集中有限的经济资源用于战争，颁布了一系列战时统制经济的法律，如《关于限制契约最高价格的公告》（1915 年）、《确保国民粮食战时措施令》（1916 年）等。这些调整交易关系的法令，学者在研究时统称其为经济法。[1] 二是源于苏联，因实行计划经济并采取公有制，企业之间的交易无不受指令计划调节，有学者认为这种企业之间交易，既有企业的意思，又须服从政府计划指

---

〔1〕　参见［日］金泽良雄：《经济法概论》，满达人译，甘肃人民出版社 1985 年版，第 2 页。

令，是一种"纵横交错"的法律关系，与民法只存在于横向的平等主体之间的法律关系不同，于是有学者提出了经济法的概念。[1]但这一学说仅流行在学术层面，苏联直至解体都没有制定过经济法。

苏联的经济法学说，自20世纪70年代末流入中国。当时已提出依法治国的理念，而整个社会又在贯彻"以经济建设为中心"的方略。于是，经济建设与法治建设相呼应，经济法迅速崛起。由于民法本是市场经济的基准法，在出现经济法以后，经济法与民法的关系问题引发了激烈的学术争论，互不相让。受此影响，当时制定的单行民法规范也被冠上了"经济"的名称，如《中华人民共和国经济合同法》（已失效，以下简称《经济合同法》）、《中华人民共和国涉外经济合同法》（已失效，以下简称《涉外经济合同法》）等。与此相应，各级人民法院也设立了经济审判庭，大学本科有了与法学专业并行的经济法专业、国际经济法专业等。随着20世纪90年代我国确立了社会主义市场经济体制，计划经济逐渐退出经济生活领域，经济法学说失去所依附的现实体制的支撑，这场争论渐告平息。

四、民法典编纂

（一）民法典概览

民法，是大陆法系特有的部门法，亦即英美法系并没有谓之"民法"的部门法。采用大陆法系编纂民法典的国家很多，各个国家在制定民法时，也会根据自己的国情、文化传统等体现一定的特色。但就立法技术、体系的原创程度及学界公认而言，具有国际影响力的民法典，主要是《法国民法典》和《德国民法典》。

《法国民法典》于1804年颁布，是近代第一部民法典，因其仿效罗马法法学阶梯（Institutiones System），故亦称之法学阶梯模式。该法典分成三大编，第一编人法、第二编财产法、第三编财产取得。以人为出发点、以财产为归属，对各种取得财产的合法途径进行系统规范和指引，充分反映了新兴资本主义对法律的要求。该法典在立法思想上，强调身份平等、所有权绝对和契约自由，适应了那个时期的欧洲对经济自由、政治平等的渴望。因此，该民法典被

---

[1] 参见［苏］В·В·拉普捷夫主编：《经济法理论问题》，中国人民大学法律系民法教研室译，中国人民大学出版社1981年版，第2~3页。

后起资本主义国家所推崇，也曾随着拿破仑在欧洲战场的胜利而得到推广，获得了国际性影响。作为资本主义初创时期制定的法律，《法国民法典》也存在着很多不足，例如还残存着家长制、妻子服从丈夫等旧制度的痕迹。

《德国民法典》是在《拿破仑民法典》公布近一个世纪后的1896 年公布的，并于 1900 年实施。该法典因承袭罗马法学说汇纂（Pandekten System），故亦称之"学说汇纂"模式，有的书也用音义混译"潘德克顿体系"指代。该法典共分五编，分别是总则编、债编、物权编、亲属编和继承编。这部民法典的最大特点，是采用总则、分则结构，即整部民法典被分为总则与分则两大部分。总则将绝大多数民事关系涉及的共性要素以"提取公因式"方法构建一个规范体系，如自然人、法人、法律行为、代理等；分则则将民事权利分为四大类型，又构成一个体系。这部产生于 19 世纪末 20 世纪初的民法典，以科学方法抽象出法律行为，并作为总则的基石；以排他性为主要特征，将财产权分为债权与物权两个范畴，由此构成分则的特色。《德国民法典》总分则结构和物债两分体系，为其赢得了世界性的声誉。进入 20 世纪后，德国民法模式为许多国家仿效，包括日本及中华人民共和国成立以前的清末及民国时期。

（二）民法在中国

中国古代有民事法律关系这是毋庸置疑的，但没有民法，也是事实。即民法不是本土发育出来的，是"西学东渐"的外来物。

1. 旧中国民事立法。中国近代编纂民法典，始于清末。光绪三十三年（1907 年），清政府设立修订法律馆，开始制定民法，于宣统三年（1911 年）9 月 5 日完成《大清民律（草案）》。该法典在框架结构上完全采德国模式，法典也是分五编共计 1569 条，依次为：总则（第 1～323 条）、债权（第 324～977 条）、物权（第 978～1316 条）、亲属（第 1317～1458 条）和继承（第 1459～1569 条）。翌年，因辛亥革命爆发，清王朝覆灭，《大清民律（草案）》这部中国近代第一部民法未及正式颁布，就成了一部永远定格的"草案"。大清民律虽然未正式颁布，但对中国近代立法影响深远，作为半封建半殖民地的产物，在完成了中国法律向现代转型的同时，宣告了延续数千年历史的中华法系的消亡。

1929 年 1 月，国民党政府立法院组织了民法起草委员会，以《大清民律（草案）》为蓝本，分五编分别起草并公布施行，并于

1930 年完成全部民法立法。《中华民国民法》共 1225 条，是中国历史上第一部正式公布的民法典，也很有独特价值。由于处于战乱年代，这部民法就没有完整实施过，1949 年随着中华人民共和国的成立，这部法律被废止。[1]

旧中国两部民法虽已远去，但对中国近现代民法立法产生的深远影响，应该是客观存在。这个影响既有积极一面，也有消极一面。

从积极一面来说，其一，实现了法律的转型，并选择了以当时刚问世的德国民法为主的立法模式，这是独具眼光的。而且完成了翻译、概念厘定、体系梳理及民法典文本的起草，从形式上走过了民法典编纂的全过程。新旧法律转换犹如脱胎换骨，是个巨大的工程，前人的这个努力应予肯定。其二，在中国传统的以农耕为主的社会中，缺乏体系化的商业规范，这是个客观事实，革新旧法律，引进了部门法分类及西洋法律体系，为中国由自给自足的农业社会向工商业社会转型，提供了急需的法律规范。尽管工业化进程不时被打断，裹足不前，民法却在前面等待。其三，我国在民法典立法过程中，引入了西方自启蒙运动以后出现的新思想、新观念，还包括民法典编纂方面的经验和成果，为中国法律的近代化开了先河。从此，身份平等、契约自由等法律观念在中国得以传播。

但消极一面也不容忽视。首先，清末变法修例的结果，使绵延数千年，以唐代律令格式为代表的，被誉为"上承战国秦汉魏晋南北朝和隋代的法制，并有所发展，臻于成熟和完备，下启宋、元、明、清的"[2]中华法系，自清末变法后戛然终止！[3]在完成了中国法律转型的同时，宣告了中华法系的消亡，使中国法律从此脱离了自身历史的发展，完全西洋化，断了自身"文化之根"。或许有人会说，中华法系是产生于封建社会的法律，体现的专制主义、宗法思想不能够适应中国社会向现代化的转型。但别忘了，大陆法系民法典所传承的罗马法，还是奴隶制社会的法律，西方法律在向现代化转型时，恰是通过在传承中创新，才开创了辉煌的法律文明。

---

〔1〕 根据 1949 年 2 月发布的《中共中央关于废除国民党的六法全书与确定解放区的司法原则的指示》，这部民法随着"国民党的六法全书应该废除"而被废除。

〔2〕 （唐）长孙无忌等撰：《唐律疏议》，中华书局 1983 年版，第 1 页。

〔3〕 通说认为，自清末沈家本以西方法律为蓝本，主持制定刑律、民律和诉讼律草案，中华法系便逐渐消亡。参见中国大百科全书总编辑委员会《法学》编辑委员会、中国大百科全书出版社编辑部编：《中国大百科全书·法学》，中国大百科全书出版社 1984 年版，第 764~765 页。

法国学者在提到民法典与旧法的关系时指出："民法典同旧法紧密相连，而且民法典的起草者们是从旧法中汲取素材的。但民法典的革命精神使他们与旧法相区别。"[1]其次，在半殖民地、半封建社会，无论清末变法修例或民国的民法立法都缺乏自主性。清末立法一个很重要的原因就是"以西方法律替代中国法律，为最终取消领事裁判权"[2]打开通道，即以法律的"被殖民"换取列强对"治外法权"的让步。康有为就说得很明白："吾国法律，与万国异，故治外法权不能收复。且吾旧律，民法与刑法不分，商律与海律未备，尤非所以与万国交通也。今国会未开，宜早派大臣及专门之士，妥为辑定"，[3]这种窘迫的立法状态一直延续到民国民法的编纂。[4]以与西方"接轨"变法换取列强放弃"治外法权"，这是中国近代法律转型中的悲哀。再次，移植的民法产生严重的"水土不服"。西方法律崇尚绝对的个人主义、自由主义，商业交易中力求自身利益最大化，这是对殖民地掠夺的本性，其民法中的人、权利能力、行为能力、意思自治等制度，无不体现着这种文化特征和制度本质。这与以户和家庭、单位及团体为民间生活单元的中国社会结构，与中国人"有容乃大"的宽容、容忍"双赢"的品格，有着天上地下的差别。中国传统法律观念在移植的西洋法律上，被强行"格式化"，百年来民法难以完全落地、生根，中国法治化进程步履维艰，这恐怕是头等重要的原因。

2. 新中国民事立法。中华人民共和国成立后，多次启动制定民法典的工作。"我们党还于1954年、1962年、1979年、2001年4次启动制定和编纂民法典相关工作，但由于条件所限没有完成。"[5]至20世纪80年代，立法部门决定改集约式立法为分散立法方式，按"成熟一个公布一个"的原则，将民法草案中部分内容分别以单行法方式公布。先后公布了《经济合同法》（1981）、《涉外经济合同法》（1985）、《继承法》（1985）等单行法和《民法通则》（1986）。

---

〔1〕 ［法〕雅克·盖斯旦、吉勒·古博：《法国民法总论》，陈鹏等译，法律出版社2004年版，第98页。

〔2〕 李育民：《晚清改进、收回领事裁判权的谋划及努力》，载《近代史研究》2009年第1期。

〔3〕 （清）康有为：《请开制度局议行新政折》，载中国史学会主编：《戊戌变法（二）》，上海人民出版社1957年版，第252~253页。

〔4〕 参见张新宝、张红：《中国民法百年变迁》，载《中国社会科学》2011年第6期。

〔5〕 习近平：《充分认识颁布实施民法典重大意义 依法更好保障人民合法权益》，载《求是》2020年第12期。

由于当时采取"宜粗不宜细"的立法原则，条文稀少使司法实践不敷使用。自 20 世纪 90 年代起，我国又开始了细化民事立法，对既有的单行法作完善和补充，分别制定公布了《担保法》（1995）、《合同法》（1999）、《物权法》（2007）、《侵权责任法》（2009）等。至此，一个由单行法组成的实质民法基本完成。

2014 年 10 月 23 日，中共第十八届中央委员会第 4 次全体会议通过的《中共中央关于全面推进依法治国若干重大问题的决定》中，明确提出要"编纂民法典"，我国民法典立法再一次重启。

对于《民法典》的编纂，立法部门的计划是分两步走，即第一步，编纂并公布民法总则；第二步，以已有的民法单行法为基础，编纂民法分则，从而形成统一的民法典。在 2020 年 5 月 28 日举行的十三届全国人大三次会议上，表决通过了《民法典》，应该是如期实现了既定目标。根据该法第 1260 条的规定，《民法典》于 2021 年 1 月 1 日起施行，并于《民法典》施行始，《中华人民共和国婚姻法》《中华人民共和国继承法》《中华人民共和国民法通则》《中华人民共和国收养法》《中华人民共和国担保法》《中华人民共和国合同法》《中华人民共和国物权法》《中华人民共和国侵权责任法》《中华人民共和国民法总则》同时废止。

民法典的七编分别是，第一编总则，共十章，全文照录原来《民法则》的条文；第二编物权，有五个分编，共二十章；第三编合同，有三个分编，共二十九章；第四编人格权，共六章；第五编婚姻家庭，共五章；第六编继承，共四章；第七编侵权责任，共十章。

《民法典》的公布和实施，新中国完成了形式民法的创制，这也仅仅是个阶段性成果，虽值得庆贺，但也无须张扬。在"百年未有之大变局"历史进程中，必须以此为起点，在民法研究中提出自我主张，通过学术创新、理论开拓，构建有中华文明特点的民法体系，这是民族复兴中法律学人应该有的历史担当。

习近平总书记在《在中国共产党第二十次全国代表大会上的报告》提出，不仅要把马克思主义基本原理同中国具体实际相结合，还要"同中华优秀传统文化相结合"。中国的法律如何与中国优秀法律传统相结合，在民法中如何反映中国优秀的法律传统，这是个时代的新命题。从这个意义上说，《民法典》的公布，并不是民事立法的终结，而是一个新的开始。"同中华优秀传统文化相结合"，

【拓展阅读3】

【法条链接1】

将是未来民法学术研究、法律修订完善的一个重要历史使命。

（三）《民法典》之特点

2020 年公布的这部民法典，结构庞大，用习近平总书记的话说："民法典共 7 编 1260 条、10 万多字，是我国法律体系中条文最多、体量最大、编章结构最复杂的一部法律。"[1]无论横向与他国民法典比较，还是纵向与以往民事立法比较，这部民法典确实有自身特点，下面谈点个人管见。

1. 集民事部门法于法典。先说说什么是典。在中国文化中，"典"是对类书的称谓，如明朝永乐年间由明成祖朱棣命人编纂一部集中国古代典籍于大成的类书，就称之《永乐大典》，里面收集的各类图书有七八千种。2012 年 9 月，人民出版社正式出版发行的《中华人民共和国大典》，也是一部大型文献类书，贯彻"以史为鉴，经世致用，资政育人，开创未来"的原则，把自 1949 年中华人民共和国成立以来的工业、农业、科技、文化医疗、城市建设、经济发展等各方面资料，汇编成书，类似古代的实录，为后世编史留下原始资料。中国历史上各朝编纂的法律都没有用"典"命名，即使代表中华法系的巅峰之作的唐律，也没有使用。

汉语中法典一词，应是迻译自拉丁文 codex。按《中国大百科全书》的解释，是就一现行的部门法进行编纂而制定的比较系统的立法文件。从这个角度说《民法典》是符合这样的要求的。按该法第 1260 条的规定，民法典生效，九部法律即行废止，汇九法于一法，将民事法律囊括其中，称之法典，也是符合国际通行标准。其好处，首先会给适用法律带来便利；其次还可以避免各单行民法之间的矛盾，比如几部法律涉及同一个法律关系，各法的规定有差异甚至互相矛盾，在一部法典中，这个缺陷就可以消除；最后，民法被誉为"经济宪法"，将市场社会基本准则集于一法，对建设社会主义法治国家也会有宣示效果。

我国在此前制定公布的《中华人民共和国刑法》（以下简称《刑法》）、《中华人民共和国刑事诉讼法》、《中华人民共和国民事诉讼法》（以下简称《民事诉讼法》）等，也都是集某一部门法于一法的，却没有称之"法典"，而民法典，可以说是开了新例。这或

---

[1] 习近平：《充分认识颁布实施民法典重大意义 依法更好保障人民合法权益》，载《求是》2020年第 12 期。

许是习近平新时代社会主义法治建设区别于之前的一个时代特征吧。

2. 总分则结构。总分则结构，是德国民法典首创。就是采用提取公因式的科学方法，将民法中具有普遍性、通共性的规定汇集于民法典总则，作为一般性规范；而将特殊性、个别性规范列于民法典的分则。这个体系的最大特点，就是用总、分的逻辑体系构建法典整体架构，编排法典各编、章节和法条，使整部法典逻辑清晰、上下排列有序。我国从清末编纂《大清民律（草案）》开始就采用这个体系，民国沿用之；中华人民共和国成立后的历次民法立法，虽然更多地借鉴苏联经验，但巧合的是苏俄民法用的也是总分则结构。从这个意义上说，民法典编纂采用总分则体系，在我国也是有传统的，百年来不仅是积累的民法著述车载斗量，人才培养也是数以万计。

《民法典》的总则部分，主要规定了自然人、法人、法律行为、代理、时效等，与采用总分则体例的其他国家民法在结构上相近。在民法分则上，德国民法典将财产权按物权债权两分，与亲属、继承并列，作为分则的支撑。我国《民法典》在分则上，则有所同亦有所不同。相同的，如设立物权、婚姻家庭（亲属）、继承等；不同主要有单列了人格权，这是民法典首创，并延续《民法通则》的体例，将侵权之债从债权编中剥离，专设侵权民事责任编，再有就是解构了债权编，并以合同编替代。

物债两分，是《德国民法典》对财产权的进一步区分，不仅是民法分则的体系化支撑，也是对财产之法律效果认识的深化。从泛泛的财产权中，以权利的相对与绝对、对第三人有无排他性这些根本性特征，勾勒出物权与债权的"楚河汉界"，应该说这里体现出日耳曼人擅长的哲学思辨。但是，财产的绝对性与排他性，是否也反应了那个时代西方殖民者划分殖民地势力范围的一种实践所需呢？理论不会空悬，必然有其根基。所以，《民法典》取消债权编，可能也是立法中无意间留下的历史回响。再者，德国民法分则中的债权编，主要以合同为主干，侵权、无因管理、不当得利则是篇幅小、条文少，结构上有些失衡。我国《民法典》单列侵权责任后，如再设债权编，内容几乎就全是合同的内容，再设债编就名不副实了。所以，立法者以合同取代债编，在结构编排上有其合理性。但有物权而无债权，用物权对应合同行为，在逻辑上似有不顺，学说上也存在争议。

3. 人格权独立成编。人格权在我国民法典中独立成一编，在立法例上是首创。民法调整人身关系，包括人格权关系与身份权关系，将人格权独立成编，在宣示意义上，有重视人权的效果。

人格权因与人须臾不可分离，也不可让与，这一点与财产权迥然不同。所以，法律规范体系将人格权与自然人合编一处，是符合其特点的，合编本身也表明人格权在法律中的位阶。

人格权独立成编从另一个角度看，就是将人与人格权分离，这又不符合其特点。在立法例上原没有独立的人格权编，但并非没有对人格权的规范。基于人格权与人不能分离的理由，在编纂体例上，对人格权的规定也是置于民法典的上位。如《法国民法典》在第一编"人法"中专有一章（第二章）规定"尊重人的身体"，对人的尊严、身体之不可侵犯、身体之完整性、身体之一部捐赠作了规定，该法第三章还对人体特征的遗传研究加以限制，这些章节和条文都属于人格权规范。《德国民法典》中人格权，只有对姓名权的规定，也编在总则的自然人一节。这些法典对人格权规定的共同特点，就是把人与人格权看作不可分割的整体，合于一处规定，在体系上就否定人与人格权分离的体系模式。我国民法典将人格权独立成编，与人分离，再由总则下沉到分则，那么作为民法总则中的法人能否适用？这是一个重大且需要厘清的问题。

人格权无财产内容，具有不可让与特征，如自然人的姓名、名誉、荣誉、隐私、肖像等符合这个特征，属于人格权。但法人或非法人组织的名称、名誉、荣誉、商业秘密等，分别构成商号权、商誉、商业秘密权等无形资产，在价值上可以被评估，在法律上可以让与，在特质上完全属于财产权或知识产权，而非人格权。这是民法理论中的通识，既不深奥，也无争议。因此，在对法人适用人格权条款时，需要特别警惕。

4. 突出责任。民法典中"责任"占了很大的比重。一是《民法典》总则第八章章名就是民事责任，这是承袭了《民法总则》的第八章；二是第七编侵权责任，则是吸收了《侵权责任法》。在总分则中分别规定民事责任和侵权责任，突出责任，就成为民法典的一大特色。

在立法例上，总分则体例的民法中，总则的核心是人与行为，分则则是权利或者义务。法律关系包含着权利和义务，但突出权利还是突出义务，以权利为基础还是以义务为基础构筑法律体系，反映的是两种立场、两种价值观。权利是法律关系的基础和承担责任的前提，民法将义务隐含在权利体系中规定，其制度价值体现以权利为优先的理念，这也与"以人民为中心"的立法主旨相吻合。民法体系突出权利、遮蔽义务，并非否定义务。根据"没有无义务的权利，也没有无权利的义务"[1]所揭示的辩证法，行使权利就意味着履行义务，实现了权利也就是义务的完成。义务人不履行义务，权利人可以起诉方式请求，一旦权利实现，履行义务也就在其中了。

从语词上说，责任就是义务。《民法典》第 179 条列举的 11 种承担民事责任的方式，即停止侵害，排除妨碍，消除危险，返还财产，恢复原状，修理、重作、更换，继续履行，赔偿损失，支付违约金，消除影响、恢复名誉及赔礼道歉等，本质上就是义务，包括作为和不作为。民事法律关系三要素，就是主体、客体、权利义务，再加责任，容易混淆，所以把责任作为义务看待，学理上才不迷失。

5. 民商合一。在制定民法典的国家，有民商合一与民商分立两种体系。德、法、日等国都是采用民商分立体制，即在民法典外，另立商法典；瑞士、意大利等国，则采取民商合一体制，以民法典作为商事的基本法，不另立商法典。我国民法典也采民商合一体制。

王晨副委员长在《关于〈中华人民共和国民法典（草案）〉的说明》中解释说："我国民事法律制度建设一直秉持'民商合一'的传统，[2]把许多商事法律规范纳入民法之中。"可见，实现民商合一体系，是立法部门对一个世纪以来世界立法潮流考察和思索后，所做出的选择，使中国民法体系包容了商法。易言之，商法就在民法中，民法包含商法。常见的有用"民商法"代称民法，或用"民商法专业"代指民法专业，既不准确，也是不符合我国制定法之部门分类体系的。

---

〔1〕《马克思恩格斯选集》（第 2 卷），中共中央马克思恩格斯列宁斯大林著作编译局编，人民出版社 1995 年版，第 610 页。

〔2〕 这是中华人民共和国第一部《民法典》，这个"传统"所指为何，应是指中华人民共和国之前的民法。民国在制定民法前，曾有过民商分立或民商合一的讨论，最后的决议中说："此次订立法典，允宜考社会实际之状况，从现代立法潮流，订为民商统一之法典。"参见谢振民编著：《中华民国立法史》（下册），中国政法大学出版社 2000 年版，第 758 页。

在制定法层面，我国只有民法，不存在商法。

第二节　民法的基本原则

一、概说

如何解读民法典中规定的法律原则，学理上一直存在争议，往往是"一个原则各自解释。"其实，无论在学理上还是在立法上，法律原则的确立是多视角的，不是按照一个标准划定的。《民法典》的第一章"基本规定"中，就直接规定了一些原则，如第 5 条"自愿原则"、第 6 条"公平原则"、第 7 条"诚信原则"等；有些民法典没有明确的原则，如果结合法律主旨看，也应该是原则。如第 4 条规定的民事主体"法律地位一律平等"、第 8 条及第 10 条规定的"不得违背公序良俗"等，应该是平等原则和不得违背公序良俗原则。

【拓展阅读4】

根据民法主旨，并结合《民法典》第一章的规定，及学界的普遍认知，私权神圣、身份平等、意思自治、公序良俗，是贯穿于民法典立法及法律适用过程的，是当然的原则。而"诚信原则"，则主要适用在交易中，尤其是合同法。《民法典》第 9 条规定的"节约资源、保护生态环境"，作为顺应时代变迁提出的新要求，也可以视之为原则，但现阶段只能作为对民事活动的引领，欠缺可操作性，有待实务中判例的解释及填补。所以，这里就五个原则展开说明。

二、民法原则

（一）私权神圣原则

私权，是民事权利的另一种表述，是与公权相对应的称谓，这是民法主体特有的权利。所谓神圣，指"极其崇高而庄严的、不可亵渎的"，引申之，私权神圣就是指私权是"极其崇高而庄严的、不可亵渎的"的权利。易言之，是受法律充分保障的，非依正当程序不得限制和褫夺。《民法典》第 3 条规定："民事主体的人身权利、财产权利以及其他合法权益受法律保护，任何组织或者个人不得侵犯。"就是这一原则的制定法依据。人格、财产是任何一个社会人生存的基础，没有私权，人就无异于动物。

首先，私权神圣，是非财产权的神圣，它以人格权为枢纽权。人格权是人得以成为人的权利，包括物质人格权和精神人格权。生命、身体、健康、劳动能力等物质人格权是人生理存在的条件；自由、名誉、隐私、荣誉、姓名等精神人格权是人精神生活的基础，是人的尊严所在。人格权的核心是自由权，人格权神圣要求尊重他人、不干涉他人的事务，崇尚宽容。民法对人格权的保护，不仅规定了非财产与财产等各式救济手段，而且对人格权类型也赋予非法定主义的扩展空间。如随着信息技术的巨大进步，人的符号除了姓名、肖像外，又有了人脸、眼球、声音等识别手段，那么这些信息被窃取或买卖的，受害人也得主张权利，寻求司法救济。

其次，财产权神圣。财产权包括债权、物权等，所有权是财产权的基础，所以财产权神圣的核心是所有权神圣。对财产权的取得、变更、消灭及救济方式，在民法分则中，有详尽的规定。通常物权具有对世效力，债权与合同仅有对人效力。各式财产权利义务关系按法律规定的模式运行，法律保障该权利的安全。民法对财产权保护，是按照财产权神圣原则作了体系化安排，使原则成为可具体操作的规范。其基本思路是，任何以合法方式取得的财产权受法律保护，非经交易意思和捐赠意思不得受领他人财产，否则构成侵权或不当得利，负赔偿或返还责任。

最后，《民法典》第1条就规定"弘扬社会主义核心价值观"，私权神圣，在社会主义民法中，还表现为人民利益高于一切。如《民法典》第187条规定："民事主体因同一行为应当承担民事责任、行政责任和刑事责任的，承担行政责任或者刑事责任不影响承担民事责任；民事主体的财产不足以支付的，优先用于承担民事责任。"这里在不同责任聚焦于同一财产时，对于民事权利的救济优先受偿，就体现了这一特点。

（二）身份平等原则

身份平等是等级、特权的对立物，身份是指"自身所处的地位"。身份平等，具体指不论人的自然条件和社会处境如何，其法律资格亦即权利能力一律平等。身份平等，最早由近代启蒙思想家提出，后被《法国民法典》吸收。该法第8条规定："所有的法国人都享有民事权利。"作为反对特权的思想武器，遂被其他国家民法所采纳。我国《民法典》第4条规定："民事主体在民事活动中的法律地位一律平等。"就是这一原则的制定法基础。

首先，身份平等表现为社会主义制度的人道价值和新型的人际关系，并以此来审视与私人生活领域相关的一切权利；其次，身份平等，表现为民事主体之间不存在服从被服从关系，民事主体之间享有大致均等的权利义务，任何单方面利用自身优势地位强加给他人的义务或者削弱他人权利的行为，都不被法律所允许。如对于企业利用自身优势地位制定免责条款损害相对人利益的所谓"霸王条款"，《民法典》第 506 条就作了特别限制，通过削弱强势一方的权利，实现当事人平等。

民法中的身份平等，同时也表达人类不灭的理想和追求，具有一定的历史文化性。当今的市场经济倡导自由竞争，并实行优胜劣汰，绝对平等观显然不符合竞争法则。因此，对身份平等，从机会平等的视角解释，更符合市场法则的要求。不过，结果平等也非毫无价值，它是检测竞争规则的标准。如果一个社会的结果不平等超出了正义的范围，修改竞争规则也就势所必然了。如在市场经济中，消费者、受雇佣者处于相对弱势的一方，如果与生产者、经营者、雇主完全平等，其结果很可能就出现不平等。于是，民法根据身份平等原则，按照正义的要求在两者之间重新分配权利义务，通过强化弱者权利、弱化强者的权利或增加强者的义务，实现两者之间的平等。发展利益全民共享，我国通过"扶贫"消灭绝对贫困，也是在更大范围、更高层面表达对身份平等的追求。反特权、追求平等，是民法的一个永恒的主题。

（三）意思自治原则

意思自治，即当事人可以根据自己的判断去从事民事活动，国家一般不干预当事人的自由意志，充分尊重当事人的选择。《民法典》第 5 条规定："民事主体从事民事活动，应当遵循自愿原则，按照自己的意思设立、变更、终止民事法律关系。"就是意思自治的制定法依据，其内容包括自主参与和自己责任两个方面。

自主参与，即对于民事活动由当事人自己做主去判断并作选择，法律确认每个人是自身利益的最佳判断者，其运用自己的知识、能力从事民事活动，享受利益担当风险。在决定参加民事法律活动时，则有选择相对人及实施行为的内容和形式的自由。

自己责任，即自主参与者对于参与民事法律关系所产生的结果负其责任，这是自主参与的逻辑结果。既然享受自主参与带来的利益，那么对于因此带来的损失（不利益）或过失造成他人的损害也应负责，这也是顺理成章的。所谓过失，是未尽应尽的注意义务或虽尽注意义务却料事失误的主观状态。意思自治，原则上仅要求行为人对过失的加害负责，即"有过失有责任，无过失无责任"。

意思自治作为民法原则，是由民法的具体制度落实的。法律行为以意思表示为核心，权利义务变动的效果决定于当事人的意思；私权可以自由抛弃；法人设立登记主义；所有权处分自由、契约自由、婚姻自由、遗嘱自由等都是意思自治的具体体现。民法规范的任意性，多提供行为范式，而少强制性规范，给当事人有充分的自治空间。总之，意思自治是自由与责任的结合，享受自己设定的权利的同时，也要承担自己行为带来的后果，自治并非"任性"。

西方曾经有一句法谚"法不禁止即可为"，流传很广，从实定法层面看，是没有依据的。由于自由主义带来的负面作用，欧陆民法学者在解释意思自治时，不再单纯从权利角度阐释，即不仅要求自己行为、自己责任，还增加了自我限制。德国民法学者卡尔·拉伦茨就将意思自治与"合同的自我约束"捆绑在一起，他认为："私法自治同法律制度赋予的任何一项权利或权限一样，不可能没有限制。"[1]自己行为、自己责任、自我约束，构成意思自治的全部内涵。对自己行为，要有所约束，不仅要自负其责而且也不能肆意妄为。所以，"法不禁止"并非皆可为，不仅自己要约束，还有公序良俗的制衡。

（四）诚实信用原则

诚实信用原则，简称诚信原则，其本意是指自觉按照市场制度的互惠性原则行事。在缔约时，诚实且不欺不诈；在缔约后，守信用并自觉履行。如果说任何自由都是必须受制约的，那么诚实信用本应是自由的题中之义，也是做人的本分。我国《民法典》第7条规定："民事主体从事民事活动，应当遵循诚信原则，秉持诚实，恪守承诺。"从观念上讲，不仅一切民事活动，做人都应该诚信，诚信应覆盖全部民事关系。而司法实务和判例经验揭示的，诚信原则更多地适用于交易领域，所以《民法典》分则合同编，又对此作了更具可操作性的细化。该法第509条第2款规定："当事人应当遵循诚信原则，根据合同的性质、目的和交易习惯履行通知、协助、保密等义务。"

民法学说认为，诚实信用源于罗马法中的善意（bona fides）。最

---

[1] ［德］卡尔·拉伦茨：《德国民法通论》（上册），王晓晔等译，法律出版社2003年版，第56页。

初是被用来作为不受法律调整的买卖、使用、租赁、合伙、委任等交易诉由的，后来发展到作为判定个别义务的标准。如依诚实信用判决给付、附随义务等，后世民法将诚实信用提升为原则，主要是源于民法在应对市场的复杂性和交易的多变性方面存在的不足和法律漏洞。即不论民法规定得多么周全、契约制定得多么严密，只要当事人心存恶意，总能找到规避的方法。于是就需要有防范性的原则，以便在当事人按照现行法律行事，而出现的结果背离法律价值时，能对该结果加以修正。诚实信用原则就是在这样的背景下诞生的。

诚实信用原则的适用，在价值判断上，依当事人意思所发生的效果明显与法律所遵循价值不同的，则可以依此原则对效果进行修正，使民法具有应时而动的灵活性。这体现了20世纪以来，因市场频频失灵而采取的干预政策，是一个为市场经济体系固有漏洞打"补丁"的原则。

从诚实信用原则的产生和适用的经济环境看，对当事人意思效果修正所遵循的价值，并不是正义、平等这类法律的核心价值，而是"效益"价值。留给我们的问题是，效益价值与正义价值冲突时，哪个优先？能否由效益价值来衡量正义价值，在当事人意思符合正义和不符合效益时，是否应修正正义本身？所以说，诚实信用原则虽有其存在的价值，但其赋予法官的自由裁量权，如果使用不当又会导致司法专横，成为破坏法治整体价值的祸源。因此，在立法技术能使原则演化为具体可操作的法律条文时，应尽可能限制法官利用该原则"造法"的权力。在诚实信用原则的适用范围上，一般认为该原则不能适用于法律要件的普遍解释，只能在个别意思表示与新的法律价值要求的法律效果发生冲突时，填补当事人的意思，以维护法律价值在民法上的效力。

【典型案例1】

【拓展阅读5】

（五）公序良俗原则

公序，即公共秩序；良俗，指善良风俗。公共秩序，是由法律和社会共同体维护的秩序，这是与家规、校规相对应的公共性规则或政策；善良风俗，指符合伦理道德的习惯和风俗。

《民法典》涉及公序良俗的法律条文有两个。该法第8条规定："民事主体从事民事活动，不得违反法律，不得违背公序良俗。"民事活动虽然是私法关系，得意思自治，但不能违反法律，同时也不能违反公序良俗。该法在第10条还规定："处理民事纠纷，应当依照法律；法律没有规定的，可以适用习惯，但是不得违背公序良

俗。"即民事活动，在无法可依循时，可适用习惯，但以不违背公序良俗为底线。

结合起来说，公序良俗原则体现了两层含义：①民事活动，不能违反法律，也不能违背公序良俗，这里将公序良俗与法律并列，可见公序良俗的位阶之高；②在民事法律关系无法律可遵循时，可以适用不违公序良俗的习惯。这里是给习惯画出的红线，即适用习惯处理民事权利义务关系，不能违背公序良俗。

【典型案例2】

这个原则的本质体现在三个方面：①限制私权的行使，以维护个人与社会共同体的和谐，以防止为追求个人利益而破坏社会公共利益，如禁 P2P。[1] 在新冠肺炎疫情下西方社会对戴不戴口罩都存争议，完全把个人自由置于公共秩序之上，法律居然无能为力，这是法律的缺失。②在民法规范、公共政策不能周全的私生活领域，允许依习惯处置，给予民事活动适当的自主性，如乡规民约。③体现民法规范与传统伦理在价值取向上的一致性，即所谓的法以德为本。民法规范具有普遍性和国际性，而伦理则具有民族性和地域性，制定法律规范尽可能符合伦理，也有利于法律规范在本土的落地，并被普遍遵守。

三、其他

《民法总则》第6条规定了"应当遵循公平原则"，即公平原则。在内涵上，公平原则与平等原则、诚信原则有重叠，如均衡权利义务关系、用正义观指导自己的行为等。这在民事法律行为章节中会有论述，此处不予展开。

《民法总则》第9条规定了"应当有利于节约资源、保护生态环境"，即绿色原则。这是要求民事活动也须适应生态文明的要求，作为一个全新的原则，还有待实务中提供更多案例加以充实。

第三节　民事权利与民事义务

【法条链接2】

一、概说

《民法典》在第五章专设了民事权利，从民法体系角度，对此

---

〔1〕　网络点对点的借款平台，属于互联网金融的一种。

稍作评述予以回应。

民法就是调整民事权利义务关系的法律规范体系，而民事关系就是由主体、客体、权利义务三要素构成。民事主体，是权利义务关系的当事人，是权利义务的享有者和承担者；客体则是权利义务的指向和体现，既承载着权利之利益，也负担着义务之不利益。主体和客体是任何民事法律关系都不可或缺的要素，具有共通性，所以民法将其抽象出来，置于总则规定。

而民事权利则不同。民事活动的多样性，决定着权利类型的丰富性。权利中既有人身权，又有财产权，而人身权又可再分为人格权与身份权，财产权亦可再分为物权、债权等。民事权利，从行使及实现的方式，还可分为请求权、支配权、形成权、抗辩权等。因为各类民事权利内容不同，行使方式各异，救济途径也存在差别，民法典或者学术体系通常只在总论中通过分门别类，指明其各自的差异，而对各类权利的具体内容，则置于分则规定或论述。这也是总分则体系方法论使然，是一种科学的编纂方式。

二、权利与义务的关系

民法中的权利义务大致是对等的，一方的义务隐含着相对方的权利，反之亦然。如一方的债权，对应的就是另一方的债务，债权与债务就如同一个硬币的两面，互为依存。所以，同一种权利义务关系都分别规定，就显得繁琐；在逻辑层面，从权利或义务的单一角度规定，既简便也不容易产生偏差。但选择哪一个角度规定，却体现了法律的价值判断，以义务为本位者，从义务角度规定；以权利为本位者，则从权利角度规定。

由于民法是权利法，以表彰人的权利为使命，故民事立法采用权利本位原则，以民事权利的视角规范民事法律关系。这在概念与命名上都能体现，对权利重彩浓墨，如物权是对权利的称谓，物权对应的义务叫什么，都不给起"名字"，其他如人格权、继承权、亲属权都是如此。义务都"隐姓埋名"，就用一个权利概括该类型民事权利义务关系。

只有在同一民事权利对应多个义务，从权利角度规定，不能充分展现义务的多样性和层次时，才对义务作特别规定。如契约之债权，对应的债务包含给付义务、附随义务、前合同义务、后合同义务等多重义务，从债权角度规定不足以表现债务人履行义务的多样性，所以法律就在规定权利的同时，对债务包含的各类义务一一作出规定。同一个权利对应的多重义务，民法上谓之义务群。

三、关于权利的学说

民事权利为私权，与公权利迥然不同。根据公法规定之权力为公权力；根据私法规定之权利为私权利。权利的本质是什么？德国哲学家康德从哲学高度，阐述权利"只是表示他的自由行为与别人行为的自由关系"。[1]在民法学上，对权利解释也存在多种学说，这里概要介绍，便于拓展思考。

（一）意思说

该说认为，权利之本质乃是意思之自由或意思之支配。这是萨维尼（von Savigny）、温德沙伊德（Windscheid Bernhard）等德国民法大家主张的观点，认为"权利人可以依据权利自由地发展其意思"。[2]据此，无意思无权利。此学说重在对人与权利动态关系的揭示，在以"自由意思"解读权利这一点上有说明价值，但将权利的本质归为意思，仍无法圆说无意思能力之无行为能力人、限制行为能力人的权利属性。

（二）利益说

该说认为，权利之本质是法律所保护的利益。德国民法大家耶林（Jhering）认为，凡法律归属于个人生活之利益即为权利，这包括物质和精神的条件。[3]此学说解释了主体对权利的受益关系上的说明价值，但将权利与对权利的保护混为一谈，则无法解释以非直接保护方式规定的权利。如有些"搭便车"利益（如环保）、"反射"的利益（如从他人遵守交通规则受益）等现象。

（三）法力说

该说认为，权利之本质是享受利益的法律上之力，即权利乃法律之创造，法律之外无权利。社会连带主义法学派代表人物、法国学者狄骥（Duguit Leon）就认为，先有法律的存在，才派生出权利，自然权利是不存在的。[4]该学说在权利的实现上有说明价值，其缺陷是将权利等同于法律强制力，否认权利的自然法属性，与天

---

〔1〕 ［德］康德：《法的形而上学原理——权利的科学》，沈叔平译，商务印书馆1991年版，第40页。
〔2〕 ［德］迪特尔·梅迪库斯：《德国民法总论》，邵建东译，法律出版社2000年版，第62页。
〔3〕 参见［德］迪特尔·梅迪库斯：《德国民法总论》，邵建东译，法律出版社2000年版，第63页。
〔4〕 参见卢干东：《狄骥反动法律学说的初步批判》，载《武汉大学人文科学学报》1957年第2期。

赋人权观念有所不符。

这三种学说各有所长。"意思说"能反映权利行使中主体意思的动态表现，揭示权利本质；"利益说"能准确反映如物权、人身权等静态权利的目的；"法力说"说明权利的实现需有法律强制力支持，能反映权利与法律的关系。一般民法教科书，对权利的诠释虽不完全一致，但也有相同点，即认为权利是受到约束之意思自由的效力。至于受到的"约束"来自自然法或实定法，是社会共同体演进中生成的正义准则，或是利益的牵引，各家学派观点又有不同。

四、民事权利之类型

对民事权利的分类，是深入研究民法的重要路径。如前述，出于权利本位的立场，民法理论多从权利的角度分类。

（一）财产权与非财产权

这是依标的所负载特定利益对权利的划分，民事权利可区分为财产权与非财产权，以及财产与非财产兼容性权利。

财产权是不与主体的身份、人格相连接的，可让与的具有直接经济利益的权利。所谓经济利益，是指有交换价值或使用价值的利益，其交换价值决定财产权具有可转让的法律属性。财产权依其效力和形态的不同又可再区分出亚类，如物权和债权。前者是以支配物并具有排他性效力的财产权；后者是得请求债务人为特定行为的财产权。

非财产权是与权利主体的人格、身份不可分割的，没有直接经济利益的权利。传统的非财产权，主要是指人格权和身份权。人格权是有关人之生存的物质基础和人之精神尊严的权利，如身体权、健康权及姓名权、名誉权等；身份权是人基于婚姻、血缘等亲属身份形成的权利，如配偶权、亲权、监护权等。非财产权因与人身不可分离，故具有不可转让性，这是非财产权与财产权的最大区别。非财产权虽然没有直接的经济利益，但间接可能会有经济效益，如肖像本身属于人格权，不得转让，但让他人使用本人肖像即可获取经济利益。

在互联网时代，肆意收集和买卖个人信息成为社会公害，为此《民法典》第111条规定了一项新型权利，即自然人信息权。该权利是指自然人本人对其集合之个人信息所享有的支配、控制并排除他人侵害的权利。在支配、控制方面，其内容包括信息发布、信息保密、信息变更、信息去除等权能；在排除他人侵害方面，则包括

禁止他人非法收集、使用、加工、传输、买卖及公开等。由于个人信息权与特定自然人不可分离，具有不能转让性，属于非财产权范畴。《民法典》规定信息权，有利于受害人用法律武器维护自身信息利益，也将遏制这一现象纳入了司法轨道，提醒从业者或因法定或者约定掌握他人信息者，负有保护他人个人信息的注意义务，为对侵害个人信息的民法救济提供直接的规范依据。

所谓自然人信息，是指集合之个人身份信息和财产信息。包括姓名、手机号码、住址、存款等集成信息，而非单一信息或单一类信息。因为，单一之个人信息，有的属于其他权利，如姓名、私人住址属人格权；也有的单个信息并不属于民法权利，如从事职业、就读学校、消费偏好、手机号码等信息。信息具有可传播特征，信息载体与信息负载也是有区别的，如姓名属于姓名权客体，存款属财产权客体，两者集成则属信息权客体。非法收集、传播这些信息即属于侵害行为。

财产权与非财产权是罗马法以来对民事权利的分类，但近代以来，出现了一些兼具财产权与非财产权的私权，传统的财产权和非财产权分类很难包容这些权利，即有点"非驴非马"又有点"似驴似马"，故称其兼容性权利。属于该类权利的，一是著作权、专利权等知识产权，其权利内容既有人身权又有财产权。二是社员权，这是指社团法人之成员依其社员资格对社团享有的权利，最典型的社员权即股权。社员权中有直接财产内容的权利谓"自益权"，是社员个人财产利益的权利，包括红利、股息分配请求权、剩余财产分配权等；社员参与社团事业并无直接财产利益的权利谓"共益权"，是社员的参与权，包括表决权、监督权、社团会议召集请求权等。三是继承权，也是兼具财产和非财产性的权利。

（二）支配权、请求权、形成权

这是依法律的作用对权利所作的划分，包括支配权、请求权、形成权三类。

支配权是对标的物直接的排他性支配并享有其利益的权利，也称管领权。其特点体现在以下两个方面：在积极方面，能直接支配权利客体，无须他人配合、介入就能实现利益；在消极方面，有禁止他人妨碍其支配的排他性权利，即他人对其支配有容忍、尊重和不干扰的义务。最典型的支配权是所有权，他物权、准物权、知识产权等也有支配权性质。

请求权是请求他人为特定行为的权利，特定行为包括作为和不作为。其特点是：①权利的作用为请求而不是支配。②没有排他性，权利效力具有平等性。③权利的利益需通过义务人特定行为的配合才能实现。④有基础性权利的存在，也就是请求权是派生性权利，不是原生性权利。因发生请求权的基础性权利的不同，请求权又可分为债权请求权，即因债权而产生的请求权，如合同之给付请求权；物上请求权，即以物权为基础性权利的请求权，如返还原物请求权、停止侵害请求权等；人身权之请求权，即以人身权为基础派生的请求权，如消除影响之请求权、扶养费之请求权等。由于请求权有救济权性质，所以能与所有的民事权利发生关联，就此，请求权在民事权利中具有枢纽的地位。

形成权，是依自己之一方的意思使既存之法律关系发生变动的权利。形成权的最大特点是单方就能使权利义务关系生效、变更、消灭。形成权有三种：①使权利义务关系生效，如承认权；②使权利义务关系变更，如选择权；③使权利义务关系消灭，如撤销权、抵销权、解除权等。

【拓展阅读6】

（三）绝对权与相对权

这是以民事权利的效力为标准划分的。绝对权是其效力及于世上一切人的权利，因之也被称为对世权，如人格权、物权等都属于绝对权；相对权是其效力只及于特定义务人的权利，故谓之对人权，债权就属于相对权。如合同之一方当事人只能请求特定相对人履行义务，不能要求合同以外的第三人履行合同；而房屋所有人就不一样，任何人都须尊重其所有权，并不得擅自干涉或妨碍其行使权利，这个效力及于不特定所有的人。

（四）主权利与从权利

这是按民事权利相互之间的依存关系划分的，须有两个以上权利时才有主从之分，单个权利就不适用这个分类。主权利是在相互关联的权利中，不依赖于其他权利而独立存在的权利；从权利是在相互关联的权利中，以主权利的存在为前提的权利。如借贷合同之债权为主权利，保证债权为从权利，贷款合同一旦消灭，从权利之保证也随之消灭。

（五）原权利与救济权

这是依权利之转换关系所作的分类。原权利是在原生与派生的权利关系中的基础权利；救济权则是基础权受侵害时援助基础权利的权利。凡有效的民事权利皆辅以救济权，只是在原权利无危险时处于停止状态。如人身权、物权等基础性权利在正常行使，无须救济；一旦受到他人侵害，即可启动救济权，包括停止损害、损害赔偿等权利。由于救济权是原权利转化而来的，两者效力上具有同一性，即非由法律规定或者不适救济权行使的，原权利所生抗辩、担保等效力，适用于救济权。

（六）既得权与期待权

这是以私权之成立要件是否全部齐备为标准划分的。既得权是权利要件全部齐备、权利人得现实行使的权利；期待权是成立要件将来有可能齐备的权利。如父母子女、夫妻之间互有继承权，在被继承人死亡前，继承权只是期待权，在被继承人死亡并留有遗产时，继承权的成立要件齐备，才转换为既得权。期待权的价值，在于法律对形成中权利的预告，以此清晰表明当事人之间的财产关联。

五、权利之竞合

权利之竞合，是指数个权利存在于同一个标的，依各权利行使时可发生同一效果的情况，亦称权利之并存。依竞合权利的类型，可分为物上请求权与债权请求权的竞合，如返还出租屋时的所有权返还请求权与租赁物之返还请求权竞合；债权请求权的竞合，包括合同与侵权、侵权与不当得利请求权竞合，如产品瑕疵损害时的违约赔偿请求权与损害侵权赔偿请求权的竞合等。

对于权利竞合，除法律有特别规定，权利人有选择行使权。如何选择由权利人自己决定，一般是择有利者行使，或者根据自己的诉讼目的选择行使。如手机爆炸，既是违约，又是侵权，可择一权利行使，如仅要求更换或者退货，行使合同请求权就足矣，倘若还有人身伤害，就得选择侵权赔偿。

权利竞合中还有一种法规竞合，这是指一个事实符合数个法规所规定的法律要件。此时若法律没有限制性规定，就可按权利竞合原则处理。但若法律有特别规定的，就必须按该规定适用法律，如按照特别法优先适用普通法原则，该事实同时符合特别法和普通法所规定的法律要件时，就必须适用特别法，当事人无选择权。如被警察误伤受害，构成对身体权和健康权损害，受害人可以根据《民法典》或者《中华人民共和国国家赔偿法》（以下简称《国家赔偿法》），请求赔偿。但《国家赔偿法》是特别法，警察执行公务所致损害，必须依该法请求国家赔偿，而不能请求民事赔偿。因为民事赔偿按实际损害赔偿，而按《国家赔偿法》第34条之规定，是采取限额赔偿。

六、民事义务

广义上的义务是指一切对人之约束，包括法律、道德、宗教等规范；狭义上的义务，专指法律上的义务。法律义务虽然有强制性特点，但其价值趋向应与道德、伦理的教化是一致的。如传统伦理倡导"老吾老及人之老；幼吾幼及人之幼"，民法上就规定父母子女之间相互抚养义务等。

民事义务是指民法上对人作为和不作为的约束。所谓约束，一方面是人的行为的限度，即义务人不得随意变更或免除的行为，如有违反，法律允许权利人申请强制执行以实现拘束；另一方面又允许权利人请求损害赔偿，回复权利的圆满状态。

【拓展阅读7】

民事义务在形态上，包括作为和不作为，前者要求积极行为满足权利的要求，后者则是以消极方式，不干涉他人行使或享有的权利。义务在类型上，与权利分类大致相同，如人身义务、财产义务等。但民事义务也有不同于权利的类型，如第一次义务与第二次义务，第一次义务是原有义务，第二次义务是不履行第一次义务转化发生的义务；积极义务与消极义务，积极义务是实施作为的义务，消极义务是实施不作为的义务等。

七、民事责任

《民法典》延续《民法通则》的体例，设立第八章"民事责任"，这里略作说明。

【法条链接3】

民事权利对应本是民事义务，权利与义务也由此构成民事法律关系的全部内容。《民法典》第176条规定："民事主体依照法律规定或者按照当事人约定，履行民事义务，承担民事责任。"履行民事义务、承担民事责任，这里引出了义务与责任的关系。《民法典》第五章规定民事权利、第八章规定民事责任，却没有专章规定民事义务。那么，权利与责任、义务与责任是什么关系，值得探讨。

从语词意义上说，汉语中的"责"通"债"，有"欠人钱债"的意思，如《战国策·齐策四》曰："后孟尝君出记，问门下诸客

诳习计会，能为文收责于薛者乎?"通常不严格区分"债"与"责"，依习惯在某些场合使用责任表示债务，如"合同责任""担保责任"等。在裁判规范中，责任是对法律效果的称谓，如判决被告赔偿责任等，从法律具有的行为规范的特征看，该效果就是被告对原告负担的民事义务。

再从权利—义务—责任之间的关系看，义务人不履行民法上的义务，权利人只能请求公力救济，由法院等司法机构强制义务人负履行义务之责任，以此使民事权利圆满。因此，可以说责任是第二性义务，是由主法律关系中的第一性义务转化而来的，与第一义务不同，责任负载着公权力强制和威严。如果说，权利义务体现着私法关系，维护的是平等主体自然人或法人之间的社会秩序；那么民事责任，则面向着法律尊严、社会秩序、公共利益等。所以，民事责任在平等主体的当事人之间，就是义务人应负担之义务；面向公共秩序、司法裁判，就是民事责任，内含着法律强制和国家尊严，其中负载的已不仅仅是民法的价值。

第四节　权利之救济

一、预防与救济

法谚有谓"无救济无权利"。易言之，不受保护的"权利"只有权利的外壳，而无权利之实，可见救济的重要性。民事权利的保护通常包括预防受侵害和受侵害之后的回复。

预防权利侵害原则上属于个人的事，法律只能提供预防侵害的便利。如预先设定担保，法律行为附条件、附期限，约定连带责任等，须当事人主动选用，但法律无法在未侵害时提供实质保障。在人身或财产权利遇到障碍或可能受到危险时，可行使排除妨碍和消除危险请求权，司法介入提供预防性救济。

在权利受到真实的侵害时，法律即提供保障。但这是事后的，不完全是物理状态的回复，而只是回复权利的圆满状态，故谓之救济，称权利保护似名不副实。

二、救济原则

现代国家的建立和司法制度的健全，国家设立了专司裁判及实施救济的机构。因此，民事救济即以公力救济为原则。一般不允许私力救济，因为私力救济容易引起冤冤相报，导致社会秩序的混乱，特别是双方有争议时，各说各的理，是非难辨。公力救济的有效性和公平性表现在：一是有国家强制力作保障，由专门机构实施；二是超乎于个人之上，能够做到公平。但公力救济也有致命的缺点，因公力救济都是事后救济，且须以诉之方式实现，难以做到及时、迅速；三是若强力机构发生腐败，就须对公力救济再"救济"，如纪检监察等。为了弥补公力救济的缺陷和不足，法律允许一定范围的私力救济的存在。

公力救济，最主要的是司法救济，包括裁判、执行等。政府行政机关在法律有规定的情形下，也可以提供行政救济，如对瑕疵产品的"召回"。公力救济对权利救济是一个方面，另一方面是对义务人的强制，必须是"有法可依"，过渡执法可能会构成对义务人权利的侵犯。

三、自力救济

自力救济又称私力救济，是权利人在法律允许范围内，依靠自己的力量抑制他人，捍卫自己权利免受侵害的行为。

（一）自卫行为

自卫行为是当事人为了防止或避免自己或他人所正面临的侵害，而不得已侵害他人的行为。包括正当防卫和紧急避险。

正当防卫是对于现实的不法侵害加以反击，以救济自己或他人权利的行为。《民法典》第 181 条第 1 款规定："因正当防卫造成损害的，不承担民事责任。"这是个原则规定，即对面临正在遭受的不法侵害而制止侵害的行为，免除行为人责任。《民法典》第 181 条第 2 款又规定："正当防卫超过必要的限度，造成不应有的损害的，正当防卫人应当承担适当的民事责任。"在救济权利的适度范围内，法律免除防卫人的责任，超出防卫需求的，则构成对他人侵权，要承担责任。

紧急避险是为了避免自己或他人的人格权或财产权遭受现实中的急迫危险，而不得已采取的加害他人人身或者财产的行为。《民法典》第 182 条第 1 款规定："因紧急避险造成损害的，由引起险情发生的人承担民事责任"，这是对人为引起险情而实行避险的风险分配规则；若险情是自然原因引起的，《民法典》第 182 条第 2

【典型案例5】

款规定："危险由自然原因引起的，紧急避险人不承担民事责任，可以给予适当补偿。"避险人不承担责任，但要给予补偿。补偿也是义务，没有责任却有义务。紧急避险本质上是"丢卒保车"，如果是"丢车保卒""捡芝麻丢西瓜"，就是损人利己或者损人也不利己。对于超出限度的损害，《民法典》第182条第3款规定："紧急避险采取措施不当或者超过必要的限度，造成不应有的损害的，紧急避险人应当承担适当的民事责任。"

（二）自助行为

自助行为是当事人在自己的权利受到损害而来不及请求公力救济时，限制加害人的人身自由或对加害人的财产进行扣押、毁坏的行为。如发现乘坐公共交通工具不买票的乘客，可予以扣留实施自力救济，此时若不容当事人自助，公力救济很难保障其债权的实现。我国民法对自助行为无明文规定，但在习惯法上得到肯定。基于对公民人身权和财产权的平等保护，防止权利滥用，立法例上对自助行为的实施规定了较严格的法律要件。如《德国民法典》第229条要求行使自助行为的前提是"来不及请求官署援助，而且若非即时处理则请求权有无法行使或行使显有困难"的情况，在实施自助行为后，当事人应立即申请公力救济。这些规则可资参照。

【典型案例6】

错误的自助行为，属于侵权行为，由行为人负损害赔偿责任。若因错误自助行为拘禁他人自由、强夺他人财产等，不仅构成侵权，严重者则构成犯罪，要承担刑事责任。如对欠钱不还的"老赖"，不选择公力救济，而实施"绑票"、夺其轿车等私力行为，就属违法行为。

（三）救助行为

救助行为与自助行为的区别，在于救助他人，属助他行为，也即通常所说的见义勇为行为。这是指对他人人身或者财产正遭受的危险，并无法定义务而实施之救助。助他行为与见危不救相对应，属于道德义务，并非法律义务。

为了表彰助人为乐的美德，弘扬见义勇为的风尚，《民法典》第184条规定："因自愿实施紧急救助行为造成受助人损害的，救助人不承担民事责任。"如汶川地震时救护人员为了保住一个双腿被钢筋梁柱压着的少女的生命，最后锯腿救出，即属救助行为。救助别人也可能造成自己损害，这时候救助人的损害谁来赔偿？《民法典》第183条规定："因保护他人民事权益使自己受到损害的，由侵权人承担民事责任，受益人可以给予适当补偿。没有侵权人、侵权人逃逸或者无力承担民事责任，受害人请求补偿的，受益人应当给予适当补偿。"

救助行为与自卫行为、自助行为的区别在于：首先，救助对象须是他人，若是本人则属自助行为；其次，救助行为若能满足正当防卫和紧急避险的法律要件时，应优先适用该要件。《民法典》规定救助行为：一是对自卫行为和自助行为以外的空白，以法律形式弥补使之周全；二是对受助人的损害，免除见义勇为者无过失或轻过失之赔偿责任，有利于提升社会正能量，弘扬社会主义助人为乐的道德风尚，就法律而言，也符合正义原则。

【法条链接4】

第五节　民事权利的客体

一、物之概说

物是能满足人的需要，并为人所支配的物体或自然力。所谓物体，是人眼能看到的物质实体，民法上的物绝大多数是有体物，如固体物汽车、液体物汽油等。但随着现代科技的发展，人类利用自然资源的能力提高，有些自然力也开始成为稀缺性资源，进入了商品交换的领域，如无线电频谱等。这些自然力资源虽然人眼看不见，却也能被人支配和利用，故也被列入物的范畴。然无论物体或自然力，都属于物质范畴。在互联网时代，又出现了网络虚拟物，如游戏装备、网络货币等。对于虚拟物，法律不禁止或者限制的，其交易可适用民法对实体物的规定。

总之，民法上的物，与狭义上的财产是同义语，但广义上的财产，不仅包括物，还包括财产权利和财产义务。

物在民事法律关系中占有重要地位，民事权利和民事义务都与物有密切的联系。物权直接以特定物为客体，知识产权之客体以物为载体，债虽以行为为客体，但有时仍以物为行为的标的，财产继承中之财产也大多以物的形态表现。

二、物的特征

民法上的物，虽然符合物理特性，也与哲学上物的定义吻合，但民法上的物的内涵却要小得多。因此，物理上和哲学上的物，并不一定是民法上的物，民法上的物具有下列一些特征：

（一）客观存在

物必须客观存在。物体和自然力是不以人的意志为转移的客观存在，易言之，不是客观存在的却能带来物质利益的物，不属于民法上的物。例如财产权利、科学发现等，虽体现物质利益，但其本身不是物。

基于法律对物的要求和现代文明社会伦理道德观，即使是物体，作为民法的客体，仍然要受到一定的限制。首先，自然人本身因享有人格上的尊严，其人身及其物质组成体不能成为民法之物，如自然人的活体、四肢、器官、血液等，在不违背善良风俗和法律的规定情况下，可以作为非交易物，如无偿捐赠器官、献血等。其次，占据漫无边界空间的物体不能作为物，例如风（气体）、山涧流水（液体），只有经设定界限并可控后，才能作为物体，例如管道煤气、自来水等。最后，不占据特定空间又无容积体的物不能作为支配物，例如音波、热力、电流等，但可作为债权的交易对象。

（二）能被人支配与控制

物体或自然力只有被人支配和控制时，才能成为民法上的物，即使网络虚拟物，也须能被控制和支配。因为，当物不具有可支配性时，即使能带来利益，也不能成为特定民事主体的权利。如太阳、闪电，虽有巨大价值，因人对之可望而不可及，无法控制，故不能成为民法上的物。

（三）具有效用

物体和自然力只有能满足人的物质利益和精神需求时，才能表明物有经济价值，可用来进行交换。至于物的经济价值是否由劳动创造，均非所问。如天然存在的土地、森林、频道，都可作为民法上的物。没有效用的、客观存在的可支配物，不能作为民法上的物，如污染物、垃圾等。

三、物的分类

物在生活中，要被人占有、使用或用作交换，由此发生以物为客体的人与人之间的财产关系。由于不同类型的物的特征不同，所产生的法律关系也会不同；再则由于对不同类型的物，国家干预的程度、允许流通的范围不同，在权利行使、法律效果上会表现出不同特点。所以，法律上就根据不同的标准，对物进行分类，以满足民法规范所构建的财产秩序的要求。

（一）动产与不动产

这是以物能否移动和移动后是否会损害物的价值为标准划分的，这是民法上对物的最为重要的分类。《民法典》第 115 条第 1 款规定："物包括不动产和动产。"动产是能够移动并且不因移动损害其价值的物，如家具、金银等。不动产是不能够移动或虽可移动但却会因移动损害其价值的物，如土地、房屋等。根据《民法典》第 344 条的规范旨意，不动产包括土地及附着于土地上的建筑物、构筑物及其附属设施等。概括说，属于不动产的，主要就是土地、房屋以及其他定着物。此外的，皆为动产。

不动产与动产是民法对物最重要的分类，对认识我国财产管理制度和各类主体的财产范围，有重要价值。首先，不动产中的土地、河流、森林、矿藏、海域、野生动物资源等，只能为国家或集体所有，任何国家或集体所有以外的人不得拥有，这是社会主义公有制的体现。其次，在财产交易中，动产通常以交付作为公示方法，而不动产则以登记作为公示方法。再次，不动产的土地之上可设定用益物权，如土地承包经营权、建设用地使用权、宅基地使用权、地役权等。最后，不动产相邻人之间在不动产利用中还会发生排水、通行、通风、采光等相邻关系。

（二）融通物、限制融通物、不融通物

这是以物作为物权的标的物以及交易是否受限制为标准，对物作的划分。融通物亦称流通物，是指法律允许在自然人或法人之间自由让与的物；限制融通物亦称限制流通物，是法律对流通的范围有所限制的物；不融通物亦称禁止流通物，是法律禁止流通的物。

认识这个分类，对判断交易的合法性，有重大的认识价值。融通物因能自由流通，无法律限制，故能成为任何民事主体之间的民事法律关系的客体。而限制融通物，因不能自由流通，如何交易及交易范围受法律限制，如《中华人民共和国文物保护法》对文物买卖的限制、《中华人民共和国外汇管理条例》对外汇经营和交易的限制等，当事人交易时就必须遵循法律规定，否则会导致交易行为无效，情节严重的，还要承担行政或刑事责任。不融通物，是绝对不允许流通的物，如在我国，土地属国家或集体所有，禁止土地所有权交易；再如《中华人民共和国食品卫生法》规定了未经兽医卫生检验的肉类禁止交易。

（三）有体物与无体物

这是以物有无体态而对物的划分。有体物系有体态的物，本章对物下的定义，即属有体物范畴，有体物之外的物为无体物。有体物能作为所有权的客体，无体物中的智力成果等可成为知识产权的客体，有些能作为债权的客体，如通信流量。

物权的标的特指有体物；无体物，只是在法律有特别规定时可准用物权法的规定。如债券、提单、交易所席位等，既能作为交易的客体，也能设定担保物权。《民法典》第 115 条第 2 款规定："法律规定权利作为物权客体的，依照其规定。"也就是原则上物权的客体为有体物，只是法律有特别规定的，权利可以例外成为客体，如出租车运行权。

（四）实体物与虚拟物

这是以物的空间存在形态对物的区分。实体物是指存在于物理空间的物，虚拟物是存在于网络空间的物，属无体物范畴。互联网的出现和网络交易的普及，一种只能用于网络交易具有交换价值的非实物，被人们认可为财产。对于虚拟物的财产属性，《民法典》第 127 条规定："法律对数据、网络虚拟财产的保护有规定的，依照其规定。"对于实体物与虚拟物的区分，在于对虚拟物财产属性的认定，要依照法律对其的规定，法律若有规定，则受法律保护。

（五）特定物与种类物

这是以物是否有独有的特征或是否被特定化而对物所作的区分。特定物是独具特征或被特定化并且无从替代的物。即特定物既包括独一无二的物，如鲁迅手稿、徐悲鸿的画，也包括经当事人指定后被特定化的种类物，如经挑选选定的家具等。特定物因其不可替代性，故也称不可替代物。种类物是需以品种、规格、质量或度量衡确认的一类具有共同特征的物，如水果、大米等。种类物在交易时，具有可替代性，故也称可替代物。种类物如经当事人指定后，也可成为特定物。

这个分类能帮助认识民事法律关系性质及承担的后果，如租赁、借用等一经履行，客体即属特定物，必须返还原物；而消费借贷、货币借贷等，则以种类物为客体，到期只需返还同等数量的物

【典型案例7】

或者同值的货币即可。特定物由于具有不可替代性，当合同约定以特定物作为履行的标的物时，该物于交付前灭失的，债务人可免除交付义务，改负过失赔偿义务；而若约定种类物作为履行的标的物时，债务人不能以交付前物已灭失作为免除交付的抗辩理由，仍需以同样品质、数量的种类物交付。

（六）可分物与不可分物

这是依物能否被分割为标准而对物作的区分。可分物是指可以分割并且不因分割而损害其价值或性能的物，如一袋米可分为若干份，并不改变效用与性质。不可分物是分割后会改变性能或价值的物。不可分物有两种：①自然性质上不可分，如一辆汽车、一架钢琴等；②依权利人的意思不可分，如在一定时间内不许分割的共有物。

民法对共有财产分割原则，就是按这个分类确立的。共有财产为可分物时，可分割实物，各得其所；若是不可分物，只能作价值上的分割，而不能作实物分割，实物可归于一人，由其对他人所得作补偿；或者将实物出卖，分割所得价金。

（七）主物与从物

这是以两个独立物之间的客观的关联，而对物所作的区分。同一个人所有的两个独立之物，需要结合起来才能发挥物之效用，而且作用有主要和次要之分时，则被区分为主物和从物。主物是指在与其他物结合使用中发挥主要效用的物，从物则是在结合使用时发挥配合、辅助、保护主物作用的物，也称附属物。主物和从物都是独立之物，相互之间只有使用上的辅助关系，而不是物之构成上的结合关系。例如，笔记本电脑的液晶显示屏，是电脑的组成部分，并非从物，而充电器则属于电脑的从物。

两个有主从关系的物，在无相反的约定时，主物被处分其效力及于从物。如主物被转让、抵押时，当事人没有特别约定的，从物一并被转让、抵押。《民法典》第320条规定："主物转让的，从物随主物转让，但是当事人另有约定的除外。"

（八）原物与孳息

这是依产生收益的物与所生收益之间的关系而对物作的区分。原物是指依自然属性或法律的规定能够产生收益的物；由原物产生的收益，则是孳息。基于自然属性产生的孳息称天然孳息或自然孳息，例如，苹果树长出的苹果、母畜生出的幼畜等；基于法律规定产生的孳息称法定孳息，例如，出租房屋收取的租金、储蓄获得的利息等。

《民法典》第 321 条第 1 款规定："天然孳息，由所有权人取得；既有所有权人又有用益物权人的，由用益物权人取得。当事人另有约定的，按照其约定。"法定孳息按当事人约定或者按交易习惯取得。当原物受到侵害，致孳息的收取发生不能时，侵害人不仅要赔偿原物的损失，还要依法律的规定赔偿孳息的损失。如《民法典》第 243 条规定，征收集体土地的，不仅要对土地、地上附着物作补偿，也要对青苗等孳息给予补偿。

（九）单一物、合成物、集合物

这是依物的构成单元而对物所作的划分。单一物是独成一体的物，如一本书、一盆花等。合成物是由数个单一物结合成一体的物，如嵌宝戒指，就是由宝石和戒指合成的。合成物的各单元并不存在主物、从物关系，各单一之物在合成后虽不失其原来特性，但在作为民事法律关系的客体时，仍被作为一个物。集合物又称聚合物，是指根据当事人意思、交易惯例或法律规定，将数个单一物、合成物确认为一体的物，如一群羊、一袋米、一箱水果等。

单一物、合成物、集合物在法律上都被作为一物，它们的区别主要是，单一物的构成无法再作单元分解；合成物的构成能分解为数个单一物，这些单一物只是因人的加工行为而合为一体；集合物只是由于人的观念而被视为一物，事实上构成的各物并无形态上的联系，是主观上的一体物。

一个企业往往由土地、房屋、设备、交通工具等诸多动产和不动产构成，但在市场交易中，按当事人意思或者交易习惯，常将企业作为一个标的转让，形成所谓企业产权交易。这实际上就是将企业诸项动产、不动产作为集合物交易，这在合同法上是被允许的。一经让与，企业作为集合物发生移转，但在物权法中则不被认可。若交易中涉及房屋、土地、车辆等需办理过户登记才能移转的不动产、动产，当事人还是要依法对单一物办理手续，否则不发生转移效力。

四、货币

货币是充当一般等价物的特殊商品，属于民法上的种类物。在我国，货币有人民币和外币之分。人民币是法定流通货币，交易中支付价金必须使用人民币，外币只有在法律有特别规定的情况下，才能作为债的给付标的。

由于货币是一般等价物，属特殊物，受到法律的特别调整，有着不同于其他物的特殊效力。①在物权法上，货币作为客体，其占有权与所有权合二为一，货币的占有人视为货币所有人；货币所有权的转移以交付为要件，即使"借钱"，借的也是货币所有权，而不是货币的使用权；就货币不能发生返还请求权之诉，仅能基于合同关系、不当得利或侵权行为提出相应的请求。②在债权法上，货币具有特殊法律效力。货币之债是一种特殊的种类债，货币的使用价值寓于它的交换价值之中，作为一般等价物能交换其他物品、劳务和外币。所以，它较之其他实物具有更大的流通性。在其他类型的债发生履行不能时，都可以转化为货币之债来履行，而货币之债本身原则上只发生履行迟延，不发生履行不能，债务人不得以履行不能而免除付款义务。

五、有价证券

（一）有价证券的概念和法律特征

有价证券是指设定并证明持券人有权取得一定财产权利的书面凭证。有价证券所代表的一定权利与记载该权利的书面凭证合二为一，权利人行使权利，原则上不得离开证券进行。

有价证券具有下列特征：①代表财产权利。有价证券券面所记载的财产价值就是证券本身的价值。②证券上的权利行使，离不开证券。有价证券属于特定物，证券与所记载的财产权利不能分离，享有证券上所代表的财产权利，就必须持有证券。权利人一旦丧失证券，就不能行使证券上的权利。③有价证券的债务人是特定的，即证券的权利人只能请求证券上记载的债务人履行债务，有价证券的持有人转让证券，不影响债务人对债务的履行。④有价证券的债务人的负担属单方义务，即债务人在履行证券义务时，除收回证券外，不得要求权利人支付相应对价，即必须"无条件给付"。

（二）有价证券的类型

1. 物权有价证券与债权有价证券。依有价证券上所设定权利类型不同，可区分为物权有价证券和债权有价证券。设定一定物权的谓物权有价证券，如提单、仓单，交易中当事人交付提单、仓单等物权证券，就视同物权财产之交付；设定一定债权的谓债权有价证券，如债券、汇票、本票、支票等，这类债券所产生的是特殊之债权债务关系，虽然受相应的特别法调整，但遇特别法无规定时，适用民法规范。

2. 记名有价证券、无记名有价证券、指示有价证券。这是依有价证券转移的方式不同，而对有价证券作的区分。记名有价证券，即在证券上记载证券权利人的姓名或名称的有价证券，如记名的票据和股票等；无记名有价证券，是证券上不记载权利人的姓名或名称的有价证券，如国库券和无记名企业债等；指示有价证券，指在证券上指明第一个权利人的姓名或名称的有价证券，如指示支票等。这三种有价证券，转移方式各不相同。记名有价证券，因证券上的权利为记名者享有，若转让须按债权让与之规范转让证券上的权利；无记名有价证券上的权利，由持有人享有，可以自由转让，证券义务人只对证券持有人负履行义务；指示有价证券的权利人是证券上指明的人，证券义务人只对证券上记载的特定人负履行义务，指示证券的转让，须由权利人背书及指定下一个权利人，由证券债务人向指定的权利人履行。

（三）常见的有价证券

1. 票据。票据是由出票人依法签发的，约定由自己或委托人于约定时间无条件支付确定金额给持票人或收款人的有价证券。依照我国票据法的规定，票据可分为汇票、本票、支票。

汇票，是出票人签发的，委托付款人在见票时或者在指定日期无条件支付确定的金额给收款人或持票人的票据，汇票按签发人，有银行汇票与商业汇票之分。本票，又称期票，是出票人签发的，承诺自己在见票时无条件支付确定的金额给收款人或者持票人的票据。支票，是出票人签发的，委托办理支票存款业务的银行或者其他金融机构在见票时无条件支付确定的金额给收款人或者持票人的票据，支票又分现金支票、转账支票和定额支票等。

2. 债券。债券是国家或企业依法发行的，约定于到期时还本付息的有价证券，分为公债和公司债。公债是国家发行的债券，如国库券就是一种公债。公债不能当作货币使用，但可以自由转让，可以在银行兑现和设定质权。公司债券是企业发行的债券，也称企业债券，可以转让、设定质权等。

3. 股票。股票是股份有限公司依法发行的表明股东权利的有价证券。股票上表明的权利为股东权，表征股息和红利收取权、股东表决权以及公司解散时分配剩余财产的权利等。

4. 提单。提单是指证明货物运输合同和货物已经由承运人接收或者装船，以及承运人保证据以交付货物的单证。提单中载明的向记名人交付货物，或者按照指示人的指示交付货物，或者向提单持有人交付货物的条款，构成承运人据以交付货物的保证。提单既是货物运输合同成立的证书，也是承运货物的物权凭证。

5. 仓单。仓单是仓储保管人应存货人请求签发的证明存货人财产权利的文书。仓单属要式证券，应依法律要求记明有关事项。仓单以给付物品为标的，属物品证券；仓单记载货物之移转须移转仓单始生效力，故仓单又属物权证券。存货人凭仓单提取仓储的物品，也可用背书形式并经仓库营业人签字，将仓单上所载明的物品所有权转移给他人。

六、人格利益

人格利益是自然人固有的与其人身不可分离的精神利益，是与财产利益相对应的非财产利益，属人格权保护的对象。人格利益可区分为一般人格利益和具体人格利益，其分别是一般人格权和具体人格权的客体。一般人格利益是指非依法律规定、非经正当程序，自然人享有的身体不受伤害、自由不容干预、尊严不容损害的利益；具体人格利益是指生命、身体、健康、姓名、肖像、名誉、荣誉、隐私、婚姻自主等具体人格要素指向的利益。由于对人格利益的损害，法律不容"以牙还牙"，受害人除请求停止侵害、赔礼道歉等救济方式外，法律亦允许替代以抚慰金等财产救济方式。法律对人格利益的救济主要适用于自然人，在法律有特别规定，法人和非法人组织的名称、名誉、荣誉等具体非财产利益受损害时，亦可以援用法律对自然人的规定，获法律保护。

七、其他民事权利客体

（一）给付行为

通说认为，债的客体就是给付行为，这是指债务人满足债权所为之特定行为，该行为包括作为和不作为。其具体内容，容合同法中阐述。

【拓展阅读8】

（二）知识成果

法律认可的知识成果可以成为知识产权的客体。《民法典》第123条第2款规定，作品、发明、实用新型、外观设计、商标、地理标志、商业秘密、集成电路布图设计、植物新品种以及法律规定的其他知识成果可以作为知识产权的客体。

【课后练习题1】

第二章　自然人

本章知识结构图

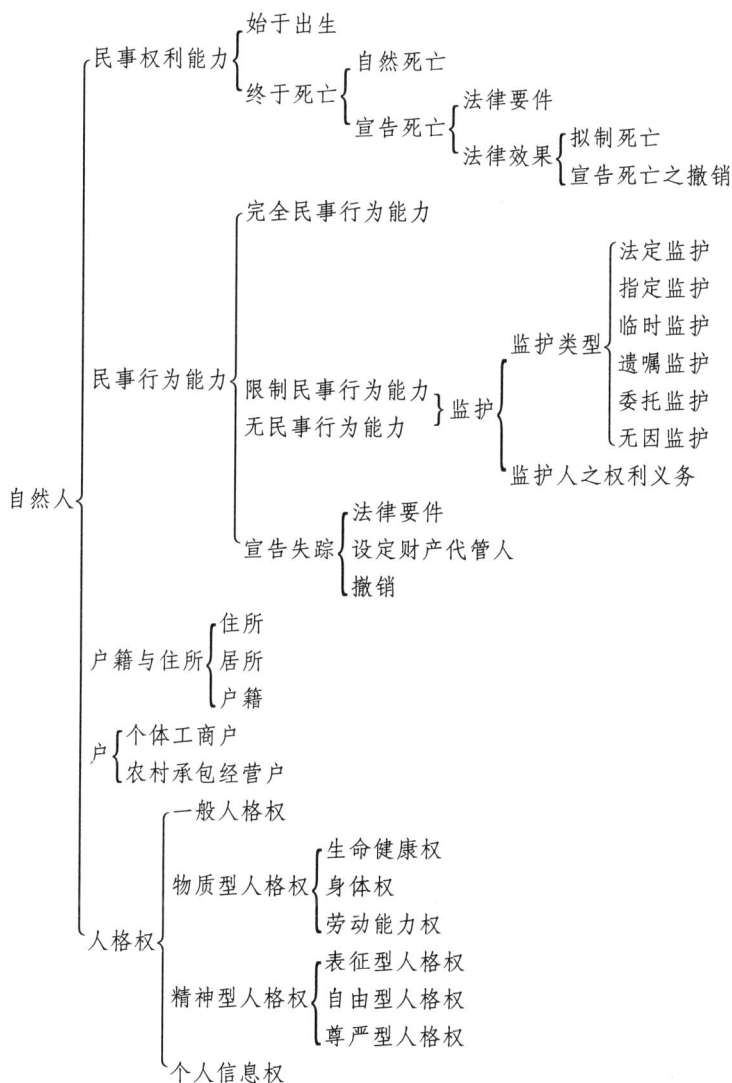

```
              ┌ 民事权利能力 ┬ 始于出生
              │              └ 终于死亡 ┬ 自然死亡
              │                         └ 宣告死亡 ┬ 法律要件
              │                                    └ 法律效果 ┬ 拟制死亡
              │                                               └ 宣告死亡之撤销
              │
              │              ┌ 完全民事行为能力
              │              │
              │              │                              ┌ 法定监护
              │              │                              │ 指定监护
              │              │              ┌ 监护类型 ───── │ 临时监护
              │ 民事行为能力 ┤ 限制民事行为能力 ┐            │ 遗嘱监护
              │              │ 无民事行为能力   ┘ 监护 ┤      │ 委托监护
              │              │                              └ 无因监护
              │              │              └ 监护人之权利义务
              │              │
              │              └ 宣告失踪 ┬ 法律要件
 自然人 ──────┤                         │ 设定财产代管人
              │                         └ 撤销
              │
              │ 户籍与住所 ┬ 住所
              │            │ 居所
              │            └ 户籍
              │
              │ 户 ┬ 个体工商户
              │    └ 农村承包经营户
              │
              │            ┌ 一般人格权
              │            │
              │            │              ┌ 生命健康权
              │            │ 物质型人格权 ┤ 身体权
              │ 人格权 ────┤              └ 劳动能力权
              │            │
              │            │              ┌ 表征型人格权
              │            │ 精神型人格权 ┤ 自由型人格权
              │            │              └ 尊严型人格权
              │            │
              │            └ 个人信息权
```

本章重点内容讲解

　　自然人是与法人对应的概念，与公民有别。任何自然人都是民事主体，但并非每个民事主体都能自主参与民事关系，这就引出了自然人作为民事主体的资格与能力的问题。自然人自出生始至死亡终，都享有民事权利能力，都是民事主体；但能否自主参与民事关系，还取决于其自身的意思能力与责任能力，并由此赋予其民事行为能力。对无民事行为能力或限制民事行为能力者，法律则设监护人为其法定代理人作为救济。户，是持续数千年中国特有的民事主体，个体工商户和承包经营户体现了延续至今的法律痕迹，这是人法中储存的中华法系的信息，很值得品味。作为非财产权的人格权，本是自然人特有的权利，法人则在特定情形下可援用，故将人格权置于本章论述，借以体系化表彰人格权与人不能分离的特点。

第一节　自然人的民事权利能力

一、民法中的"人"

（一）法律上的人

　　人的观念，是文明社会的产物。早先的人类并不认为自己有多么特殊，相反倒是认为"万物均有灵"——每一滴水、每一棵树、天上的太阳、地上的动物，与人是一样的。人具有特别意义，是在国家出现以后，皇帝以外的人是臣民，是纳税人。法律意义上的人，在中国是从"丁"开始的，即指能纳税服劳役的人。白居易《新丰折臂翁》一诗中就有"无何天宝大征兵，户有三丁点一丁"，这里的"丁"就是成年男性。每户三个成年男性征一人，可见"人"入中国传统法律是从公法开始的。中国古代是农本社会，无论组织生产还是对外发生财产关系，都是以家庭为本位。计家曰户，家庭关系的法律名分以"户"表彰，户成为同荣共损的共同体，也可以把户看作民事主体，个人的地位则是在"户"中体现的。《民法典》中也规定有"户"，既反映现实的生产关系，也包含着法律文明的传承，中国传统文化中注重家庭本位，也是中西法律文明的鸿沟所在。从历史逻辑和形式逻辑上说，户应该是人的上位概念，户在人上，人在户下。设户主为一户之主，现今习惯法对此仍认可。中国民法传自欧陆，个人高高在上，在民法典中户无处安放，只能在自然人的"屋檐"下栖居。

　　私法中的人，要追溯至罗马法，人是能参加市场交换的主体，即市民。古罗马法将人区分为自由人和奴隶，自由人又分为生来自由人、解放自由人等，贵贱不同，享有的权利也有差别。《法国民法典》第8条规定："所有的法国人都享有民事权利"，将人与公民相联系，在"身份平等"原则下，法律人没了等级色彩。到了《德国民法典》，除生命人以外，又创立了无生命的人——法人。于是就需要对这两者进行区分，法律就把有生命的人谓之自然人，以与法人相区分。

在现代民法中，人是权利的享有者和义务的承担者，是法律的终极关怀。法律关系有千种万种，但归根结底其无非表述的是人与人之间的关系。因此，民法说到底是人法，是关于人享有权利和义务的法律。民法所说的自然人，是指有生命的人，是经过千年万载演化而来的高等动物，是存在于自然界的人。至于人是从哪里来的，成语"女娲补天"中说自从盘古开天辟地，人是女娲用黄泥造的；《圣经》上说人是上帝造出来的，林林总总，那就不是法律研究的范畴了。

（二）自然人与公民

20世纪80年代公布的《民法通则》，是用"公民（自然人）"来表述人的概念的，依其用自然人与公民等同的排列方式解释，似乎自然人与公民是同一概念。《民法典》第二章直接用自然人表述，由此表达民法主体是自然人，而不是公民。就法理上说，公民是自然人，但自然人不一定是公民，两者之间是存在差别的。①范畴不同。公民是宪法上的概念，是与无公民权的人相比较而言的，也与王权之下的臣民对应；自然人则是民法上的概念，是与法人相对应的。②含义不同。公民是指拥有一国国籍及政治身份的自然人；自然人则是依自然法则出生的人，包括一切有本国国籍、外国国籍和无国籍的自然人。根据公民身份，享有政治权利，如选举与被选举权，参与集会、游行、示威等权利；而无一国公民身份的自然人是不能享有该国宪法规定的政治权利的。民事活动是一切自然人皆可参与的，从中也可见，限于公民参与的政治生活是封闭的，而根据自然人身份参与的民事法律关系是开放的。③活动范围不同。公民作为国家的主人，其参与的政治生活以领土为限，越出此疆界，则无公民资格，如出了国就是侨民；市民社会是无疆界的，是跨越主权的，民事活动的范围是真正"全球化"的，自然人也可理解为"地球人"。因此，以自然人身份参与活动的范围要大于以公民身份参与活动的范围。换句话说就是"公民有国界、自然人无疆域"。④权利的属性不同。公民享有的公民权是可以被整体剥夺的，通常刑事罪犯的附加刑中的"剥夺政治权利"即是。而民事权利有些能被剥夺，如财产所有权、继承权、自由权、生命权、荣誉权等；有些是不能被剥夺的，如姓名权、身份权、健康权等。因此也就是说，民事权利不能被整体剥夺。

《民法通则》将"公民"等同于"自然人"，并不准确。《民法典》摒弃人的"公民"的涵义，直接使用"自然人"，是完全符合民法特点的。

二、民事权利能力的意义

（一）民事权利能力的概念

民事权利能力，是指自然人享受民事权利、承担民事义务的资格和地位。立法例上统称为权利能力，因为在民事关系以外的公法关系中，人只是义务主体，不具有权利，自然亦无权利能力一说。如在刑事、行政等公法关系中，人只有责任能力，并无权利能力。故权利能力就是民事权利能力，在我看来前缀的"民事"完全多余。

在外观上，民事权利能力似乎是法律赋予的，但法律又从何而来"赋予"呢？既然民法认为生物人都为人，那就说明民事权利能力是随人之出生而相伴存在的，是任何人不能剥夺的资格。也就是说"民事权利能力"是"老天所赐"，是所有的自然人都享有的，法律规定只是承认客观事实而已。因此，自然人取得民事权利能力是无条件的，凡有生命体征的生物意义上的人，皆有民事权利能力。在《民法典》的规定中，人取得民事权利能力是无条件的，民事权利能力是伴随着人的出生而与生俱来的资格，并不得抛弃。

民事权利能力与权利之间存在关联，但它们是两个不同的概念，要注意区分。①内容不同。民事权利能力是享受权利负担义务的资格，是自然人参与民事活动的条件和基础；而权利是行为的限度，与义务相对应，但不包括义务。②性质不同。民事权利能力不可让与、不能抛弃并且具有平等性；权利，除了与特定人身相联系的不得让与外，可以让与、抛弃。就抽象的权利而言，亦非以平等为原则。③两者之间存在关联。民事权利能力是享受权利的前提和条件，而不是权利本身，它只是为自然人享受权利承担义务提供一种可能性；而权利则不然，它直接负载着利益，如所有权负载财产利益。④取得和消灭的条件不同。民事权利能力的取得和消灭与自然人的出生和死亡相关，与个人的主观条件无关；而权利的取得和丧失大部分情况下与人的主观条件有关，如因劳动、买卖或受赠才能取得所有权，这些行为与人的主观努力有关。

（二）民事权利能力的制度价值

民事权利能力制度沉淀着丰厚的历史文化底蕴。在奴隶制时期，作为奴隶的人不是主体而是客体——是奴隶主的财富，无民事权利能力可言；在封建社会，人的身份和地位决定财富的多寡，农民依附于土地，其身份受到限制，与地主的人格是无平等可言的。在中国的封建社会，人被束缚于家族，通常只有男性长辈、家长才能"说话算数"，女性则没有独立地位；在西方古罗马社会，也有着十分严格的家长与家子关系的规定；欧洲中世纪的教会法更强化了身份关系的效力。诚如英国法学家梅因所言："所有进步社会的运动在有一点上是一致的。在运动发展过程中，其特点是家族依附的逐步消灭以及代之而起的个人名义的增长。'个人'不断地代替了'家族'，成为民事法律所要考虑的单位。"[1]

近代民法为了实现解放人的目标、表现对人的关怀，从根本上确立人格平等，以法律确立自然人民事权利能力的平等。所以，民事权利能力制度并不是一个用于操作的法律制度。它是民法的灵魂，是向社会传达对自然人的关怀这一民法终极的、唯一的目标的崇高理念。

【拓展阅读10】

三、民事权利能力的取得

（一）出生

《民法典》第13条规定："自然人从出生时起到死亡时止，具有民事权利能力，依法享有民事权利，承担民事义务。"这就是说，出生是自然人取得民事权利能力的始期。我国民法对权利能力取得的规定，与大陆法系民法规定并无本质差别，但在出生之解释上，存在诸多学说，各民法认知亦有不同。[2]"阵痛说"认为，妊妇开始阵痛，胎儿即为出生。甚至有学者认为，根据自然法，母体受胎新生命就产生，权利能力因就此算起。"露出说"认为，胎儿由母体露出，即为出生。"断带说"认为，胎儿脐带被剪断，与母体分

---

〔1〕 ［英］梅因：《古代法》，沈景一译，商务印书馆1959年版，第96页。
〔2〕 参见郑玉波：《民法总则》，中国政法大学出版社2003年版，第101~102页。

离，即为出生。"独立呼吸说"认为，胎儿是否出生，须看其能否独立呼吸，若胎儿头部先露出，为出生，此说与"一部露出说"异曲同工。

拥有权利能力即标志着一个独立的人的诞生，这个人理应不再依赖母体而存在。所以，通说认为"出生过程的结束"，才是婴儿与母体完全分离，也就是人不仅"出"，而且"生"。《德国民法典》第1条的规定就很精确："人的权利能力自出生完成之时开始"。即"出生"的法律要件包括两个方面，即"出"和"生"。出，是指胎儿脱离母体；生，是指有独立存在的生命。自然人脱离母体而成为有生命的独立体的事实，即具备"出生"的要件。随着试管婴儿、胚胎体外培育技术的出现，如何认定非经"十月怀胎"人的出生，是法律面临的新问题。如果从法律要件上把握，也无非是按"出"和"生"两个方面去认定，技术必须服从法律。

出生事关自然人的巨大利益，不仅涉及参与民事权利义务关系以及成年的时间，而且关系到上学、就业、社保、医保、退休等各种利益，法律条文须不惜笔墨规定清楚。《民法典》第15条规定："自然人的出生时间和死亡时间，以出生证明、死亡证明记载的时间为准；没有出生证明、死亡证明的，以户籍登记或者其他有效身份登记记载的时间为准。有其他证据足以推翻以上记载时间的，以该证据证明的时间为准。"这个规定，对出生证明作了排序，即出生证、户籍登记、其他有效身份登记证明，如果有其他证据推翻这些法定证明的，自道理上说这个"证据"须经法定程序才能认定。

1991年7月22日最高人民法院《关于如何认定被告人犯罪时年龄问题的电话答复》对一罪犯的出生认定就是一个范例：

李某新于1989年8月2日用刀将叶某当场刺死。当地户口登记册和被告人李某新的身份证记载李某新是1970年12月21日出生的。据此，一审法院认定李某新犯罪时已满18岁，以故意杀人罪判处其死刑，剥夺政治权利终身。被告人李某新不服，提出上诉。二审法院收案后经审理查明：与被告人同村在1971年出生的有四人，且李某新最小。而第四个出生者的时间是1971年11月。这说明，户口登记册和身份证登记的李某新的年龄有误，应予纠正。最后，法院认定李某新犯罪时未满18周岁，根据刑法的有关规定改判其死缓。

（二）对胎儿权利之特别保护

民事权利能力作为享有民事权利的前提条件，自无疑义。但对于尚存于母体内的胎儿，虽尚未出生，如有被继承人死亡分割遗产或者胎儿获受赠财产的，法律给予特别关照。《民法典》第 16 条规定："涉及遗产继承、接受赠与等胎儿利益保护的，胎儿视为具有民事权利能力。但是，胎儿娩出时为死体的，其民事权利能力自始不存在。"即胎儿未出生时发生遗产继承的，应将胎儿视为出生予以特别保护。

《民法典》第 1155 条规定得更具体："遗产分割时，应当保留胎儿的继承份额。胎儿娩出时是死体的，保留的份额按照法定继承办理。"即胎儿最终未"生"，就自始不发生民事权利能力，为此特别保留的遗产份额，按法定继承原则由其他继承人分割。

在侵权法领域，一个活着出生的人，能否对其出生前或者在胎儿形成期间因第三人的不法侵害或者其父母的行为引起的损害请求赔偿，德国法上谓之出生前之损害，英美法称不当生命或者不当出生。如怀孕母亲因遭车祸致胎儿受损，出生后留下先天缺陷，能否请求肇事者赔偿。对此，国外法院已有判例肯认，在我国的司法案例中，也有被法院认可的个案。

四、民事权利能力的消灭

民事权利能力于自然人死亡时消灭，死亡为权利能力的终期。民法上将死亡分为自然死亡（亦称生理死亡）和宣告死亡。这一节，着重论自然死亡，宣告死亡待下一节介绍。

关于如何认定人的自然死亡，法律上有多种学说。"脉搏停止说"认为，确定自然人死亡应以脉搏是否停止为准。"心脏跳动停止说"认为，脉搏停止然心脏仍可跳动，只有心跳停止者，才属死亡。"呼吸停止说"认为，人断绝了呼吸，即为死亡。[1] 从医学上来说，单一心脏停止或者呼吸停止，都有救活的病例。通常只有心脏停止跳动和呼吸停止，才能表征生命体征的消失，我国司法实务与医务界即采此说。法律仍要为医学技术的进步留下足够的空间，这也是民法的人道主义立场。

最受争议的是"脑死亡说"，在我国民间认可度很低，据有人

---

[1]　参见郑玉波：《民法总则》，中国政法大学出版社 2003 年版，第 108 页。

调查，反对者超过 75%。[1]

【拓展阅读 11】

该说以大脑意识完全丧失作为判断死亡与否的标准，认为即使呼吸和心跳未停止，只要大脑功能不可逆地丧失，就应确定为人的生命终止。脑死亡学说虽得到医学界的普遍肯定，但因涉及伦理价值的改变和普通人对死亡牢不可破的观念，尚未成为法律上的普遍共识，司法实务中也偶尔能见被驳回案例。[2]我国医学界在 20 世纪末就开始草拟《脑死亡标准（草案）》，近年来，卫生部也在推动脑死亡立法，但迄今未果。以笔者管见，不赞成民法上采脑死亡观念。首先，赞成者的理由主要是从医疗资源、器官捐献和经济方面的原因为判断依据，[3]对生命的尊重、人道价值考虑不足，与民法宗旨背道而驰。其次，在人们的观念中，人一旦死亡就进入"阴间"，与其亲属就隔着"阴""阳"两界，痛苦、哀伤是不可名状的，而不采"脑死亡"，人只要有呼吸和心跳等生命体征，那也是仍在"阳界"，亲人能触摸甚至与之自言自语地"对话"，这种情感利益应该得到尊重。民法的终极关怀就是人，处处要为人多着想，法律不能成为"钱"的奴婢。最后，一旦脑死亡进入法律，会阻碍或迟滞医学领域对导致脑死亡病因探索和新药物的研制，法律上不予认可，对促进医疗技术进步和新型药物研究，会有积极意义。所以，有民法学者提出："对于死亡，应当在几种可能考虑的时间中选择最后的那个时间。这样就不可能出现死而复生的现象，因为从法律上看，前面的'死亡'仅仅是一种假死而已。"[4]笔者很赞同这个观点。

【拓展阅读 12】

互有继承关系的数人在同一事件中遇难，每个人死亡时间的认定，对遗产继承具有特别意义。由于谁先死谁后死往往缺乏可资验证的证据，为避免纷争，须由法律确定死亡先后，即拟制自然人死亡的时间。《民法典》第 1121 条第 2 款规定："相互有继承关系的数人在同一事件中死亡，难以确定死亡时间的，推定没有其他继承人的人先死亡。都有其他继承人，辈份不同的，推定长辈先死亡；辈分相同的，推定同时死亡，相互不发生继承。"注意该条排序的三个"推定"，就是适用法律的先后顺序。

---

〔1〕 参见李小彬等：《公民对脑死亡标准立法态度的现状调查》，载《器官移植》2020 年第 1 期。
〔2〕 参见广东省深圳市中级人民法院行政判决书，（2016）粤 03 行终 639 号。
〔3〕 参见蒋继贫、王心强、黎桦：《脑死亡标准的司法认定与反思》，《医学与法学》2020 年第 1 期。
〔4〕 ［德］迪特尔·梅迪库斯：《德国民法总论》，邵建东译，法律出版社 2000 年版，第 788~789 页。

第二节　自然人的民事行为能力

一、民事行为能力概说

民事行为能力是民事主体独立实施民事法律行为的资格。因为该能力是意思表示的资格，公法关系中并无此能力，属民法特有之制度。因此，立法例上，也称之行为能力，《民法典》第 18 条谓之"独立实施民事法律行为"之能力。民事权利能力是自然人获得参与民事活动的"准入"资格，但进入后能不能自主参与、自己决定自己的事务，还受自然人的理智、认识能力等主观条件的制约，这个能力即是人的民事行为能力。如果说民事权利能力获得取决于"出生"的客观事实，民事行为能力的有无，则取决于人的主观意思能力及责任能力。一个人只有具备了起码的意思能力，才可以躬亲处理自己的事务。

（一）意思能力

意思能力是自然人判断自己的行为将会发生何种效果的精神能力。包括对行为性质的判断能力和对行为结果的预期能力。《瑞士民法》第 16 条称之"判断能力"，《荷兰民法典》第 34 条称之"智力"。近代民法以"意思自治"为原则，易言之，只有有意思能力者，才能"自治"，让自治者对行为后果负担责任才是合乎情理的。反之，无意思能力者，其行为不能发生法律上的效果，故无意思能力即无行为能力；意思能力不健全者，行为能力受到限制，限制行为能力人亦即意思能力欠缺者。

一个人的意思能力有无，是一个事实问题。生活中，既有俗称的"大器晚成"者，也有年少的"神童"，人的认知有如此差异，确认其意思能力状况的最好办法无疑是个案审查。在中国传统法律中，将人"长成"与否交由家庭确认，通常以"成家立业"或者"分灶"作为标志。欧陆民法以自然人个体作为主体，中国自移入民法后，自身法律传统日渐式微，也走上个体主义法律制式。

以单个人作为主体，若以一人一查确定其是否具有意思能力，不仅繁琐、成本高昂，而且还不易操作。人的"长成"实践表明，意思能力与年龄有关，人的心智是随着年龄的增长逐步发育成熟的。所以，年龄可以为人们提供一个相对准确，而又简便易行的判

【法条链接 5】

断标准。"年龄主义"便被普遍用来作为未成年走向成年的经验标准，既便于他人识别，也方便他人在与未成年人交往中尽到注意义务。若人进入成年，心智发育仍有障碍，不具备意思能力，则采取个别审查方式确定其心智状况，因为这样的人毕竟是少数，不会给社会带来更多的负担。

因此，法律就采用两元认定法，即对未成年人有无意思能力采取年龄主义；成年人则采取个案审查主义。民法对于民事行为能力的相关规定，皆由此而来。

（二）责任能力

责任能力是自然人承受违法行为之效果的能力，亦称不法行为能力，包括侵权行为能力和违约能力。大陆法系民法在意思能力中再区分责任能力，这一点对于意思自治有认识价值。意思能力是法律行为发生预期效果的能力，而责任能力是以意思能力为基础，还要求自身有无"认识其责任所必要的理解力"。如《德国民法典》把意思能力与责任能力分开，在侵权损害赔偿中，规定有"责任能力"要件，无责任能力者对于施于他人的加害行为不负赔偿责任（第 828 条），包括未满 7 周岁，或虽满 7 周岁未满 18 周岁但缺乏必要的理解力的未成年人和聋哑人。这里体现了"自己行为、自己责任"的意思自治，自己行为却没有责任能力的，不负赔偿义务。这事实上是对以意思能力为基础民事行为能力理论打的一个"补丁"，使行为能力制度更加全面，更具有可适用性。

《民法典》第 1188 条第 1 款规定："无民事行为能力人、限制民事行为能力人造成他人损害的，由监护人承担侵权责任。监护人尽到监护职责的，可以减轻其侵权责任。"即侵权赔偿不以有无责任能力为要件，无责任能力者施以加害行为的，由监护人承担赔偿责任，尽到监护责任的能减免但不能免除责任。本人行为、父母责任，这与"养不教、父之过"的儒家文化传统很有关系。在中国的文化传统中，养老育幼更多地被认为是家庭的义务，因此家庭是"连带责任"团体，无责任能力的未成年人施害他人的责任，最终由家庭来负担，具有文化上的合理性，也为大众普遍接受。不过在这个意义上的意思自治主体，更多的是表现为家庭团体，而不是个人。西方法律中个人自治，移植到中国法律中会悄然地变为家庭自治、户自治，这既是习惯法对制定法反弹，也符合生活常态，很值得研究。

《民法典》第1188条第2款还规定："有财产的无民事行为能力人、限制民事行为能力人造成他人损害的，从本人财产中支付赔偿费用；不足部分，由监护人赔偿。"即对于有清偿能力的无行为能力或者限制行为能力人，仍然要以自己的财产负赔偿责任。这里以清偿能力确定其责任能力，将民事行为能力中的责任能力与意思能力分离，可以说是我国民法对责任能力的有条件承认。

（三）英美法上"必需品"理论

英美法没有民事行为能力制度，而有与民事行为能力制度异曲同工的"必需品"理论。该理论认为，对于生活必需品，如食品、衣物、药品等物品和看医生、坐车等接受服务，无论是未成年人施行或是家庭成员中的成年人施行，其结果都是一样的。只要确是生活必须且以一般合理的市场价格买卖的物品或服务，未成年人的行为被认为有效。[1]这对认识未成年人的行为能力，有启迪价值，不能机械地认为无民事行为能力人似乎什么事也不能干。在数额不大、生活必须，且又采用格式化交易的，如未满8周岁的一二年级小学生放学路上买个零食、买支笔等，总不能说是无效行为吧。

二、民事行为能力的类型

诸国民法对民事行为能力的分类，有"二分法"的，如法日等国民法，区分成年人与未成年人，未成年人为限制行为能力人；也有"三分法"的，如德国民法，区分有行为能力、无行为能力和限制行为能力三种。我国《民法典》亦采取三分法，即完全民事行为能力人、限制民事行为能力人和无民事行为能力人。

按《民法典》的规定，对于未成年人，采取年龄主义按"一刀切"认定。即不论个体心智状况如何，一概以年龄论"大小"，只要年满18周岁即为完全民事行为能力人，即成年人；不满8周岁的为无民事行为能力人，这两个年龄段中间的为限制民事行为能力人，都属于未成年。

对于达到法律规定的完全民事行为能力或限制民事行为能力的年龄，心智、精神却存在障碍的，则采取个案审查方法，经利害关系人申请，由法院认定。心智无完全识别能力的，为限制民事行为

---

〔1〕　参见［德］康拉德·茨威格特、海因·克茨：《行为能力比较研究》，载《外国法译评》1998年第3期。

能力人；心智有巨大障碍，完全无识别能力的，为无民事行为能力人。

在立法例上，对成年但精神有障碍的，设立禁治产制度，经法院宣告为禁治产人的，属无民事行为能力人。

三、完全民事行为能力

完全民事行为能力，即有行为能力，是指能独立实施民事法律行为，具备取得权利负担义务的资格。亦即自己能独立实施法律不禁止的任何民事法律行为的能力。《民法典》第 17 条规定："十八周岁以上的自然人为成年人。"即年满 18 周岁，当然是有民事行为能力人，我国没有规定"成年宣告制"，未成年人只要年满 18 周岁，即被法律认可为成人。

我国 18 岁成年的规定，在国际上也是较为普遍的，英国、俄罗斯、意大利等国也是。在立法例上，国外还有规定 20 岁成人的，如日本、瑞士、韩国等；也有规定 21 岁的，如法国、德国、西班牙、葡萄牙、荷兰、比利时、瑞典、挪威等国。成人的年龄，与人均受教育年限、社会生产力发展水平有关，也受不同种族的人的生长发育的影响，现代法总体趋势是成人年龄在下降，罗马法上曾规定 25 岁成人。

按中国古代礼制，二十而弱冠，即满 20 岁始为成年。与过去相比的现代人，一方面由于物质的极大丰富，营养充足，教育程度提高，互联网发达，信息量增加，心智成熟得更早；而另一方面，受教育的年限延长，人们交往行为、各种谋生手段的知识密度增加，对识别能力的要求反而更高了。两者的相互作用，对冲了成人年龄下降的趋势。对很多人来说，18 周岁或许还在校园里，并未踏进社会，对事务判断力弱，而且还缺乏自食其力的能力。所以，18 周岁这个成年年龄，如此看还是显得低，若将古制"二十弱冠"由虚岁改为 20 周岁，也是可以接受的。

目前，我国采取强制的国民九年制义务教育，完成九年制义务教育在 16 周岁左右，如果不赋予一定的民事行为能力，就等于不许可其独立谋生。所以，《民法典》第 18 条第 2 款规定："十六周岁以上的未成年人，以自己的劳动收入为主要生活来源的，视为完全民事行为能力人。"即符合法律附加的"自食其力"这个法律要件后，超过 16 周岁即视其为完全民事行为能力人，赋予其特别的劳动行为能力和处理一般财产事务的能力。注意 16 周岁仍然是未成年人，"视为"是一种拟制，不是完全等同。

四、限制民事行为能力

（一）概说

限制民事行为能力指仅能独立实施法律限定的民事法律行为的资格。

一个人的认识能力和控制能力，与一个人的成长过程有关，是逐步提高的。不同的年龄阶段，认识能力会不同。年龄一点点增长，认识能力和控制能力也随之慢慢提高，却又是无法量化的。所以，法律赋予这个年龄阶段的人"受限制"的民事行为能力，意即有一定的民事行为能力，但又不是完全的民事行为能力。至于哪些受限制、哪些又不受限制，具体情况具体判断，法律不明确规定，赋予人们一定的灵活性。

限制民事行为能力人有两种：①年满 8 周岁、未满 18 周岁的未成年人；②无完全意思能力的成年人，包括精神病人、痴呆症患者等。限制民事行为能力人只具有法律上与其年龄或智力相当之法律行为的民事行为能力，是一种相对的、不完全的民事行为能力。

（二）未成年人

《民法典》第 19 条规定："八周岁以上的未成年人为限制民事行为能力人，实施民事法律行为由其法定代理人代理或者经其法定代理人同意、追认；但是，可以独立实施纯获利益的民事法律行为或者与其年龄、智力相适应的民事法律行为。"什么是"与其年龄、智力相适应的民事法律行为"，这要与习惯法结合，通常可以从具体行为与本人生活相关联的程度、本人的智力对其行为理解力，以及对相应行为后果的预见性、标的数额等诸方面，综合起来加以认定。

（三）精神病人

《民法典》第 22 条规定："不能完全辨认自己行为的成年人为限制民事行为能力人，实施民事法律行为由其法定代理人代理或者经其法定代理人同意、追认；但是，可以独立实施纯获利益的民事法律行为或者与其智力、精神健康状况相适应的民事法律行为。"所谓"不能完全辨认自己行为"，即是对事物并非一点没有识别能力和判断能力，只是这种能力有欠缺。这个也可以用反向的"负面清单"来判断，比如对于比较复杂的事物或者比较重大的行为，其缺乏判断能力和自我保护能力的，并且也不能预见其行为后果的，就可以认定为不能完全辨认自己行为的人。

（四）有效行为

法律赋予限制民事行为能力人一定的行为能力，主要是满足行为人日常生活的需要，如果不属生活上必需的，则不赋予其行为能力，这是一个原则。什么是"日常生活的需要"，要根据具体情况判断。例如中小学生买书或文具用品，就属于日常需要，但如买人身保险、校外培训，显然就不是生活所必需的，其行为就无效。

在限制民事行为能力人为之超出"其智力、精神健康状况"的民事法律行为时，若其法定代理人事先同意或者事后追认的，该行为亦为有效。《民法典》第 19 条对未成年限制行为能力人，第 22 条对成年限制民事行为能力人，都作了同样的规定。

限制民事行为能力人可独立实施不负担义务且又不损害他人纯获利益的民事法律行为。《民法典》第 145 条第 1 款规定："限制民事行为能力人实施的纯获利益的民事法律行为或者与其年龄、智力、精神健康状况相适应的民事法律行为有效；实施的其他民事法律行为经法定代理人同意或者追认后有效。""纯获利益"的行为，如接受奖励、赠与、报酬等。当然，这也要结合习惯法和反腐败的党纪国法，具体情况具体判断，不能认为"纯获利益"一概有效。如行贿者给官员的未成年子女赠送"大礼包"，家长、监护人清廉拒绝的，总不能说赠与有效不得拒绝吧。

（五）格式合同

采用格式合同形式的交易，或者由国家定价的商品，具有普遍重复性，无论成人或未成年人都是"一口价"，被称为"傻瓜"交易。对这种交易无须特别的辨识能力，故限制民事行为能力参与格式交易的，应为有效。例如购买火车票、汽车票、手机充值卡等，因为交易价格是针对所有人的，不要求有特别的意思能力，效果也都是一样的。

五、无民事行为能力

（一）概说

无民事行为能力，是指法律上绝对不能为有效民事法律行为的资格，实际是"负能力"。无民事行为能力人是法律完全否认其意思能力和责任能力的人，《民法典》规定了三类无民事行为能力人：①不满 8 周岁的未成年人。《民法典》第 20 条规定："不满八周岁的未成年人为无民事行为能力人，由其法定代理人代理实施民事法律行为。"②虽满 8 周岁，本属限制民事行为能力人的，但智力有障碍、不能辨认自己行为效果的未成年人，按《民法典》第 21 条第 2 款的规定，仍为无民事行为能力人，由其法定代理人代理实施民事法律行为。③成年人。《民法典》第 21 条第 1 款规定："不能辨认自己行为的成年人为无民事行为能力人，由其法定代理人代理实施民事法律行为。"

对于未成年人和成年人的无民事行为能力的判断，《民法典》只是规定了"不能辨认自己的行为"抽象标准，真正具体实施还是需要由医学上的技术标准认定。

【典型案例 8】

（二）有效行为

无民事行为能力人，原则上是不能为民事法律行为的，但对于纯获利益的并不负担责任被动型民事法律行为，得否允许有效，法律没有明确。通说认为，只要法定代理人不明确表示拒绝，应允许。

【典型案例 9】

（三）民事行为能力欠缺之确认

《民法典》第 24 条第 1 款规定："不能辨认或者不能完全辨认自己行为的成年人，其利害关系人或者有关组织，可以向人民法院申请认定该成年人为无民事行为能力人或者限制民事行为能力人。"成年人通常是有民事行为能力人，如不经特别认定，他人可能无法知其民事行为能力有欠缺，因此该项认定程序只是一种公示，而不是法律要件。这一制度的价值，在于使周围人周知，避免误解，同时也据此可尽一定的注意义务。

对于这一认定程序的申请，《民法典》第 24 条第 1 款中是用"可以"表述的，意即认定之规范属任意性规范，并非强制性规范。这是因为精神病人、痴呆症人或者其他智力不健全的人，一般会有一定的生理、语言、行为、体态或者外貌特征，其具有事实上的公示性，相对人可以据此识别。故法律不将"认定"作为强制程序规定，是有其道理的。

【拓展阅读 13】

相反，经宣告的无民事行为能力人和限制民事行为能力人，在病愈、具有意思能力时，经本人或利害关系人申请，可以请求法院撤销该项认定。而原来认定限制民事行为能力，因病情加重，意思能力完全消失时，可以申请认定无民事行为能力。

六、特别民事行为能力

以上论及的民事行为能力是仅就自然人的一般能力而言的，有些行为只有一般的意思能力和责任能力尚不足以承担其后果，对此，法律就规定了特别的民事行为能力。特别民事行为能力是法律对某种行为效果规定须具备的特别的资格，该特别资格，有的是低于普通民事行为能力标准，也有的是高于普通民事行为能力标准。在后者，若当事人无此资格，该特别民事法律行为不发生法律效果。

（一）劳动行为能力

劳动是指能够对外输出劳动量或劳动价值的人类运动。《中华人民共和国劳动法》（以下简称《劳动法》）第 15 条第 1 款规定："禁止用人单位招用未满十六周岁的未成年人。"反向推断，就是年满 16 周岁的人，就具备了劳动行为能力，可以订立劳动合同，获取劳动报酬。

对于未满 18 周岁，但已满 16 周岁且以自己的劳动收入为主要生活来源的，法律赋予其劳动行为能力。根据《民法典》第 18 条第 2 款的规定，是被"视为完全民事行为能力人"。既然允许其参加劳动，就没有理由限制其参加其他财产关系，而且 16 周岁是一个接近成年的年龄，如果能独立谋生就已说明具备了一定的意思能力和责任能力。

（二）婚姻行为能力

结婚是指男女双方确立夫妻关系的民事法律行为，婚姻行为能力是缔结婚姻的资格。《民法典》第 1047 条规定："结婚年龄，男不得早于二十二周岁，女不得早于二十周岁。"即使年满 18 岁的成年人，男未满 22 周岁、女未满 20 周岁，也无结婚能力。因此，这项特别行为能力，高于 18 周岁的普通民事行为能力。当然，我国法定的男女最低结婚年龄是比较高的，这是受到以往计划生育政策延伸的"晚婚晚育"的影响。随着社会逐渐进入老龄化，以及人口增长的缓慢甚至停顿，实行了几十年的计划生育政策也被废止，[1]

---

〔1〕 2021 年 6 月 26 日公布施行的《中共中央、国务院关于优化生育政策促进人口长期均衡发展的决定》（以下简称《优化生育政策促进人口长期均衡发展的决定》），从生育服务到托幼、升学、就业等多方面，落实一对夫妻可以生育三个子女政策。

立法应该降低结婚年龄，如不论男女，结婚年龄与 18 周岁成年年龄相同，就比较合适。

（三）收养行为能力

收养，是指领养他人的子女为自己的子女的民事法律行为。《民法典》对收养行为的资格有特别规定，其第 1098 条第 5 项规定：须"年满三十周岁"方具备收养能力。这个 30 周岁即是收养之特别行为能力，未满 30 周岁的，不得收养他人为子女。对于无配偶的收养异性子女的，法律有更为严格的限制，《民法典》第 1102 条规定："无配偶者收养异性子女的，收养人与被收养人的年龄应当相差四十周岁以上。"这个限制，是不论男女均适用。如被收养人是男孩，收养人是无配偶女性，该女性不仅须年满 30 周岁，而且须与被收养人有 40 周岁以上的年龄差距。这个年龄差要求，主要是为了维护传统的伦理秩序，预防有违伦理的收养出现。如借收养之名，成人以后娶为"妻子"或养成"丈夫"，甚至是性奴隶，法律也是用心良苦。

（四）遗嘱能力

遗嘱属于民事法律行为，立遗嘱也就须有相应的民事行为能力。《民法典》第 1143 条第 1 款规定："无民事行为能力人或者限制民事行为能力人所立的遗嘱无效。"从这条可以推断，我国民法规定 18 周岁才享有完全民事行为能力，未满 18 周岁即无遗嘱能力。无遗嘱能力者，所立遗嘱为无效。在立法例上，有的民法规定遗嘱能力属于特别行为能力，往往低于完全行为能力的年龄，如 16 周岁。对于年满 16 周岁独立谋生，并"以自己的劳动收入为主要生活来源的"未成年人，其立遗嘱能力如何看待？法律虽未明确规定，从学理上推论，应可参照《民法典》第 18 条的规定，"视为"其有立遗嘱能力。

七、禁治产

（一）概念及制度价值

禁治产人，是指因精神或者心智障碍不能处理自己财产的自然人，经利害关系人申请由法院宣告使之成为无行为能力之自然人。按照年龄判断，禁治产人属于有行为能力人，所以才有禁其治产的必要。我国民法没有此项制度，在立法例上，则较为普遍，这里略作陈述以作专业知识之储备。

设立禁治产制度的目的：一是维护其本人利益，二是保障交易安全。立法例上，禁治产分两种：一种是对心神丧失之人的禁治产，定为无行为能力人；另一种是对精神耗弱、酗酒之人的准禁治产，性质为限制行为能力人。

禁治产只适用于成年人，不适用未成年人。因为未成年人已有无民事行为能力或限制民事行为能力制度，无须再设禁治产。禁治产的制度价值在于法律限制禁治产人的财产处分能力，亦即禁治产人的监护人的代理行为仅限于财产行为，而不及于身份行为，如收养、结婚、离婚等。成年人之身份行为是重大行为，由监护人代而为之，既是武断的，也是不妥的。就此而言，禁治产制度直接针对财产行为，是符合情理和法理的。由彼及此，《民法典》规定的成年无民事行为能力和限制民事行为能力人之法定代理人，代理行为也应该局限于财产行为，而不及身份行为，作这样限缩性解释很有必要。法律对人的权利限制，也要精准，有针对性，像不区分身份行为和财产行为，对成年精神能力缺陷者一概以无行为能力或限制行为能力的"批处理"方式，就不那么精准。

（二）禁治产之法律要件

1. 禁治产的实质要件，是自然人持续的心神丧失、精神耗弱，以至于不能处理自己的事务。所谓"心神丧失，精神耗弱"，就是意思能力有欠缺，而且是持续的，一时性的不在其内，如酒醉等。通常包括精神病人、智力障碍者、聋哑等残疾人，以及身患重病导致神志不清人，"不能处理自己的事务"是意思欠缺导致的结果。

2. 禁治产的程序要件，是经利害关系人申请后由法院认定。利害关系人通常包括本人、配偶、近亲属；反之，禁治产原因消除后，可申请法院撤销禁治产。禁治产一旦宣告，则禁治产人为无行为能力人，并为禁治产人设立监护人。

八、对民事行为能力欠缺者之救济

（一）设立法定代理人

民事行为能力欠缺者，不能或不能独立实施民事法律行为，然他们又有权利能力可以参与民事生活。自理言之，法律就要为他们民事行为能力的欠缺设立救济制度。设立法定代理人就是一项救济制度，可以弥补民事行为能力的欠缺。《民法典》第23条规定："无民事行为能力人、限制民事行为能力人的监护人是其法定代理人。"

行为能力欠缺的主要是意思能力，其次是责任能力，法定代理人对民事行为能力欠缺者的补救也主要在这两方面。对民事行为能力欠缺者的救济，就如一座桥梁，使有民事权利能力而无民事行为能力者，通过设定的法定代理人参与民事活动，实现身份平等。但代理人制度，毕竟是一项"意思他治"制度，与意思自治并不完全吻合，所以民法规范就对该制度作进一步的精细安排。

（二）亲权与监护

在立法例上，法定代理人区分为两类：一是基于亲权产生，二是基于监护产生。我国关于人身关系的法律，如《民法典》《未成年人保护法》等涉及父母子女关系的法律，在实质上都肯定亲权。《民法典》第1068条规定，"父母有教育、保护未成年子女的权利和义务"，《未成年人保护法》第10条也规定，父母"依法履行对未成年人的监护职责和抚养义务"。但《民法典》延续以往民事立法惯例，在形式上不区分亲权与监护，即亲权亦以监护表述。这样，《民法典》就出现了两种监护，即该法典第27条分两款规定的监护，将父母基于亲权之监护列在该条第1款，加以突出，而父母以外的人担任监护人则列在之后的第2款，这说明法律亦承认亲权与监护的不同，就是没有直接用亲权这个概念来显示区别。为了表述方便，这里就用亲权概念表述民法典规定父母的监护权。

亲权是对于未成年人设立的，父母对未成年子女的教养及人身和财产方面的权利与义务。亲权是由父系社会的父权发展而来的，现代社会崇尚男女平等，在家庭生活中则是父母平等，故改称"亲权"。"养不教父母过"，亲权的称谓中是包含义务的，非纯粹是权利。基于父母子女天然的亲缘关系，是真正的"命运共同体"，法律对亲权采取放任主义，以表示对父母的信任。法律将父母与子女两者的关系更多地置于传统文化约束和伦理范畴中调整，因此法律对亲权很少干预。如允许父母使用或处分子女的财产，对父母将患有精神病的子女送入精神病院无须他人批准等。

亲权以外的监护，这里称之狭义监护，是指对无亲权的无行为能力和限制行为能力人的人身、财产以及其他权益设定专人予以管理和保护的制度。对于无亲权或者成年的无民事行为能力或限制民事行为能力人，法律要求设立监护人。监护人与被监护人虽然一般也可能有亲属关系，但相对于亲权关系要疏远些，因此法律对监护采取严格主义。即对监护人的品行、职业及监护人与被监护人的权利义务关系多有严格的规定。按照民法的体例，亲权与监护属于身份关系，立法例上都将之列入亲属编。

《民法典》不区分亲权与监护，这就是广义的监护，是指对无民事行为能力和限制民事行为能力人的人身、财产以及其他权益设定专人予以管理和保护的制度。

（三）监护类型

监护类型，是依其设立方式和发生原因区分的。

1. 法定监护。是由法律直接规定监护人的监护。关于监护人的范围和顺序，《民法典》第27条第1款规定："父母是未成年子女的监护人。"父母是其子女的第一责任人，责无旁贷，若未成年人的父母丧失监护能力或者死亡的，按该条第27条第2款规定的顺序，依次由祖父母和外祖父母、兄姐以及经该未成年人所在地居委会、村委会或民政部门同意的个人或者组织担任监护人。对成年无行为能力或者限制行为能力人，《民法典》第28条规定的监护人的范围和顺序依次是配偶、父母、成年子女、其他近亲属及经该成年人所在地居委会、村委会或民政部门同意的个人或者组织。

法定监护人顺序的效力，是顺序在前者优先于在后者担任监护人。法定顺序可以依监护人的协议而改变；前一顺序监护人无监护能力或对被监护人明显不利的，应从后一顺序中择优确定监护人。

在数个有监护权的人对监护权发生争议时，以合同方式确定监护人，则称之协议监护。《民法典》第30条规定："依法具有监护资格的人之间可以协议确定监护人。协议确定监护人应当尊重被监护人的真实意愿。"如父母离婚或者死亡，父与母或其他监护人争夺监护权时，可签署监护协议确定监护方式。因此，协议监护是法定监护的延伸。

监护人原则上是在亲属范围内选任自然人担任的，只有在法定监护人范围内没有可依法担任监护人的自然人，或者可依法担任监护人的自然人都不具备监护资格，则由民政部门、居委会、村委会等单位担任监护人，因之该监护也被称为单位监护或团体监护。《民法典》第32条规定："没有依法具有监护资格的人的，监护人由民政部门担任，也可以由具备履行监护职责条件的被监护人住所地的居民委员会、村民委员会担任。"该法律适用的情形，主要是孤儿、孤老或者受到家暴侵害的无行为能力或者限制行为能力人等。社会公共机构担任监护，本质上属公益监护，在责任负担上与法定监护人是不同的。

2. 指定监护。指定监护是指有法定监护资格的人之间对担任监护人有争议时，由监护权力机关指定监护人的监护。从《民法典》的规定看，指定监护实际上是法定监护的延伸，所以也有人认为这不是独立的监护类型，仍属法定监护范畴。

指定监护只是在法定监护人有争议时才产生。所谓争议，是监护人范围内的人争抢担任监护人或互相推诿都不愿意担任监护人。《民法典》第 31 条第 1 款规定："对监护人的确定有争议的，由被监护人住所地的居民委员会、村民委员会或者民政部门指定监护人，有关当事人对指定不服的，可以向人民法院申请指定监护人；有关当事人也可以直接向人民法院申请指定监护人。"指定监护，既是为了平息监护争议，也是为了保护被监护人的权益，防止出现监护真空。在这两者之间，法律强调应以尊重被监护人意愿为首选。《民法典》第 31 条第 2 款规定："居民委员会、村民委员会、民政部门或者人民法院应当尊重被监护人的真实意愿，按照最有利于被监护人的原则在依法具有监护资格的人中指定监护人。"即指定监护，须遵循尊重被监护人意愿及最有利于被监护人原则，为其指定监护人。

《民法典》规定的指定监护的权力机关，包括民间自治机关和司法机关。民间自治机关是被监护人住所地的居民委员会或村民委员会，指定监护方式可以是口头方式，也可以用书面方式，只要指定监护的通知送达被指定人，指定监护即成立。被指定人不服指定的，应在接到通知的次日起 30 日内向人民法院起诉；未提起诉讼的，在收到通知后第 31 天起指定监护生效；提起诉讼时，自法院裁决之日起生效。指定监护一经生效，被指定人即为监护人，该指定监护效果不得依监护人的意思改变。《民法典》第 31 条第 4 款规定："监护人被指定后，不得擅自变更；擅自变更的，不免除被指定的监护人的责任。"变更也须按同样程序进行，不按程序的，即为"擅自"。

3. 临时监护。临时监护是指无民事行为能力人、限制民事行为能力人处于无人照顾的状态时，由居委会、村委会、民政部门或者救护机构担任临时监护人的监护。临时监护本质上是对法定监护或者指定监护的一种填补性监护，其前提条件是被监护人处于无人监护状态，出现"监护空白"，若不为其实施临时监护，被监护人很可能要继续受害或成为"流浪者"。所以临时监护具有人道价值，按我国现行法规定，临时监护可分两种情形：

（1）在法定监护人之间因发生争议申请指定监护，在指定监护前被监护人处于无人保护状态时，为其设立临时监护。《民法典》第 31 条第 3 款规定："依据本条第一款规定指定监护人前，被监护人的人身权利、财产权利以及其他合法权益处于无人保护状态的，由被监护人住所地的居民委员会、村民委员会、法律规定的有关组织或者民政部门担任临时监护人。"

（2）被监护人虽有监护人，但受家暴侵害，身心受到严重伤害的，为其设立临时监护，实际就是使被监护人"脱离苦海"。我国《中华人民共和国反家庭暴力法》第 15 条第 2 款规定："无民事行为能力人、限制民事行为能力人因家庭暴力身体受到严重伤害、面临人身安全威胁或者处于无人照料等危险状态的，公安机关应当通知并协助民政部门将其安置到临时庇护场所、救助管理机构或者福利机构。"这里法律虽未明确对无行为能力人、限制行为能力人的临时安置是一种监护，但就法理而言，这个临时安置机构负有对被监护人的人身安全、生活照料及其他事务的看护义务，具有监护性质。

4. 遗嘱监护。遗嘱监护是指被监护人的父母以遗嘱方式选定监护人的监护。父母作为亲权人，在生前可以立遗嘱指定监护人，这样就是其不久于人世，也不会导致监护脱节，有利于对被监护人持续监护。《民法典》第 29 条规定："被监护人的父母担任监护人的，可以通过遗嘱指定监护人。"遗嘱监护是亲权的延伸，仅限于父母行使，其他法定监护人不得通过立遗嘱指定监护人。法律未限制遗嘱选定监护人的范围，即该遗嘱指定的监护人可以是法定监护人顺序内的人，亦可以是非法定监护人。由于遗嘱属于死因法律行为，故遗嘱监护于遗嘱人死亡时生效。

5. 委托监护。委托监护也称委任监护，属于意定监护范畴，是指有完全民事行为能力之成年人以书面合同的方式确定监护人，在其丧失或者部分丧失民事行为能力时，由受托人担任监护人之监护。委托监护合同在类型上属于附生效条件之合同。即该合同成立后并不立即生效，要在委托人丧失或者部分丧失行为能力时才生效，因此也可称之附条件监护。该制度最初规定在《中华人民共和国老年人权益保障法》（以下简称《老年人权益保障法》）中，现在被民法吸收。《民法典》第 33 条规定："具有完全民事行为能力的成年人，可以与其近亲属、其他愿意担任监护人的个人或者组织事先协商，以书面形式确定自己的监护人，在自己丧失或者部分丧失民事行为能力时，由该监护人履行监护职责。"我国正逐渐步入老龄社会，老年人养老、日常生活、护理等问题日显突出，而之前的独生子女政策，使传统的"养儿防老"难以为继，民法规定该监护类型，为解决这一矛盾提供了新的选项，由合同监护缓解突出的社会矛盾。

从法律规定看，该合同须以书面方式签订，属要式法律行为，对于监护人不限范围，只要有完全民事行为能力，可以是近亲属、愿意担任监护人之任何人或组织团体。如子女、兄弟姐妹当然不在话下，发小、闺蜜、养老院、福利院等亦可。委托监护也可以和遗赠抚养协议、遗嘱等构成复合法律关系，例如监护人负责养老送终的，可获得遗产等，这为培育"养老产业"、走养老市场化道路，提供了法律空间。

6. 无因监护。无因监护是无监护义务的人，与被监护人因特定法律关系负有照顾保护义务而成立的监护。无因，指既无法律上监护义务，也无合同之监护义务。如对在校学生、住医院的重病病人等，学校、医院等都属无因监护人。也有著述和司法解释，称之委托监护，为与《民法典》第 33 条规定的委托监护区别，谓之无因监护。无因监护在本质上，也属于意定监护。

无因监护人因本不负有法定监护义务，所以对监护之职责，《民法典》第 1199 条规定，幼儿园、学校等"……能够证明尽到教育、管理职责的，不承担侵权责任"，即仅负过失推定责任。易言之，对被监护人受侵害或侵害他人发生的损害，无因监护人因无过失得减轻或免责，而法定或者指定监护人不得免责，其对被监护人应尽之民事责任，不因此发生移转。

（四）监护人之权利与义务

1. 监护之原则。监护人对被监护人之监护，须遵守最有利于被监护人和尊重被监护人意愿两大原则。

监护人行使监护权，应遵循最有利于被监护人利益原则。《民法典》第 35 条第 1 款规定："监护人应当按照最有利于被监护人的原则履行监护职责。监护人除为维护被监护人利益外，不得处分被监护人的财产。"即行使监护权履行监护义务，应从最有利于被监护人的立场考虑，如果仅有利于监护人、不利于被监护人，就违反了这个原则；对被监护人之财产，监护人行使代理处分权，也须为了维护被监护人利益，若为了监护人自身利益、不利于被监护人利益的，也属违反该原则。监护人严重违反该原则的，经申请可撤销其监护人资格。这个规定主要适用于亲权以外的监护人，因为父母子女是命运共同体，互为第一顺序继承人，在中国传统伦理中，父母对子女呵护深度、广度以及持续性，法律条文是表述不清的，还是以不干涉为好。

被监护人意思能力有欠缺，并非完全无判断能力。在与其智力能力、身体状况相适应的认知范围内，监护人履行监护职责时，应尊重被监护人意愿。对于未成年人，处置监护事务、代理民事法律行为时，尽量根据其意愿行事。《民法典》第 35 条第 2 款规定："未成年人的监护人履行监护职责，在作出与被监护人利益有关的决定时，应当根据被监护人的年龄和智力状况，尊重被监护人的真实意愿。"即实施监护行为时，应征询未成年人的意愿，尽量在未成年人的意愿范围内作选择，不应居高临下太"强势"。对于成年人，则不要完全"越俎代庖"，对其能独立处理的事务，应放手让其处理，不要将监护人的意愿强加于被监护人。《民法典》第 35 条第 3 款规定，成年人的监护人履行监护职责，应当最大程度地尊重被监护人的真实意愿，保障并协助被监护人实施与其智力、精神健康状况相适应的民事法律行为。对被监护人有能力独立处理的事务，监护人不得干涉。成年人即使民事行为能力有缺陷，对事务也非完全无判断能力，尤其是限制行为能力人，在其判断能力范围内，应让其独立处理自己的事务，即使其判断能力不足，可以协助其处理事务，以示对成年被监护人的尊重，尽可能做到"意思自治"。

2. 监护人之职责。监护人的权利义务，包括人身及财产等诸多方面，监护的内容既有代理实施法律行为，也有事务性的事实行为。《民法典》第 34 条第 1 款作了概括性规定："监护人的职责是代理被监护人实施民事法律行为，保护被监护人的人身权利、财产权利以及其他合法权益等。"

《民法典》用"职责"概括监护人之权利义务，表现了亲权与监护"合二为一"的特征。说明监护虽不乏有权利的内容，但主要是义务，监护人之权利也是为履行监护职责所需。《民法典》第 34

条第 2 款对此作了概括性规定："监护人依法履行监护职责产生的权利，受法律保护。"该条第 3 款规定："监护人不履行监护职责或者侵害被监护人合法权益的，应当承担法律责任。"结合这两款规定分析，监护之权利与义务实际上是监护职责不可分割的两面。即权利的另一面就是义务，例如监护人对被监护人有照看、管教之权利；反之也是义务，即若不行使此权利或权利行使不当，致被监护人人身损害或者侵害他人的，监护人要负法律责任。

监护人之权利与义务，在人身方面，以身体和健康、治疗和保护为主，此外还有对被监护人有居所指定权、人格尊严维护权，及未成年人之九年制义务教育送学义务等；在财产方面，有财产关系的法定代理权，如代理抚养费请求权、侵权赔偿请求权、合同订立权，及代理被监护人履行相关的财产义务等。

（五）监护权之撤销与恢复

监护权之撤销与恢复是指因监护人严重侵害被监护人，或有不能担负及懈怠监护职责情形的，由人民法院根据申请可撤销监护人之监护权。《民法典》第 36 条称之"撤销监护人资格"，在法律效果上应是撤销监护人对特定被监护人之监护权，如继母虐待孩子，撤销的是其对继子女的监护权，效力并不涉及其对亲生子女的监护权。若按"撤销其监护人资格"意思，将监护人资格一并取消，不能任监护人，就是将其对亲生子女的监护权也一并撤销，这显然不符合法条的原意。

《民法典》对监护权撤销之规定，体现了"最有利于被监护人"的原则，并根据这一原则，对监护事务进行司法干预，即"法官要断家务事"。根据《民法典》第 36 条的规定，撤销监护权须经申请并由法院作出撤销决定。申请人可以是其他监护人，或居委会、村委会、学校、妇联、残联、未成年人保护组织、老年人组织，以及民政部门等。对于撤销监护权的理由，法律规定了三种情形：①实施严重损害被监护人身心健康行为的；②怠于履行监护职责，或者无法履行监护职责，并且拒绝将监护职责部分或者全部委托给他人，导致被监护人处于危困状态的；③实施严重侵害被监护人合法权益的其他行为的。监护人行为只要符合其中一种情形，即构成撤销监护人之监护权的原因。监护人若对被监护人负有法定扶养义务的，撤销监护权后仍须继续履行该义务，即撤销监护权的效果不及于扶养义务。

【典型案例 10】

对于父母或者子女被撤销监护权的，在确有悔改表现，经其申请并征得被监护人同意时，法院可恢复其监护权。在恢复父母或者子女监护权的同时，指定监护即告终止。《民法典》第38条规定："被监护人的父母或者子女被人民法院撤销监护人资格后，除对被监护人实施故意犯罪的外，确有悔改表现的，经其申请，人民法院可以在尊重被监护人真实意愿的前提下，视情况恢复其监护人资格，人民法院指定的监护人与被监护人的监护关系同时终止。"

（六）监护之终止

监护终止，是因成立监护权的客观条件消失，致监护关系不必要或无法存续，从而监护权消灭之情形。《民法典》第39条第1款规定了四种监护关系终止的情形：①被监护人取得或者恢复完全民事行为能力，如被监护人满18周岁。②监护人丧失监护能力，如监护人患痴呆症丧失行为能力。③被监护人或者监护人死亡，前者没了被监护人，监护权自然无必要存在；后者权利能力消灭，权利义务当然地随之消灭。④人民法院认定监护关系终止的其他情形，这是司法程序认定的终止情形。在监护关系终止后，如被监护人仍需要监护的，则须另定监护人。《民法典》第39条第2款规定："监护关系终止后，被监护人仍然需要监护的，应当依法另行确定监护人。"

第三节　宣告失踪与宣告死亡

一、宣告失踪

（一）宣告失踪及制度价值

宣告失踪是自然人下落不明达到法定期间，经利害关系人申请，由法院宣告为失踪人并为其设立财产代管人的法律制度。在罗马法上，有为失踪人设立财产代管人的制度，重在维护失踪人个人权利；日耳曼法推崇社会本位，更多地考虑失踪人之相对人的利益，于是发展了死亡推定制度。到近代民法，法国作为《人权宣言》的诞生国，对个人权利极为重视，于是采宣告失踪制；《德国民法典》继受团体利益至上的日耳曼传统，采死亡宣告制；我国《民法典》则"兼容并蓄"将两制系数吸收。

从制度价值看，这是重商主义社会中对人际关系的一种安排。

宣告死亡重在消灭失踪人的民事权利能力，通过宣告失踪人死亡重塑法律关系，以维系生者权利义务；而宣告失踪着眼点在失踪人的民事行为能力，为失踪人设立保管人，代理处理应了结的债权债务，扫清失踪导致的财产关系停顿之障碍，保障交易圈的财产稳定和安全，也间接维护了失踪人的权利。但两者在维护生者利益和保持社会关系确定性的效果方面，有重叠之处。法律制度应当简单明了，便于适用，既然制度有重叠，两者有无并列规定的需要，从20世纪80年代的《民法通则》到21世纪的《民法典》，一路走来原貌未改，立法者的着力显然不够。

宣告死亡是对失踪人长期消失的死亡推定，作为与自然死亡对应的拟制死亡，其救济利害关系人之人身关系和财产关系的制度价值，具有无可替代性。而宣告失踪，旨在对失踪人财产保管及对相对人债权债务的清偿，设立这一制度并无充分的理由。首先，救济不及时，因为要在自然人失踪满2年才能申请，留下2年内的时间断层仍无法救济。其次，现有的民法有足够的对失踪人救济的其他制度资源可适用，如有配偶的成年人，因我国采取夫妻共同财产制，共同管理权限覆盖了代管；对采取约定财产制的，亦可由配偶代管财产。对无行为能力、限制行为能力人，本就该由其监护人代管财产。最后，即使上述两者之外的人失踪，也只要设立"财产代管人"即可，无须兴师动众非要宣告失踪。更何况，我们的传统是家庭成员为一体，具有事实上的连带关系，宣告失踪的实际运用价值不大，再加上实施这一制度成本高、效力低，废除也无妨。

（二）宣告失踪的法律要件

1. 被宣告人失踪。即被宣告自然人离开住所或居所没有任何音讯，处于下落不明的状态。《民法典》第40条规定："自然人下落不明满二年的，利害关系人可以向人民法院申请宣告该自然人为失踪人。"下落不明通常是以住所地或经常居住地为中心，失踪人音讯全无，无人知其在何处的状态。

2. 失踪达到法定期间。失踪人下落不明的法定期间为2年，从失踪人无音讯之日起计算；战争期间失踪的，失踪期间从战争结束之日或者有关机关确定的下落不明之日起计算。《民法典》第41条规定："自然人下落不明的时间从其失去音讯之日起计算。战争期间下落不明的，下落不明的时间自战争结束之日或者有关机关确定的下落不明之日起计算。"这是要求失踪须处于持续状态，非长时间的或断续的，就欠缺这一要件。

3. 经利害关系人申请。宣告失踪的程序不是自然发动，须经利害关系人申请，程序方启动。所谓利害关系人，是指与失踪人有人身关系或财产关系的人，如父母、配偶、近亲属、债权人、债务人等。对于申请权的行使，法律没有规定顺序以及序位的限制。

4. 由法院宣告。法院收到利害关系人的宣告失踪申请后，先要发出寻找公告，《民事诉讼法》第 185 条规定："宣告失踪的公告期间为三个月。"公告期满，失踪事实得到确认，法院应以判决方式宣告失踪。

（三）宣告失踪的法律效果

法院在宣告失踪的判决中，须为失踪人指定财产代管人。《民法典》第 42 条第 1 款规定："失踪人的财产由其配偶、成年子女、父母或者其他愿意担任财产代管人的人代管。"即从失踪人的配偶、成年子女、父母或者关系密切的其他亲属、朋友中愿意担任代管财产的人中指定财产代管人。财产代管人的选任应先由前述范围内的人协商后，供法院指定。协商不能时，则由法院直接指定。《民法典》第 42 条第 2 款规定："代管有争议，没有前款规定的人，或者前款规定的人无代管能力的，由人民法院指定的人代管。"

对于财产代管人的职责，《民法典》第 43 条第 1 款规定："财产代管人应当妥善管理失踪人的财产，维护其财产权益。"财产代管人负保管失踪人财产的职责，对于失踪人所欠的税款、债务和其他费用，可从代管财产中支付。《民法典》第 43 条第 2 款规定："失踪人所欠税款、债务和应付的其他费用，由财产代管人从失踪人的财产中支付。"财产代管毕竟是一项义务，财产代管人因轻微过失造成财产损失的，不负赔偿责任；但有重大过失的，要负担赔偿责任。《民法典》第 43 条第 3 款规定："财产代管人因故意或者重大过失造成失踪人财产损失的，应当承担赔偿责任。"财产代管人不履行代管职责、侵犯失踪人财产的，或者丧失代管能力的，其他利害关系人可向法院申请变更财产代管人；财产代管人如自认为不能再继续代管，并有正当理由，也可以向人民法院申请更换财产代管人，这是主动更换。无论主动更换或者被动更换，在人民法院作出更换财产代管人后，按《民法典》第 44 条第 3 款规定："人民法院变更财产代管人的，变更后的财产代管人有权请求原财产代管人及时移交有关财产并报告财产代管情况。"代管财产的费用、非

近亲属代管人的报酬等，属于法律规定的"应付的其他费用"，可以用失踪人财产支付。

（四）宣告失踪的撤销

当失踪人复出或者有人确知其下落时，经本人和利害关系人申请，由法院撤销对他的失踪宣告。《民法典》第45条第1款规定："失踪人重新出现，经本人或者利害关系人申请，人民法院应当撤销失踪宣告。"法院的撤销失踪宣告作出后，财产代管人资格消灭，财产代管人应交还代管财产并汇报管理情况，提交收支账目。《民法典》第45条第2款规定："失踪人重新出现，有权请求财产代管人及时移交有关财产并报告财产代管情况。"因失踪"塌陷"的社会关系，就此恢复正常。

二、宣告死亡

（一）宣告死亡的含义及制度价值

宣告死亡是自然人下落不明达到法定期间，经利害关系人申请，由法院推定其死亡，宣告结束失踪人以生前住所地为中心的民事法律关系的制度。宣告死亡是自然死亡的对称，与自然死亡不同的是，宣告死亡不是断定失踪人已不在人世，而是法律通过推定确定失踪人死亡，其本质不是要拟制一种死亡形态，而是有条件地终止失踪人的民事权利能力，这个条件就是消灭失踪人以住所地为中心区域的民事法律行为效力，这也是效果相对性。

宣告死亡的制度价值，在于维护生者的利益——包括配偶的再婚权、近亲属的继承权等人身权和财产权。由于宣告死亡要终止被宣告死亡人的主体资格，一旦失踪者出现，因宣告死亡后变动的人身财产关系很难复原，所以法律对此慎之又慎，规定了严格的要件。《民法典》在第二章第三节中，对宣告死亡之申请人、宣告程序、宣告死亡的效力等，予以明确界定。从民法体系上，人的死亡的法律效果在于消灭民事权利能力，属于民事权利能力范畴；宣告失踪的效果则是设财产代管人，属于民事行为能力范畴，本应分别放在相应的章节论及，这里遵从《民法典》的规定，置于一节内阐述。

（二）宣告死亡的法律要件

宣告死亡与自然死亡发生相似的效果，但宣告死亡毕竟是推定而不是有确凿的证据证明的事实，所以法律对之规定了严格条件。

1. 生死不明。自然人离开住所或居所没有任何音讯，处于生死不明状态。即失踪人离开住所以后，居所不明、音讯全无、不知其是死是活，而且活着的可能性不大。《民法典》第46条谓之"下落不明"，更准确地说应该是生死不明，这样也便于与宣告失踪的"下落不明"相区别。因为，"下落不明"不完全等同"生死不明"。如有人出国多年没有音讯，没有人知道其在哪儿，也无法断定其是死是活，但是又没有判断其"没有活着的可能性"的依据，就不能断定此人生死不明。如有人出国后隐匿，不再与原籍地发生联系，但闻其所在的外国又无战乱、地震、海啸、瘟疫等天灾人祸，就不能随意作出生死不明的判断；反之，则就有可能了。

2. 满法定期间。满法定期间即失踪状态持续存在，而达到了法律规定期间。长时间的失踪，才会对法律关系产生影响，短暂的失踪也不足以表明"生死不明"。而且对失踪人亲属来讲，总是希望会有奇迹出现，失踪人会复回。因此，失踪的长时间持续，才能传达出"活着的可能性"越来越小的信息，同时也给了失踪者再出现的充分时间。这个持续时间多长为合适，早期的德国民法规定为10年。随着技术进步，交通工具、通信联络方式快速发展和信息传递多样化时代，晚近民法规定的期间要短得多，俄罗斯民法规定为5年，我国《民法典》第46条第1款第1项规定为4年。笔者认为，我国民法既然规定了宣告失踪制度，这个宣告死亡的法定期间还可以再长些。

生死不明状态持续的期间，法律根据不同的情况，规定有适用于一般人的普通期间和适用于特殊人或者特殊情况的特殊期间。根据《民法典》第46条的规定，普通期间的时间为4年；意外事件的特殊期间为2年。法律对"意外事件"没有给出明确定义，在学理解释，是指非因行为人过失，而是由于不可预料且难以防范的偶然原因导致的损害事实，如空难、海难、探险中遇难等失踪。

对于失踪期间的起算，普通期间、特殊期间有所不同；即使是普通期间，战争期间和非战争期间也不同。对于适用4年普通期间的，《民法典》第41条规定："自然人下落不明的时间从其失去音讯之日起计算。战争期间下落不明的，下落不明的时间自战争结束之日或者有关机关确定的下落不明之日起计算。"这里失去音讯之日，依据《民法典》第201条的规定，当日不算，从第二天起算；对意外事件，则是指意外事件发生之日，即当日开始计算。这里需

要探讨的是何谓战争结束之日，首先是战争的含义，应该不仅包括
正式宣战的战争，还应包括边界战争和反恐战争等。其次是战争结
束之日如何计算，尤其没有明确停战日期的作战，可以是作战行动
结束日、撤兵日，或者是军事机关确定的日期。最后是适用对象，
应否限于适用于军人、随军人员和辅助作战人员等。因为战争对于
军人不属于意外事故，故应适用普通期间，起算点定在战争结束之
日，蕴含着对军人利益的特别保护；而对平民而言，战争属于意外
事件，可适用 2 年特别期间的规定。

3. 利害关系人之申请。宣告死亡须以诉为之，故须由利害关
系人申请；未经申请，法院不得主动裁判宣告自然人死亡，这是私
法自治的应有之义。但是，申请失踪人死亡，会涉及近亲属、债权
人、雇主等的利益。如果利害关系人彼此利益冲突，意见不一，有
的提出申请，有的反对申请，理应由法律定夺。最高人民法院《关
于贯彻执行〈中华人民共和国民法通则〉若干问题的意见（试行）》
（已失效，以下简称《贯彻执行〈中华人民共和国民法通则〉的意见
（试行）》）对此曾有明确规定[1]，可以参考。申请人的范围包
括失踪人的配偶、父母、子女、兄弟姐妹、祖父母、外祖父母、孙
子女、外孙子女以及其他与被申请人有民事权利义务关系的人，他
们之间是有先后顺序的，即配偶为第一顺序，父母、子女为第二顺
序，兄弟姐妹、祖父母、外祖父母、孙子女、外孙子女为第三顺
序，第四个顺序是其他有民事权利义务关系的人。这第四顺序应是
指与失踪人有人身关系的人，如叔侄关系、舅甥关系等。只有单纯
的财产关系，如雇主、债权人等不得作为宣告死亡的申请人。

宣告死亡申请人顺序的制度价值，主要是为了优先保护配偶、
父母、子女以及其他近亲属的身份利益、伦理利益和情感利益。申
请人的顺序效力，为在先顺位的人的权利优先于在后顺位的人的权
利。即有在先顺位人时，在后顺位人无申请权，而同顺序人权利平
等。配偶与失踪人不仅有亲属利益和财产利益，还有婚姻利益，此
项利益应较财产利益优先，故配偶列入第一顺位，是非常符合人道
的。如果配偶不申请，其他人皆无申请权。

4. 法院宣告。宣告死亡生效，将使失踪人的婚姻关系、财产

---

[1] 《民法典》实施后，这个司法解释已随《民法通则》一起被废除，但最高人民法院新的解释尚
未公布，现只能作为参考。

关系发生颠覆，会波及失踪人人际关系和社会关系，影响到他人利益，所以需要公示。而这个法院宣告，就是通过司法程序的公示。根据《民事诉讼法》第十五章的规定，宣告死亡适用特别程序。法院受理宣告死亡申请后，先要发出寻找失踪人的公告，依《民事诉讼法》第 185 条的规定，普通公告期为 1 年，因意外事故失踪人公告期为 3 个月；公告期间届满，生死不明的事实得到确认后，由法院以判决方式宣告失踪人死亡。

所以，适用普通 4 年期间的，即使期限届至即刻申请，再加公告期 1 年，宣告死亡最短时间也需要 5 年。

（三）宣告死亡的法律效果

1. 时间效力。《民法典》第 48 条规定："被宣告死亡的人，人民法院宣告死亡的判决作出之日视为其死亡的日期；因意外事件下落不明宣告死亡的，意外事件发生之日视为其死亡的日期。"对死亡日期，法律采取二元的立场，对适用 4 年普通期间的，判决宣告之日为被宣告人死亡的日期；对适用 2 年特殊期间宣告死亡的，则以意外事件发生的当日作为被宣告人的死亡日，不以判决日为准，这也是对客观事实的尊重。

2. 空间效力。宣告死亡因是拟制死亡，属法律的推定，性质上只是类似自然死亡，而非完全等同。因此，宣告死亡的推定，与实际事实不符的，仍然要本着实事求是原则，限制宣告死亡的效力空间，以免出现"活着的死人"的尴尬。

第一，如果日后发现实际死亡日期与宣告死亡确定日期不一致的怎么办？因为该日期是法律拟制，又经宣告，非经裁判不得变更和撤销，仍然具有法律效力。所以，被宣告死亡和自然死亡的时间不一致的，被宣告死亡所引起的法律后果仍然有效，但自然死亡前实施的民事法律行为与被宣告死亡引起的法律后果相抵触的，则以其实施的民事法律行为为准。如判决宣告死亡之日是 10 日，日后发现实际死亡是 30 日，20 日被宣告死亡人立了遗嘱，那么遗嘱仍然有效，对遗产适用遗嘱继承，而不适用法定继承。

第二，若被宣告人实际并未死亡，还在其他地方好好地活着怎么办？《民法典》第 49 条规定："自然人被宣告死亡但是并未死亡的，不影响该自然人在被宣告死亡期间实施的民事法律行为的效力。"即宣告死亡的效果与其实际行为效果不一致的，应以其实际实施的民事法律行为为准，被宣告人民事权利能力仍不消灭，而且民事活动也不受影响。

3. 效力范围。在被宣告死亡人的住所地为中心的区域，宣告死亡的效果等同于自然死亡，效力不仅及于申请人或者利害关系人，对其他人的人身关系和财产关系，也发生绝对效力，即第三人亦得援用。但公法关系不受影响，例如被宣告死亡之人是否犯罪或者获刑等。

在民事关系方面，被宣告死亡人的婚姻、监护等身份关系终止，财产作为遗产被继承。但宣告死亡毕竟是一种法律拟制死亡，故其效力以宣告死亡的撤销为解除条件。

从《民法典》的规定来看也可以得出这样的结论，即宣告死亡并没有完全终止被宣告自然人的民事权利能力。如德国学者拉伦茨所言："即确定死亡时间只是一种推定，即推定被宣告死亡者是于这个时间死亡的，该推定同时包含另一个推定，即失踪者在这个时间之前还活着。"[1]如果这个推定与事实相反，那么这个推定是可以被推翻的，因此宣告死亡不具有绝对消灭权利能力的效力。

（四）死亡宣告的撤销

1. 死亡宣告撤销的概念。宣告死亡既然是一种推定，而不是事实，就可能被与推定相悖的事实推翻。死亡宣告的撤销是指被宣告死亡人重新出现或被确知没有死亡时，经本人或利害关系人申请，由法院撤销不真实的死亡宣告，从而恢复原状的民法制度。死亡宣告撤销制度，既着眼于本人及其亲属利益，又兼顾善意相对人的利益。所以，死亡宣告撤销后，当事人的民事法律关系并不完全恢复原状。

2. 死亡宣告撤销的法律要件。死亡宣告撤销的法律要件有三项：①被宣告人生存的事实；②本人及利害关系人的申请，利害关系人范围与宣告死亡申请人范围相同，只是不受顺序限制；③由法院撤销。

当死亡宣告撤销的法律要件充分时，由本人或其利害关系人向原作出死亡宣告判决的人民法院申请撤销死亡宣告判决，由人民法院按民事特别程序作出撤销原判决的新判决。

3. 死亡宣告撤销的效力。死亡宣告撤销的效力是有溯及力的，即回复原状，但在人身关系和财产关系方面，为了保护善意第三

---

〔1〕［德］卡尔·拉伦茨：《德国民法通论》（上册），王晓晔等译，法律出版社 2003 年版，第 131 页。

人，法律作了例外的规定。

配偶尚未再婚的，婚姻关系自行恢复。《民法典》第 51 条规定："被宣告死亡的人的婚姻关系，自死亡宣告之日起消除。死亡宣告被撤销的，婚姻关系自撤销死亡宣告之日起自行恢复。但是其配偶再婚或者向婚姻登记机关书面声明不愿意恢复的除外。"即只有其配偶未向婚姻登记机关作出不愿意恢复婚姻关系的书面声明时，婚姻关系才当然恢复；配偶已再婚的，再婚效力不受撤销宣告的影响，即使配偶再婚后离婚或者再婚后丧偶的，婚姻关系也不当然恢复，双方如欲重新结合，仍需办理结婚登记。被宣告死亡的人的子女在宣告死亡期间被他人收养的，收养关系仍然有效，不受撤销死亡宣告的影响。

因宣告死亡而继承、受遗赠或以其他方式取得遗产者，均应返还；返还原则应是原物及孳息，原物已被第三人善意取得时，则免除原物返还义务，代之以适当补偿。《民法典》第 53 条第 1 款规定："被撤销死亡宣告的人有权请求依照本法第六编取得其财产的民事主体返还财产；无法返还的，应当给予适当补偿。"

宣告死亡若系利害关系人隐瞒真相恶意所致，侵害人不仅要返还所取得的财产及孳息，还要负赔偿责任。《民法典》第 53 条第 2 款规定："利害关系人隐瞒真实情况，致使他人被宣告死亡而取得其财产的，除应当返还财产外，还应当对由此造成的损失承担赔偿责任。"

三、宣告失踪与宣告死亡的区别

（一）制度价值不同

宣告失踪旨在救济失踪人的财产利益，制度的出发点是为了失踪人；宣告死亡旨在救济失踪人的配偶、近亲属以及其他利害关系人的身份和财产利益，制度的出发点是为了失踪人以外的人。

（二）法律要件不同

宣告失踪的失踪期间是 2 年，申请人没有顺序限制；宣告死亡的失踪期间是 4 年，意外事故是 2 年，申请人有顺序限制。

（三）两者关系

宣告失踪与宣告死亡是各自独立的程序，也即当事人失踪以后，利害关系人可以根据充足的要件，选择申请宣告失踪或者宣告死亡，宣告失踪并不是宣告死亡的前置条件和必经程序。但若宣告失踪与宣告死亡申请被同时提出的,《民法典》第47条规定:"对同一自然人,有的利害关系人申请宣告死亡,有的利害关系人申请宣告失踪,符合本法规定的宣告死亡条件的,人民法院应当宣告死亡。"因为宣告死亡的效果是覆盖宣告失踪的,两者无需并行审理。

（四）法律效果不同

宣告失踪的法律效果是为失踪人设立财产代管人,失踪人的民事权利能力并不消灭;宣告死亡是使失踪人的人格消灭,其效果等同于自然死亡。

第四节　自然人的住所

一、住所与居所

住所是自然人以久住的意思并经常居住的生活场所。构成住所,必须有久住的意思和经常居住的事实两个条件。居所,是经常居住之生活场所,通常是指连续居住1年以上的居所。

自然人的住所与户籍登记地,可以一致,也可以不一致。在不一致时,非户籍登记地的经常居住地,就是住所。即采取"住所地唯一原则",一人一住所,法定住所只有一个。《民法典》第25条规定:"自然人以户籍登记或者其他有效身份登记记载的居所为住所;经常居所与住所不一致的,经常居所视为住所。"我国《宪法》没有规定迁徙自由,对迁入大城市、特大城市实行限制政策,在这些城市工作并长期居住的,户籍也难迁入;在城镇化过程中,大量农民工进城,也不能迁入户籍。这个原因导致大量人口的户籍所在地与经常居住地不一致,为了缓冲户籍迁入限制和就业长期居住之间的矛盾,满足人力资源在市场配置下自由流动的需求,相关部门在户籍之外设立了居住证制度,这就有了户籍记载居所之外的住所。

2019年3月,国家发展和改革委员会发布了一个《2019年新型城镇化建设重点任务》（发改规划〔2019〕617号）的通知,要求城区常住人口100万至300万的大城市全面取消落户限制;城区常住人口300万至500万的大城市要全面放开放宽落户条件;超大特大城市则要调整完善积分落户政策。这个文件对人员流动、农民进城落户,会有积极推动作用,有利于减少户籍地与居住地不一致的人口数量。但文件只体现政策，毕竟不同于正式法律，无法获得法律给予的程序性保障。同时，也没有从根本上改变我国将户籍作为管理人口的工具和手段，而不是作为跟踪居民居住地的记录。[1]这个政策在本质上并未改变户籍对人口的管理功能，因此户籍所在地与居住地不一致的状况，不会被根本扭转。

住所的制度价值在于其是人的空间识别标志和法律关系的连接点。根据意思自治原则，住所的确定须由当事人意思来设定，同时要兼顾事实。自然人的住所只能有一个，法律推定以户籍记载之住所为住所，如果事实居住地与户籍不一致，则以事实居住地为住所。

如果一个人有几套房子，轮流居住，如何确定住所？首先，应该按户籍所在地确定住所；其次，如果几处住所都不是户籍所在地，则以其意思或者惯常生活的居所为住所。如长期在单位宿舍居住，回家属于探亲的，应以单位为住所；军人皆以部队所在地为住所。

【拓展阅读17】

二、住所的设定与变更

根据意思自治原则，住所的设定与变更应尊重当事人的意思。通常情况下，虽然以自然人的户籍登记地设定住所，但在自然人离开住所时，应以连续居住1年以上的经常居住地为住所。所谓居住地，是自然人生活、工作、居住的地点，"经常"意指连续而不间断，法律要求的时间长度为1年。对长期住医院治病的，仍以原住所为住所；未成年人就读寄宿制学校的，应以法定代理人住所为住所。在自然人无经常居住地，或其户籍已从原地迁出至迁入新地之前，仍应以原户籍所在地为住所。

无行为能力和限制行为能力人，因意思能力的欠缺，处于被监护状态，作为被监护人其住所由监护人设定，一般以监护人的住所为住所；夫妻之间均有设定住所的权利。

三、户籍与身份证

（一）户籍

户籍是对自然人按户进行登记并予以出证的法定文件。户籍是

---

[1] 我国在实施1958年《中华人民共和国户口登记条例》前，实行公民迁徙自由政策，公民可任意选择居住地，户籍按居住地登记，作为跟踪记录居住地事实变化的工具，而不是作为限定人口迁徙的管理手段。

以"户"为登记单位，记载该户中所有自然人的姓名、出生日期、受教育程度、婚姻状况、亲属关系、法定住所等状况，这些户籍记录皆有法律上的证明效力。其中住址一项，在无相反经常居住地的证明时，该住址即为住所。

在户籍之外，根据国务院颁布的《居住证暂行条例》（国务院令第 663 号）的规定，我国对常住人口还实行居住证制度。该条例第 3 条规定："居住证是持证人在居住地居住、作为常住人口享受基本公共服务和便利、申请登记常住户口的证明。"居住证与户籍登记，相同之处是持证人可以享受户籍登记人口在政府提供公共福利方面的部分待遇，差别在于居住证只是取得居住地户籍的证明，也可以说居住证是"准户籍"，有居所的证明效力。

（二）身份证

居民身份证是证明自然人的姓名、性别、民族、出生、住址等居民个人身份资格的法定文件。身份证是为了便利自然人的活动，从原来的户口登记簿中分化出来的，它以个人为登记单位，以便利自然人在从事民事活动时，对自己身份的证明。身份证的个人资料以户籍为基础，故其在证明自然人身份方面的法律效力与户籍基本相同。

四、住所的法律效果

住所不仅在私法上有效果，在公法上也有其效果，如选举、纳税、服兵役、接受义务教育、诉讼等。

（一）确定自然人失踪的空间标准

自然人的失踪，是以离开住所后，若干年内杳无音讯为依据确认的。

（二）确定债务履行地

《民法典》第 511 条第 3 项规定："履行地点不明确，给付货币的，在接受货币一方所在地履行；交付不动产的，在不动产所在地履行；其他标的，在履行义务一方所在地履行。"这里的"接受货币 方所在地"或者"履行义务 方所在地"，对自然人而言，即其住所所在地。

（三）确定婚姻登记地

婚姻登记，由男女双方其中任何一方的住所（户籍）所在地的婚姻登记机关管辖。《婚姻登记条例》第 4 条第 1 款规定："内地居民结婚，男女双方应当共同到一方当事人常住户口所在地的婚姻登记机关办理结婚登记。"对于离婚，该条例第 10 条规定："内地居民自愿离婚的，男女双方应当共同到一方当事人常住户口所在地的婚姻登记机关办理离婚登记。"

（四）决定涉外民事关系的法律适用

在处理涉外民事关系时，如婚姻、收养、继承、侵权行为等，均可以当事人一方的住所地法律作为适用的法律。如《中华人民共和国涉外民事关系法律适用法》（以下简称《涉外民事关系法律适用法》）第 22 条规定："结婚手续，符合婚姻缔结地法律、一方当事人经常居所地法律或者国籍国法律的，均为有效"。该法第 28 条规定："收养的条件和手续，适用收养人和被收养人经常居所地法律"。该法第 44 条规定："侵权责任，适用侵权行为地法律，但当事人有共同经常居所地的，适用共同经常居所地法律"。

（五）公法上的效果

住所虽然是私法制度，在"以人为本"的社会中，在某些公法关系中，亦有其效果，这里举几例常见者。

1. 决定民事诉讼地域管辖。民事诉讼中，一般管辖采"原告就被告"的地域管辖原则。《民事诉讼法》第 21 条第 1 款规定："对公民提起的民事诉讼，由被告住所地人民法院管辖；被告住所地与经常居住地不一致的，由经常居住地人民法院管辖。"

2. 行使选举权的所在地。《全国人民代表大会和地方各级人民代表大会选举法》第 7 条第 3 款规定，旅居国外公民参加县级以下人民代表大会代表选举的，以出国前的户籍所在地或居住地为选举登记地。

除此以外，接受义务教育、兵役登记等，都与户籍所在地有关。

第五节　个体工商户和农村承包经营户

一、户之总说

"一扇为户，两扇为门"，是户在汉语中的本义。《论语·雍也》有"谁能出不由户？"由此引申到住家，一户即为一家。《史记·卷七项羽本纪》留下的千古名句："楚虽三户，亡秦必楚"，句中的"户"也是住家的意思。[1]

中华文明，由农耕文明孕育，血缘家庭既是生活共同体，又是一个自给自足的经济单位。计家曰户，计人曰口，即设一家庭为户。史料记载，至少在秦代就有了正式的户籍制度，唐代将民部改称户部，户在官制中有了正式名分。户籍登记，延续千年，直至今日。以家为本，彰户为表，即外以户为权利义务承受者，内则有家庭成员分享利益共承负担。所以，户是中华法系中的法律主体，既有私法上的效果，如"父债子还"；亦有公法上的强制，如"一人犯罪同户连坐"。"家庭是使中国社会具有特殊性质和力量的组织"[2]，这是西方人都认识到的中国传统法律的特质。

以婚姻、血缘关系为纽带的"户"，作为命运共同体，具有一损俱损、一荣俱荣的特点，揭示了"户"之成员在权利义务关系上的连带性质。虽然，在近代城市化、工业化乃至法律制度整体西化的过程中，在明面上，户已不再被认为是基本民事主体，但在社会运行中，还是牢牢地印刻在中国人的脑子里。且不说以"户"看人的"富二代""官二代"等带有戏谑的褒贬称谓，在隐藏于民法条文之外的许许多多权利义务，亦有以户表彰的，如贫困户、拆迁户、五保户等。更有不带"户"字，却以户为财产分配单元的政策和习惯法，如住房限购令、车牌照摇号、农村宅基地分配等。权利之取得不是以个人为单元，在民法中似是隐形，在社会生活中却是显性的。承西方个人本位塑造的中国民法架构，并没有完全贴近生活，法与生活之间总有一层"薄膜"。这层"膜"就是五千年中国文明对闯入的不加以改造的外来法的一个警告，中国"特色"不是口号、不是八股，是运行于社会的现实，深入民法中就能感受到。

很遗憾，自清末到民国的民事立法，户在民法中就消失了。即使进入现代社会，城市和农村仍遗留有以户为经营的单元，家庭的普遍共同财产制，使户仍然有作为主体的法律价值。个体工商户和农村承包经营户就反映了这样的现实，因此民法中的"两户"，不仅是现实的权利义务主体，还具有中华法系"标本"的历史再现价值。从留有"户"的痕迹上看，新中国的《民法典》还是要高于

【拓展阅读18】

[1]　史学界对"楚虽三户"之"三户"的解释存在不同学说，这里取通说，即"三户人家说"。参见邓稳：《"楚虽三户"之"三户"地名说质疑》，载《文史知识》2013年第11期。
[2]　［美］卡尔·A. 魏特夫：《东方专制主义——对于极权力量的比较研究》，徐式谷等译，中国社会科学出版社1989年版，第113页。

前两部民法的。期待在理论自信、文化自信的民族复兴中，民法典能重塑民事主体法律框架，将"户"这一制度高高挂于自然人之上。

二、个体工商户

（一）概念

个体工商户，简称个体户，是自然人从事商事营业的法律资格，属商事特别行为能力。《民法典》第54条规定："自然人从事工商业经营，经依法登记，为个体工商户。"

人们经商，既可以组建公司，适用法人规范，亦可以以自然人的名义进行。以自然人的名义经商，须取得商人资格，在民商分立模式下，根据属人主义法律适用规则，对商人适用商法，对非商人适用民法。在民商合一体制下，对商人进行登记，主要有行政管理价值，在办理商事事务、税务登记方面，可以获得某些特许以及便于国家监控；再者，根据特别法优于普通法原则，可以适用商事特别法，如公司法等。

（二）特征

1. 个体工商户作为商事主体，称其为"户"，主要是传统上是以家庭为单位经营的，而且须经工商登记，这一点是其与自然人的不同点。商事主体除个体户，还有合伙企业、公司、合作社等。

2. 以商事营利为目的，可以从事法律允许的工业加工、贸易、中介等事业。

3. 可以起字号，即商号，个体户对此享有商号权。商号权属于知识产权。

4. 个体工商户与个人独资企业的区别主要有：①个体工商户与自然人可为同一人，人格统一；个人独资企业则在个人外有企业实体，属于非法人组织。②个体工商户主要靠自己劳动，不以雇佣劳动为特征；个人独资企业具有资本特性，投资人可以不劳动，可以聘请他人，以雇佣劳动为特征。③个体工商户无需建立企业制度，例如会计等；个人独资企业则需要按企业法的规定，建立内部管理制度。

（三）财产责任

个体工商户对于债务，并非完全由自然人个人承担，原则上须以户为单位承担。《民法典》第56条第1款规定："个体工商户的

【法条链接6】

债务，个人经营的，以个人财产承担；家庭经营的，以家庭财产承担；无法区分的，以家庭财产承担。"以家庭财产承担责任，从自然人个体看，就是家庭成员之间的共同责任。获益不分彼此，义务也不分彼此，这就是户的权利义务特征。

三、农村承包经营户

（一）概念

农村承包经营户，简称承包户，是指作为集体经济组织成员并取得土地承包经营权，从事家庭承包经营的农户。《民法典》第55条规定："农村集体经济组织的成员，依法取得农村土地承包经营权，从事家庭承包经营的，为农村承包经营户。"

承包户之"户"与户籍登记簿之"户"，不完全相同，既可以是同一户籍登记簿内的，也可是以亲属关系为纽带，被集体经济组织认作为一户的自然人团体；承包户可以是一个人，也可以几个人，甚至三代同堂。农户，即是指户籍登记为农业户口。根据《关于进一步推进户籍制度改革的意见》，我国将取消农业户口与非农业户口，户籍登记将统一为居民户口。若此，识别承包经营户将以是否属于农村集体经济组织成员，及户籍项下的职业备注、是否享受农村合作医疗，及其他标识等作为标准。

承包经营户是我国农村集体经济"统分结合"的基础。所谓统分结合，就是集体所有的土地和集体经济组织的资产，由集体经济组织统一管理并充任所有权人资格，但经营则采取以农户为单位的"包产到户"经营方式。

（二）特征

1. 须集体经济组织成员。所谓集体经济组织，是历史上人民公社延续下来的经济管理单元。人民公社采取"三级管理、队为基础"的模式，这个队主要指生产大队，相当于现在的行政村。集体经济组织成员就是过去的农业合作社社员，在集体经济组织解体的农村，《民法典》第101条第2款规定："未设立村集体经济组织的，村民委员会可以依法代行村集体经济组织的职能。"即有行政村作为集体所有财产的经营者和处分人，在土地承包合同中担任发包方。

2. 从事家庭承包经营。即以家庭为单位的经营，包括农业、畜牧业、养殖业及其他为农业生产服务的生产经营活动。与传统农业经营不同，家庭承包经营在本质上是商品生产，若完全自给自足，没有对外商品交换，也就不需要承包经营户这个商事主体资格。

3. 须履行承包合同义务。20世纪80年代农村改革，解散人民公社，取消集体经营，把土地分给家庭，实行家庭经营。即实行家庭联产承包责任制，称"包产到户"。农村承包经营户取得集体土地，集体组织的义务就转移给农户，承包户须担负相应的义务，如按约定种植规划耕种、完成国家收购义务等，这是与个体工商户不同的。

4. 无须登记，根据承包经营合同当然地取得主体资格。这一点与个体户不同，因为承包户是农村集体土地的经营单位，这由我国农业经济的基本结构决定，在经营方式上无从选择，人人皆知，就达到了事实上的公示。

（三）法律效果

1. 取得承包经营集体土地、山林、荒山等农业生产资料的资格。

2. 财产责任。《民法典》第56条第2款规定："农村承包经营户的债务，以从事农村土地承包经营的农户财产承担；事实上由农户部分成员经营的，以该部分成员的财产承担。"以户为经营单位，也就须以户为责任单位，这与承包户的权利义务是一致的。

在经营中，农村承包经营户中一人或者几人出资的，由出资人经营，亦由出资人承担责任。但是，如果个人以家庭共同财产出资的、经营收益由家庭共享的或者夫或妻一方经营收益作为共同财产的，则经营中发生的债务由家庭财产清偿。总之，在原则上，承包经营户是经营共同体，也是权利义务共同体。

【典型案例14】

【拓展阅读19】

第六节　人格权

一、概述

人身权，是自然人人格权和身份权的合称。人格权，是自然人对其身体和主体要素的专属权和支配权，《民法典》专设一编调整；身份权，则是基于身份而产生的伦理性权利，其规范集中在监护、婚姻家庭编章中。人身权属于非财产权利，不能以经济价值作评估。人身权的效果，在于对自身人格和身份的支配，因此属于支配权；人身权的义务主体具有不特定性，因此属于绝对权；人身权与权利主体须臾不可分离，亦无从出让，《民法典》第 992 条规定"人格权不得放弃、转让或者继承"，因此人格权属于专属权。

《民法典》第四编为"人格权"，被誉为中国民事立法的首创。确实，在《民法典》中人格权单独成编，在中外民法史上未曾有过。

【法条链接 7】

对于法人是否有人身权，学界有不同见解。本书采取否定说，认为法人无人格权，所以将人格权置于自然人一章，以彰显此立场。首先，法人无身份权，自不待言；其次，法人亦无物质人格权，如生命、健康、劳动能力等权利，此亦不复赘言；再次，与自然人姓名、隐私、名誉、荣誉等精神人格权相似的法人之名称、秘密、名誉、荣誉等，构成商号、技术秘密、商誉等无形资产，在法律上皆是可让与之财产，可与法人分离，故不属于人格权；最后，民法对人的终极关怀，是指自然人，法人与自然人并列，是立法技术造就的，并非在价值判断上置法人与自然人同一地位。《民法典》第 1182 条规定的"侵害他人人身权益造成财产损失的，按照被侵权人因此受到的损失或者侵权人因此获得的利益赔偿"，显然也指向自然人，法人不得请求精神损害赔偿。

【拓展阅读 20】

基于上述认识和理由，将人格权置于自然人一章阐述，以表达立场，既能体现人格权的结构性特点，又不影响对人格权知识的学习和掌握。

根据现有法律，图示人身权体系如下：

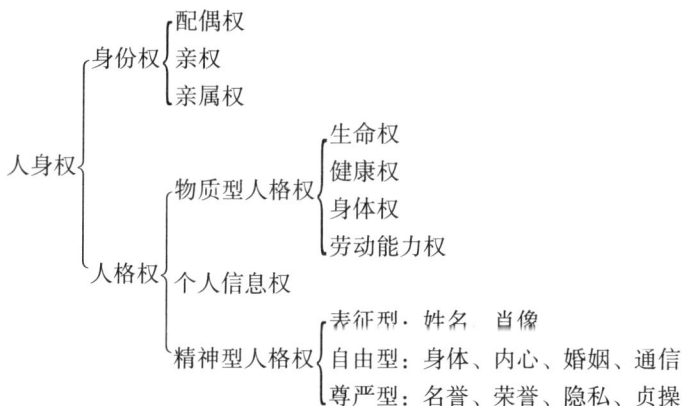

在互联网出现以后，个人综合性信息的保护成为必要。这是一种与特定自然人关联的包括人格与财产的可识别符号系统，包括身

份、家庭、健康、单位、收入、投资、消费等信息，具体内容非常庞杂，如身份证号码、电话号码、家庭住址、房屋购置、个人偏好等。其中既有精神价值，又体现财产利益，受法律保护自无疑义，对其内涵和范畴学界尚存争议，制定法也阙如，通常谓之信息权或者个人信息权。

二、一般人格权

（一）概念

一般人格权是与具体人格权相对应的概念，是概括自然人人格独立、人格自由、人格尊严等不容侵犯并不受他人干预的权利，是概括性的人格权。

由于人性的多样性和人格的丰富内容，人们在立法中再详尽地一一列举各类人格权并作出规定，也无法做到将人格利益无一遗漏地规定到法律中去。社会在前进，人的精神需求在发展，"挂一漏万"是必然存在的，法律的制定赶不上社会精神生活的发展，也可以说是社会进步的标志。如诉讼中当事人请求保护一项人格利益是法律没有规定的，如近年常见的"性骚扰"案件，对此法官是支持还是不支持，若支持，依据又是什么？于是人们就觉得有必要概括一项抽象的一般人格权，来弥补法律对具体人格权规定的不足。《民法典》第 109 条规定："自然人的人身自由、人格尊严受法律保护。"这个规定，不仅是对一般人格权的承认，也是将人格利益纳入法律保护范围。

总而言之，一般人格权属于开放性的权利，具有"一般条款"的性质。有了一般人格权的规定，人格权遭受侵犯时，再也不会因为没有"法定"而被法院拒绝受理。就此而言，一般人格权规范属于一项补充法律漏洞的作业，其具体内容是不需要事先十分确定的。《民法典》对人格权的特别保护，还体现在适用非财产性救济的，不受诉讼时效的限制。该法第 995 条规定："受害人的停止侵害、排除妨碍、消除危险、消除影响、恢复名誉、赔礼道歉请求权，不适用诉讼时效的规定。"

（二）制度价值

一般人格权之所以被重视，与第二次世界大战中，德国、日本等法西斯惨无人道地屠杀、残害人类的行为有关。法西斯的暴虐使人们感觉到对一般人格权肯定的必要，《世界人权宣言》也将人格权列为基本人权。

一般人格权的法律价值在于：首先，体现法律对自然法的尊重，是对人格权属于天赋人权的肯定；其次，由此否定人格权法定主义的立场，防止法院对侵害人格权之诉以法无明文规定为由拒绝受理，从伦理上对法律中的人格权划定了一条底线；最后，有了一般人格权的规范，即使法律无具体的规定，以不伤害人的身体、不干预人的自由、不损害人的尊严作为一项法律的底线，也得到了肯定，自然人的价值获得彰显。

（三）一般人格权与具体人格权的关系

1. 一般人格权作为一项抽象的权利，是具体人格权的基础，从这个意义上说，具体人格权就是一般人格权的类型化表现。

2. 在形式上，一般人格权的规定是抽象的、概括性的，而具体人格权则是有明确的客体、具体的法律要件。

3. 在认识逻辑上，一般人格权优先于具体人格权。

4. 在法律适用中，如果具体人格权受到侵害，则应优先适用法律对于具体人格权的规定，不能援用一般人格权条款，只有在法律对该具体人格权没有规定时，才可以根据一般人格权所体现的价值，确定对该无名人格权的救济，如前述"性骚扰"侵权。

三、物质型人格权

物质型人格权是指自然人对物质性人格要素不可让与的支配性权利。物质型人格权，是以人的肉体为基础的，所以法人无此权利。所谓物质人格要素，是一个人之所以有肉体生命的各项物质总和，包括生命、健康、身体、劳动能力等。《民法典》第四编第二章关于"生命权、身体权和健康权"规范，就属于物质人格权的范畴。

（一）生命权

生命权，是指以自然人的性命维持和安全生存为内容的物质人格权。《民法典》第1002条规定："自然人享有生命权。自然人的生命安全和生命尊严受法律保护。任何组织或者个人不得侵害他人的生命权。"生命权的客体是生命，生命是人格载体，是自然人作为法律主体的物质基础。生命权的主要权能，是生命利益支配和生命安全维护。基于人道主义伦理原则，自然人对生命利益只能作积极支配，消极支配并不被法律肯定，并且他人有权制止，例如自

【典型案例15】

残、自杀等。生命权非经法律规定并经法定程序宣判，不可剥夺。由于我国没有取消死刑，因此剥夺生命权也是对罪大恶极的犯罪分子的最高刑罚，须有法律规定并经法定程序剥夺。

（二）健康权

健康权，是指自然人以其肢体、器官乃至整体功能利益为内容的物质人格权。《民法典》第 1004 条规定："自然人享有健康权。自然人的身心健康受法律保护。任何组织或者个人不得侵害他人的健康权。"健康权的客体之健康，并非无疾病状态，而是器官、肢体等生理机能的安全运行或功能的常态发挥。

生命权与健康权很难分离，但两者的客体及权利行使内容也确实有别：①生命权在于维护性命持续，对应的是生命终止；健康权在于维护人体的正常生命活动，对应的是不健康状态。②生命权受侵害，生命即终止，具有不可逆转性；健康权遭到侵害，可以恢复健康或部分恢复健康。③生命不可处分，自杀不属于权利；人的健康允许处分，如拒绝治疗、放弃治疗或自愿接受新药、医疗器械的临床试验等。

生物技术的进步，对人的身体研究已细分到基因、胚胎等微观层面，基因编辑技术犹如"分子剪刀"可以随意改变生物体的遗传特征或使生物体发生突变。为防患于未然，避免该技术危害人的健康，《民法典》第 1009 条规定："从事与人体基因、人体胚胎等有关的医学和科研活动，应当遵守法律、行政法规和国家有关规定，不得危害人体健康，不得违背伦理道德，不得损害公共利益。"新兴的基因技术对人体健康究竟会带来福祉还是损害，或者兼而有之，现在科学还是不能完全说清楚，如转基因食品。因此，法律也不能过度干预或限制，人们还是需要自己警惕。

（三）身体权

身体权，是指自然人支配其器官、肢体的物质人格权。《民法典》第 1003 条规定："自然人享有身体权。自然人的身体完整和行动自由受法律保护。任何组织或者个人不得侵害他人的身体权。"法律对身体权的规定，包含身体之机体和身体之行动两个方面，从权利类型看，前者属于物质人格权，后者属于精神人格权。所以，这里只论及物质人格之身体权，身体之自由在精神人格权部分阐述。

身体作为一个整体，不可让与、不可被凌辱，但基于人道主义伦理，血液、皮肤、脊髓或某个器官，允许捐献，但不允许买卖。《民法典》第 1007 条第 1 款规定："禁止以任何形式买卖人体细胞、人体组织、人体器官、遗体。"捐献须以书面方式，且目的是救死扶伤的医疗救治，一切有偿的买卖行为皆属无效行为。

身体权与健康权不同：①身体权强调的是身体完整、自由支配；而健康权强调的是内部机能和外部组织的生理机能正常运作。如往他人脸上泼硫酸，构成健康权损害；而往他人脸上泼脏水，不会给受害人造成生理机能损害，却侵害他人身体支配权。②在健康权受损害而只能获得部分恢复时，身体的完整性亦即不复存在，如车祸受伤，经医疗救治虽恢复健康，但终身残疾，身体不再完整，身体权仍受到了侵害。③损害身体权的救济，主要是与治疗相关的费用；损害健康权的救济，则是康复费用。

（四）劳动能力权

劳动能力权，是指自然人有用自己的脑体创造财富或提供劳务的物质人格权。只有健康的身体，才有可使用的劳动能力。所以，劳动能力权与健康权密不可分，没有健康权，也就没了劳动能力；健康受损，劳动能力也减损。劳动是人维持自我生存和自我发展的手段，也是我国社会主义阶段的物质分配的基本原则。《宪法》第 6 条规定："实行各尽所能、按劳分配的原则。"所以，劳动能力权就具有了独立的价值，成为独立的物质人格权类型。《民法典》虽然没有直接列出该项权利，但在其他诸多条文中，承认该项权利。如该法第 1179 条规定人身损害赔偿范围中，包含"残疾赔偿金"，本质上就是对劳动能力权的救济。

劳动能力权与健康权的不同在于，健康权保护的是人体生理机能的正常运作，劳动能力权保护的则是输出劳力或创造劳动价值的体力及脑力运动。因此，侵犯劳动能力权，即构成对自然人谋生手段的损害，劳动作为社会主义经济制度中维护人的生存的基本途径，维护劳动能力权具有特殊价值。

四、精神型人格权

精神亦包括心理，精神型人格权是指自然人对其精神性人格要素的不可让与的支配权的总称。精神型人格权，依其功能，可区分为表征型人格权、自由型人格权、尊严型人格权。

（一）表征型人格权

自然人参与民事法律关系，须有特定识别符号与他人区别。姓名与肖像，即为最常见的标记和表征当事人的符号。随着互联网、数字化技术的发达，已经出现用特定的数字符号表征当事人，这个数字符号衍生的权利也可被列入表征型人格权，如人脸、声音、眼球等的数字识别符号。2021 年 8 月 20 日公布的《中华人民共和国个人信息保护法》对单位、公共机构使用个人身份数字识别设备，提出了限制性要求，未来随着这方面技术进步和普遍性使用，会给人格权新类型提供现实依据的，那时完善人格权立法就水到渠成了。

表征型人格权最主要的权能有两项：①设定与变更，如起名、肖像制作及变更；②专用，表征符号只能为表征特定人专用，同时又与自然人分离，如姓名与肖像可作为字号、图形商标等知识产权客体。《民法典》第 993 条规定：“民事主体可以将自己的姓名、名称、肖像等许可他人使用，但是依照法律规定或者根据其性质不得许可的除外。”

1. 姓名权。是自然人对于姓名的设定、变更及专用的人格权。

所谓姓名，包括姓与名。姓亦称姓氏，是表示家族系统的符号，无从选择；名则是表征自然人的文字符号。因此，设定姓名主要在于取名。姓名有登记姓名和不登记姓名之分，登记姓名属户籍记载事项，每个人只限于一个正式姓名；非登记姓名，如笔名、假名、艺名、网络用名（包括网络社交平台、QQ、微信）等，只要不违反公序良俗原则，可自由设定。姓名的重新设定，即为变更，登记姓名作为正式姓名，变更须经法定程序并经公示，非依法变更不生变更效力。

姓名是表征自然人身份的专属性权利，假冒、不正当使用、干涉及该使用而不使用，都是侵犯姓名权的行为。如冒名顶替，用邻居姓名命名宠物，不许他人取名或者侮辱性使用他人姓名等，都构成对姓名权的侵害。

在作品上，作者对作品有标记姓名或者隐名的权利。《中华人民共和国著作权法》（以下简称《著作权法》）第 10 条第 2 项规定：“署名权，即表明作者身份，在作品上署名的权利。”署名权，包括署名和不署名，但根据该法第 22 条的规定，使用他人已发表的作品，则“应当指明作者姓名、作品名称”，不标注他人署名，构成侵权。

2. 肖像权。是自然人对肖像的制作和表征使用的人格权。肖像是肖像权的客体，指采用绘画、雕塑、摄影等艺术手段反映自然人形象特征的作品。《民法典》第 1018 条第 1 款规定："自然人享有肖像权，有权依法制作、使用、公开或者许可他人使用自己的肖像。"

肖像权的权能有：①肖像制作权，可以自己制作，亦可委托他人制作，有权禁止他人未经许可制作自己的肖像。②专用权，即肖像只能表征和表彰自己的权利，有权禁止他人擅自使用自己的肖像或者"张冠李戴"地使用肖像。对于侵犯肖像权行为，在适度范围内可自力制止。③许可他人使用权，《民法典》第 1019 条第 2 款规定："未经肖像权人同意，肖像作品权利人不得以发表、复制、发行、出租、展览等方式使用或者公开肖像权人的肖像。"反推这个条文的涵义，就是经肖像权人的许可，就可以用发表、复制、发行、出租、展览等方式使用，或公开其肖像。

在委托他人制作肖像时，若无相反约定，肖像之著作权属于制作人，制作人为著作权人。若肖像涉及个人隐私、名誉等，著作权人发表肖像作品时，其发表权与肖像人之隐私权、名誉权发生冲突，隐私权、名誉权的位阶应高于发表权，对于涉及个人生活隐私的肖像，擅自公开属侵犯隐私权，如委托他人制作肖像，制作人未经许可公开，属侵犯隐私权。

《民法典》也对肖像权行使作了些限制，即他人合理使用行为不侵犯肖像权。该法第 1020 条分五项规定，基于个人学习、艺术欣赏、课堂教学或者科学研究，及因新闻报道、依法履职、展示特定公共环境和为了维护公共利益或者肖像权人合法权益，可以不经肖像权人同意使用其肖像。

3. 声音权。指自然人对自己声音的使用和表征所体现的人格权益。这是新规定的表征型人格权，但法律没有单独规定，而是镶嵌在肖像权中增加了援用条款。《民法典》第 1023 条第 2 款规定："对自然人声音的保护，参照适用肖像权保护的有关规定。"作为新型人格权，研究还没有完全展开，受侵害情形尚不常见，因此该权利的行使及如何救济，先参照肖像权，待日后司法实践案例增多，民法学术研究提供的理论更加丰富，立法可再行完善。

（二）自由型人格权

精神型人格权的全部价值在于，对人的尊严的维护，而尊严的核心在于自由。人的自由，包括身体自由和意思自由。

自由权，首先是宪法权利。《宪法》第 37 条对这一公民权利作了规定，《刑法》规定了相应的侵犯公民人身权利罪，对违反此规定构成犯罪的，施以刑罚处罚，也由此可见自由权在我国法律体系中的高位阶。

1. 身体自由权。是身体自由行动不受非法干预的人格权。《民法典》第 990 条第 2 款规定了"自然人享有基于人身自由"的权利。人的身体自由，是自由的基础，在身体自由受到非法干涉时，法律赋予当事人自力救助、正当防卫、紧急避险等自力救济的权利，亦可诉至法院，请求停止侵害、排除妨碍、消除危险等。对无民事行为能力、限制民事行为能力人受到监护人非法拘禁的，法律允许其他个人或组织申请法院干预，如前述临时监护。限制他人自由，如非法拘禁等，严重者是要受到刑事制裁的，法律对此是不含糊的。

2. 意思自由权。是意思决定与表达自由并不受非法干预的人格权。

在私法上，胁迫、不法强制他人作违意表示的，当事人可申请撤销违意所谓之行为；对于已发表的观点，作者可以收回或者修改，《著作权法》第 10 条第 3 项规定："修改权，即修改或者授权他人修改作品的权利。"对于强迫他人接受思想观点、宗教信仰等行为，往往也同时限制他人身体自由，可援用侵害身体自由权的救济方式。法律对宗教活动的地点限制，本质上就是维护公众的意思自由，《宗教事务条例》第 41 条规定："非宗教活动场所、非指定的临时活动地点不得组织、举行宗教活动。"民法对格式合同特殊规定，也体现了对消费者意思自由的保护，禁止或限制"霸王条款"剥夺他人的意思自由权。

3. 婚姻自由权。是决定自己结婚、离婚以及不结婚的人格权。民法婚姻家庭编中的婚姻自由，主要局限于结婚、离婚自由，这是作为的自由。从人格权角度看，婚姻自由权还应包括不作为自由，如不结婚自由。原本意思自由权和身体自由权已覆盖了婚姻自由权的内容，结婚、离婚不仅有意思决定，也受身体行动的自由支配，这里将婚姻自由延伸至不作为，以增强对自由权丰富内涵的认识。

（三）尊严型人格权

基于民法身份平等原则，每一个自然人不因地位高低、财富多寡、受教育程度等而不平等，其人格均应受到尊重。

1. 名誉权。名誉，是对特定人的品行、才干、声望、职业操守和身份等方面社会评价的总和，《民法典》第 1024 条第 2 款规定："名誉是对民事主体的品德、声望、才能、信用等的社会评价。"可见，名誉具有社会性特点，是一种外部评价。名誉权，则是保持对其积极评价及享受其利益的人格权。如果是否定性评价，构成"负名誉"，也无所谓名誉权。《民法典》第 1024 条第 1 款规定："任何组织或者个人不得以侮辱、诽谤等方式侵害他人的名誉权。"如果是"负名誉"，所谓"侮辱""诽谤"或许就是描述真实的事实，也谈不上侵犯与否了。

在精神人格权中，名誉权有以下特征：①这个评价是公开的社会评价，俗话说"谁人背后不被说，谁人背后不说人"，如仅仅是私下评价，不为公众所知，也就不构成名誉。②这个评价是不特定的普通人作出的，非特定团体作出的，如是特定团体的评价则是荣誉权客体。③作为精神权利，评价内容特指精神价值，而非事实表述。如说某人会"飞檐走壁"，这是表述事实；说其"天下武功第一"则属于评价。④评价是对生者作出的，对死者的评价是"盖棺论定"，属于对历史人物评价，逝去者因民事权利能力消灭，不再享有任何权利。当然，包括名誉在内的人格权具有团体属性，有可能为其他生者享有或损害其他生者，法律也给死者亲属以救济权，这在下文论及人格权团体性中会阐述。

2. 荣誉权。荣誉，是政府或特定组织给予的积极评价，这个评价的形式可能是荣誉称号、专门奖励等，如劳动模范、电影百花奖等，在中国共产党建党百年时授予的"七一勋章"，就是一种荣誉。荣誉权是对荣誉不可让与的支配及享受其利益的人格权。

荣誉权与名誉权，都是对人的积极评价，两者的不同在于：①荣誉是政府或特定组织按一定程序和规则授予的，而非随意的表扬。如病人送医生"悬壶济世、妙手回春"匾额，只构成名誉，而非荣誉。②评价须是积极的，非消极的，而消极评价构成"负荣誉"，如民间组织搞的"贪官排行榜"，只能说是丑闻，而非名誉。③荣誉可撤销或者剥夺，如中国科学院和中国工程院的"两院院士"，如违背职业操守或受到法律制裁，就可被撤销院士头衔，而名誉则无从撤销和剥夺。

3. 隐私权。隐私，即私人生活中不与人所知的信息，亦称生活秘密。《民法典》第 1032 条第 2 款规定："隐私是自然人的私人生活安宁和不愿为他人知晓的私密空间、私密活动、私密信息。"隐私权，是自然人有不公开其隐私或者控制其隐私的人格权。隐私权的制度价值在于保障私人生活的自由和安宁，该权利相对应的义务，即不要随意干扰或公布他人私生活秘密。《民法典》第 1033 条对生活中常见的侵犯隐私行为作了列举，如电信骚扰、偷拍或窃听他人私密生活、偷拍他人身体的私密部位、处理他人的私密信息等，都属于侵犯隐私权行为，严重的构成违反公法，还要受到行政法、刑法的制裁。

对隐私的控制权，是隐私权的核心权能。只有自然人本人，才有对自己的隐私予以公开的决定权和实施权。这种公开可以向社会，如发表作品，《著作权法》第 10 条第 1 款第 1 项规定："发表权，即决定作品是否公之于众的权利"，未发表的作品即属隐私；自己的隐私亦可以受控制地向特定人公开，如模特向画家、摄影师公开自己的身体以供艺术创作。

自然人对隐私的控制，有三方面的法律限制：①自然人公开隐私，须不违背法律和公序良俗，如在大街上"裸奔"或搞裸体行为艺术，就有伤风化，受到法律的禁止。②政府高级官员或其他公众人物对隐私控制，受到法律一定程度的限制。这里的主要原因是，政府高级官员作为政治人物，其掌握着公权力，一举一动影响甚广，理应接受公众的监督，涉及其个人品行、能力的隐私应予以公开，以维持公信力。其他公众人物，如演艺、体育明星或网红等，由于其职业的公开性，经济利益直接来自诸多"粉丝"，其隐私涉及职业操守的，公众也有权利知晓，以利于选择。当然，公众人物隐私权受限制，仅限于涉及公众利益部分，对与此无关的私生活秘密，仍然享有隐私权。③根据《民法典》第 1036 条第 3 项的规定，为了公共利益可以使用个人信息，这也是对隐私权的一项限制。

4. 反性骚扰。骚扰，是指扰乱他人，使之不得安宁。性骚扰，是指用性暗示言语、动作或者肢体碰触方式阻碍他人的行为，如色情语言或色情动作，即民间所说的"荤段子"。反性骚扰是受害人反对、抗拒、厌恶行为人的性骚扰，以求精神的安宁、身体的安全。性骚扰是否须发生于异性之间，《民法典》并未限定，那么从法律解释上说也可以产生于同性之间。

反性骚扰的客体就是性骚扰，反性骚扰受法律保护，但迄今这项权利没有"名字"，法律只是认可有"反"的权利，但也有学说认为这属于人格利益，不属于权利。根据《民法典》第990条第2款特别规定，反性骚扰即使不是权利，仅是人格利益，也受法律保护。性骚扰侵害的不是贞操，因为贞操之性权利，属于身体权范畴，是自由型人格权；而性骚扰侵犯人的尊严，应属于尊严型人格权或者人格利益。《民法典》第1010条第1款规定："违背他人意愿，以言语、文字、图像、肢体行为等方式对他人实施性骚扰的，受害人有权依法请求行为人承担民事责任。"反性骚扰在本质上，在于维护人格尊严。

性骚扰多见于上级与下级、教师与学生之间。《民法典》第1010条第2款规定："机关、企业、学校等单位应当采取合理的预防、受理投诉、调查处置等措施，防止和制止利用职权、从属关系等实施性骚扰。"法律要求机关、企业、学校要有预防机制和后果处理机制，这条规定已溢出了"平等主体之间"的关系，也缺乏可操作性，如何落到实处还需要在法律实施中提供更多的经验积累。

（四）精神型人格权之"共有"

俗话说"物以类聚、人以群分"。由于精神具有团体特征，一个家族、一个学校、一支军队等团体，会有共同的精神追求。在长期的熏陶和养成中，渐渐形成共有的精神品质，当其中一人的精神人格受到侵害时，团体内的其他成员也会遭受损害，法律对人格权团体性也予以肯认。《民法典》第994条规定："死者的姓名、肖像、名誉、荣誉、隐私、遗体等受到侵害的，其配偶、子女、父母有权依法请求行为人承担民事责任；死者没有配偶、子女且父母已经死亡的，其他近亲属有权依法请求行为人承担民事责任。"这个救济权，不仅给予死者的配偶、子女、父母等直系亲属，还包括近亲属，这个范围已超出家庭，扩展到家族。

【典型案例16】

因此，对于死者的精神人格受到侵害的，近亲属可以行使救济权，请求侵害人承担民事责任，包括停止侵害、排除妨碍、消除危险、消除影响、恢复名誉、赔礼道歉和赔偿损失。而且《民法典》第995条明确非财产责任"不适用诉讼时效的规定"，给予特别保护。

精神型人格的团体范围再扩大，就上升到民族性，就是民族的共同特征，可以说是民族精神。《民法典》第185条规定："侵害英雄烈士等的姓名、肖像、名誉、荣誉，损害社会公共利益的，应当

【课后练习题2】

承担民事责任。"英雄烈士精神，属于民族精神，其受损害后法律如何救济，仅仅承担民事责任，还是不够的。《中华人民共和国英雄烈士保护法》（以下简称《英雄烈士保护法》）对于歪曲、丑化、亵渎、否定英雄烈士的行为，要求电信、网信、公安部门直接干预。该法第 25 条还规定人民检察院可以据此向人民法院提起公益诉讼，该法第 26 条还规定："构成违反治安管理行为的，由公安机关依法给予治安管理处罚；构成犯罪的，依法追究刑事责任。"从《民法典》到《英雄烈士保护法》，构成了对英雄烈士民族性的法律保护体系。

五、个人信息权

个人信息权，是指自然人本人对其集合之个人信息所享有的支配、控制并排除他人侵害的权利。在支配、控制方面，其内容包括信息发布、信息保密、信息变更、信息去除等权能；在排除他人侵害方面，则包括禁止他人非法收集、使用、加工、传输、买卖及公开等。由于个人信息权与特定自然人不可分离，具有不能转让性，属于非财产权范畴，与人格权相近，法律将其置于人格权编。《民法典》第 111 条规定："自然人的个人信息受法律保护。任何组织或者个人需要获取他人个人信息的，应当依法取得并确保信息安全，不得非法收集、使用、加工、传输他人个人信息，不得非法买卖、提供或者公开他人个人信息。"这是信息权受保护的制定法依据。

从权利类型分析，个人信息权是从通信自由发展来的。通信自由权，属于宪法权利。《宪法》第 40 条规定："中华人民共和国公民的通信自由和通信秘密受法律的保护。"在民法上，通信自由属自由型人格权，通信秘密可归入尊严型人格权，属隐私权范畴。在互联网时代，通信权扩展到信息权，《民法典》将对个人信息的保护与隐私权编为一章，道理也在这里。

《民法典》第 1034 条第 2 款对个人信息的定义是："个人信息是以电子或者其他方式记录的能够单独或者与其他信息结合识别特定自然人的各种信息，包括自然人的姓名、出生日期、身份证件号码、生物识别信息、住址、电话号码、电子邮箱、健康信息、行踪信息等。"个人信息是指能识别特定自然人的信息，通常是集合之个人身份信息和财产信息，而非单一信息。因为单一信息有的属于其他权利的客体，如姓名、隐私、存款等；有的单一信息并不属于权利，如出生日期、身份证件编码、行踪、住址、从事职业、就读学校、消费偏好、手机号码等。这些单个信息的集合就具有识别特定自然人的商业价值，如姓名、住址与购房信息集合，就成装修商要揽的客户，手机号码与某消费偏好信息集合，就会成为银行、服务商、销售商的推销对象。所以，即使单个不受法律保护的信息，其集合就受保护。这里将以受保护之集合信息为客体的权利，称为信息权；又因为保护的对象为自然人，所以合称个人信息权。

对于个人信息中的生物识别信息，最高人民法院《关于审理使用人脸识别技术处理个人信息相关民事案件适用法律若干问题的规定》（2021 年 07 月 28 日公布）作了司法解释。人脸信息是自然人特定、唯一和不可更改的信息，具有表征型人格权特征，如同姓名权；人脸信息识别需要生物技术和数字技术作为媒介，无媒介的信息则是隐藏的、私密的。从这个意义上说，人脸信息又具有尊严型人格权特征，一如隐私权。最高法院的司法解释，明确人脸信息作为人格权客体，受民法的保护，同时对商家滥用人脸信息识别、侵犯人格权的行为作了列举。如物业安装小区门禁强制使用人脸识别，并且"不同意就不提供服务"。最高法院这个规定确定合法使用人脸信息权的三条底线：一是单次允诺，即使用一次允诺一次，若以概括允诺使用的即为侵权；二是单独允诺，即允诺的意思须单独作出，而非与其他行为捆绑、混同或强迫他人作出的；三是合法使用，该规定第 5 条规定了应对突发公共卫生事件、为维护公共安全等使用人脸识别技术的。对于使用他人人脸信息侵犯人格权的，根据该规定第 6 条的规定，采取举证责任倒置，由侵权者负举证义务。

【法条链接8】

信息具有可传播特征，网络则提供了更便捷的低成本方式。信息权客体是各种个人信息的汇集，非法收集、传播、买卖这些信息即属于侵害行为。信息权是在进入互联网时代后，出现的新型的民事权利义务关系，该项权益针对的就是肆意收集和买卖个人信息的行为。《民法典》对个人信息保护的规定，有利于遏制这一现象，并规范对个人信息的使用，提醒从业者或因法定或者约定掌握他人信息者，负有的保护他人个人信息的注意义务，为对侵害个人信息的民法救济提供直接的规范依据。《民法典》第 1038 条和第 1039 条对负责处理个人信息或掌握个人信息的信息处理人、法定机构、国家机关等，规定了应尽的注意义务，但对须负担的民事责任规定

不明确。所有人的信息集结，就构成大数据，这就不仅涉及个人信息安全，还关系到国家信息安全。握有大数据的企业、公共机构显然负有对个人和对国家的双重注意义务，其义务如何厘定清楚，这方面的理论研究还很滞后，有待进一步深入研究。

第三章 法 人

本章知识结构图

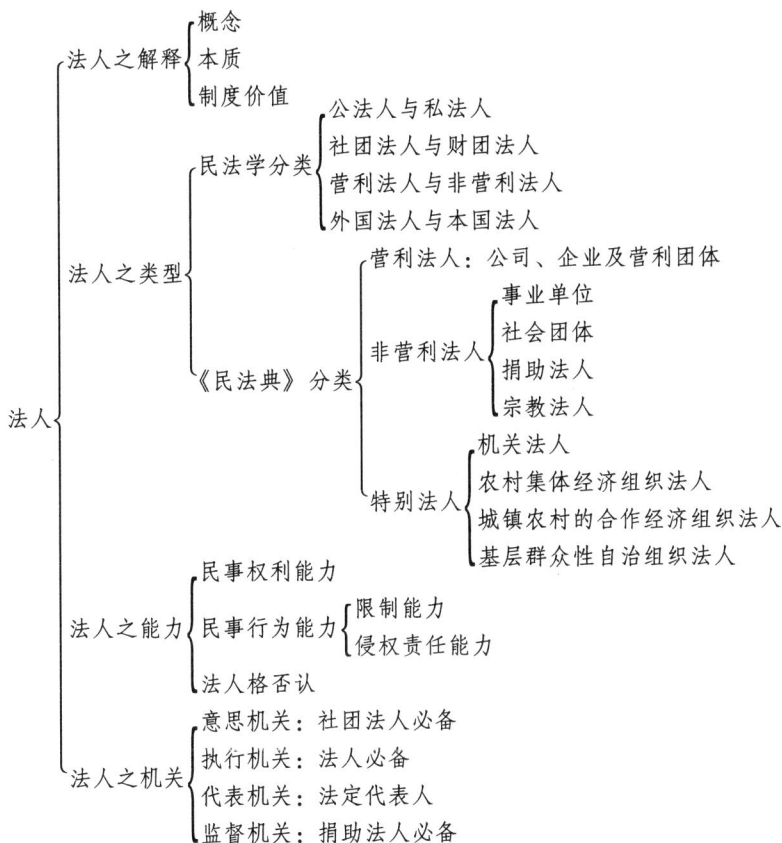

```
           ┌ 法人之解释 ┌ 概念
           │           ├ 本质
           │           └ 制度价值
           │
           │           ┌ 民法学分类 ┌ 公法人与私法人
           │           │           ├ 社团法人与财团法人
           │           │           ├ 营利法人与非营利法人
           │           │           └ 外国法人与本国法人
           │           │
           │ 法人之类型 ┤           ┌ 营利法人：公司、企业及营利团体
           │           │           │
           │           │           │          ┌ 事业单位
           │           │           │ 非营利法人 ├ 社会团体
           │           │           │          ├ 捐助法人
  法人 ────┤           │《民法典》分类┤          └ 宗教法人
           │           │           │
           │           │           │          ┌ 机关法人
           │           │           │          ├ 农村集体经济组织法人
           │           │           │ 特别法人  ├ 城镇农村的合作经济组织法人
           │           │           └          └ 基层群众性自治组织法人
           │
           │           ┌ 民事权利能力
           │ 法人之能力 ┤ 民事行为能力 ┌ 限制能力
           │           │            └ 侵权责任能力
           │           └ 法人格否认
           │
           │           ┌ 意思机关：社团法人必备
           └ 法人之机关 ┤ 执行机关：法人必备
                       ├ 代表机关：法定代表人
                       └ 监督机关：捐助法人必备
```

```
                              ┌ 经登记
                    ┌ 设立  ┤ 经核准
                    │        └ 经特许      ┌ 有设立之规范
          ┌ 法人成立┤        ┌ 依法成立  ┤ 有设立之章程
          │        │        │             └ 须经登记
          │        └ 成立  ┤ 独立财产
          │                 │ 担负财产责任
          │                 └ 有名称机关住所
    法人 ┤
          │                 ┌ 法人之合并┤ 吞并式
          │                 │             └ 新设式
          ├ 法人变更┤       ┌ 法人之分立┤ 新设式
          │                 └             └ 存续式
          │
          └ 法人消灭   法人消灭程序：法人解散→清算→注销登记→法人消灭
```

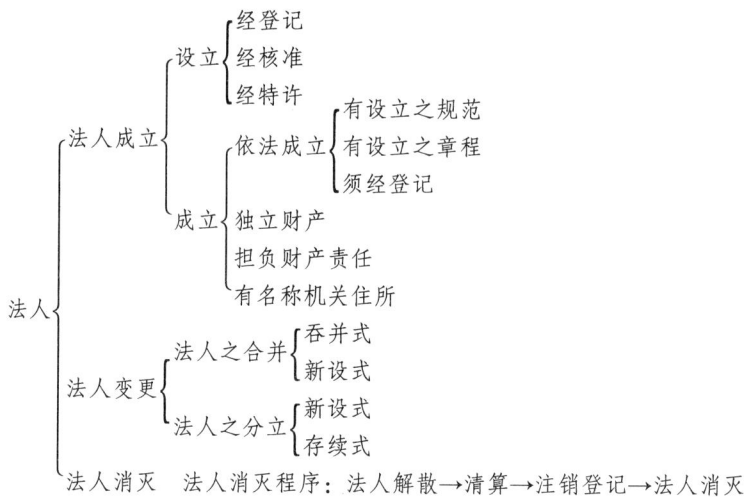

本章重点内容讲解

　　赋予团体民事主体资格，就产生了法人，这是在资本主义推动下，民法在近代的一项创新。对法人的本质虽诸说纷纭，但随着百年多来司法实务经验积累和民法理论的发展，法人理论体系已成型。法人的分类，既是学术提供的认识法人的钥匙，也是管理法人的分类依据，营利法人、非营利法人和特别法人是《民法典》确立的法定类型，很有中国特色。在民事权利能力和民事行为能力方面，法人与自然人有似亦有异，掌握异是重点。法人是"人造之人"，此"造人"的过程，包括设立法人、创建法人内部机构及法人之合并、消灭等诸事宜。自然人"造"出的法人，会不会如《一千零一夜》里放出的那个魔鬼呢？这个担忧不是多余，法人格否认等制度，就是为了消除法人之"魔"性的。

第一节　法人的含义与学说

一、法人之含义

　　法人，是法律赋予民事权利能力的成员结合或者由独立财产组成的团体。《民法典》第57条对法人下的定义是："法人是具有民事权利能力和民事行为能力，依法独立享有民事权利和承担民事义务的组织。"组织、团体、单位，是我国民法中交替使用的概念，用来表达自然人或者财产的组合单元。简而言之，法人是自然人以外的享有民事权利主体资格的团体，是与自然人相对应的"人"，是自然人创造的人。与自然人不同，法人是以一定目的组成的团体或称组织，其可以是由多个自然人结社组成的团体，民法上称为

"社团"，如公司、协会等，其成员享有的权利相应地被称为"社员权"；法人也可以由捐助财产组成，纯粹由捐助财产组成的单位称"财团"，财产一旦捐赠，即归法人所有，捐赠人不再对捐赠财产享有财产所有权，而是由财团享有，如基金会受赠财产。社团与财团，是法人的基本范畴，立法例上普遍使用，具有对法人的说明价值，我国民法未采纳，但作为民法学术的知识体系，还是需要掌握的。

赋予团体或者单位以民事权利能力，使其享受权利、负担义务，是实定法的创造，而非自然法上应然。一句话，法人是"人造人"，前一个"人"指自然人；后一个"人"就是法人。"法人"一词是 12 世纪~13 世纪意大利注释法学派的创造，德国法学家萨维尼（Savigny）则被认为是现代法人理论的开创者，[1]1794 年的《普鲁士普通法典》是最早纳入法人概念的，1896 年公布的《德国民法典》采用后，这个概念就逐渐在大陆民法普及，法人成为自然人之外的又一"人"。

【拓展阅读 21】

从形态上看，法人是抽象的人，并无"真身"；从权利义务关系看，法人又是实在的人，也能扑腾经商、买卖。正如马克思所说："抽象的人只是在法人即社会团体、家庭等之中，才使自己的人格达到真正的存在。"[2]法人就是这样一种抽象的又能让人感受到的存在。

二、法人之解释论

自从法律于自然人外又造出法人以后，法人的本质究竟是什么呢？围绕这一问题，出现了众多的解释法人本质的学说。法学家们围绕着这个问题展开唇枪舌剑的争论，形成了各执一词、派系林立的诸多学说。争执的焦点，在法人究竟是"拟制"设想的人，还是与自然人相同的、完全真实的人。在关于法人本质的争论中形成的学说虽然多产生于 19 世纪或更前，时间上距今已很遥远，不过根据其建构的民法实定法，还延续至今，继续影响着今日的法律制度和司法实务，无法避开。法人究竟是手段还是目的？其与自然人及

---

〔1〕　参见蒋学跃：《法人概念的历史流变及匡正——历史和功能的视角》，载《浙江学刊》2009 年第 5 期。

〔2〕　《马克思恩格斯全集》（第 3 卷），中共中央马克思恩格斯列宁斯大林著作编译局编，人民出版社 2002 年版，第 50 页。

财产是一种什么样的关系？搞清这些问题，对于全面认识法人、澄清法人积极和消极作用，是很有参考价值的。

（一）法人拟制说

该学说以德国历史法学派大家萨维尼（Savigny）及温德沙伊德（Windscheid）为代表，认为自然人的权利能力与生俱来，法人只是由法律拟制为自然人并赋予其权利能力，法人的人格是想象、创造的，法人并无如自然人的意思能力，故法人完全是法律技术的产物。[1]此说恪守罗马法"非自然人无人格"的古训，同时又坚持自然人人格高于法人的立场。

这一学说坚守民法以自然人为终极关怀的悯人之情，在自然人与法人之间划出高低阶梯，指出自然人的意思才是"我"的意志，法人的意思则是"他"的意志，即法人没有"我"，法人本质上只是自然人的工具。这个认识标定了民法的"以人为本"之人，只能是自然人，法人作为工具人，是手段不是目的。启蒙时代大学问家对法人本质的揭示，一针见血警示后人。

（二）法人否认说

该学说完全排斥法人之"人"的观念，认为法人是积聚一定财产的组合，亦即法人只是一堆财产，所以否认法人实体的存在。该说还认为，自然人财产供其自己使用，而法人之财产则为特定之目的之利用，自己并不是最终收益人。故法人只是为一定目的而存在的财产而已，并无人格的存在。对于法人财产的归属，法人否认说旗下又分多说。

以德国学者布林茨（Brinz）为代表的"无主财产说"认为，法人财产为特定自然人存在的，是属人财产；为特定目的存在的，属于目的财产。即法人不是本身财产之主人。以德国法学家耶林（Jhering）为代表的"收益人主体说"认为，法人财产的收益人并不是法人本人，而是收益之个人，只有收益人才是法人财产的真正的主体，如社团之财产收益人是社员，财团之财产则有收益之受益人等。以德国法学家霍德尔（Hlder）为代表的"管理人主体说"认为，法人之财产非属法人本身，而属于管理财产之自然人。如国家之财产属于国家元首，学校之财产属于校长等。[2]

[1] 参见［德］迪特尔·施瓦布：《民法导论》，郑冲译，法律出版社2006年版，第100页。
[2] 参见史尚宽：《民法总论》，中国政法大学出版社2000年版，第139页。

这些学说从财产的视角，揭示法人为谁而设立、为谁而服务，法人没有自己的利益，有的只是被包装的利益外壳。就此而言，这些学说点出了法人的工具性，与法人拟制说有异曲同工之效。

（三）法人实在说

该学说认为法人并非法律技术的创造物，而是社会的实在，认为法人"是与个人完全相同的真实的完全的个人"。[1]即法人是客观存在的，在存在的实在体上，该学说旗下又分两说。

"有机体说"认为，自然人有两种生活：一是为个人意思，二是为共同意思，个人意思存在于个人有机体，共同意思之结合构成社会的有机体。法律对社会有机体赋予人格，谓之法人。[2]该说为日本民法学中关于法人本质的通说。另一"组织体说"则认为，社会有机体并不都能成为法人，只有具有意思能力并适宜于作为权利能力主体的组织体，才是法人。[3]此说被我国民法学界很多教材采纳。

法人实在说撇开价值判断，只看脚下的路，不问前行的方向。从实证法角度看法人，就事论事说明法人的地位和社会角色，尤其是"有机体说"，对法人意思的构成有很大的启示价值。从这个学说认识起点看，只看树木不问森林，很容易迷失方向，学术品格不高。

（四）法人财产说

这一学说认为，应采用一种中性的表述以平息无谓争论。该说认为关于法人拟制说和实在说的争论"是无益之争。人们更倾向采纳中性的表述（neutrale Formulierungen）：法人就其宗旨而言被视为归属载体。维德曼（Wiedermann）称此为'特别财产说（Theorie des Sondervermögens）'。易言之，适用于自然人的规范，应以某种'有限度的类推'方式转适用于法人。"[4]法人须有独立财产，据此法人责任独立于出资人和成员，该说抓住法人的制定法特征，就事论事，不延展"实在"还是"拟制"的纠结。对于法人与自然人地位的比较，该说也是从实定法角度，提出有限度适用，

---

〔1〕　参见［德］卡尔·拉伦茨：《德国民法通论》（上册），王晓晔等译，法律出版社2003年版，第180页。

〔2〕　参见史尚宽：《民法总论》，中国政法大学出版社2000年版，第140页。

〔3〕　参见张俊浩主编：《民法学原理》（上册），中国政法大学出版社2000年版，第175页。

〔4〕　［德］迪特尔·梅迪库斯：《德国民法总论》，邵建东译，法律出版社2000年版，第823页。

"这是肯定中有否定，否定中有肯定"，避开价值判断，仅仅作实证法评价。这个学说的套路，与法人实在说同辙，任何标榜"中立"的，都是伪中立，任何学说都为一定的阶级服务，马克思主义指出的这一点，是颠扑不破的。

三、法人的双重角色

这是揭示法人的两面性，既是推动社会发展的"新人"，又是享受着特权的"魔鬼"。

产业革命以后，随着工厂、铁路、矿山等新兴产业的出现，传统的以家庭、手工作坊或个人为生产单元的经营模式越来越不能满足新的生产方式之需要，一种具有独立人格的，并作为权利义务主体之团体，应运而生。法人出现的最初动因，就是现代生产方式下的资本推动的，赋予商人团体以特权从事商业活动，[1]应该说其对产业革命后的大生产方式，是有其积极作用的。首先，积聚资本的价值，产业革命导致了资本的集中和企业的形成，法人为其提供多个自然人财产组合的"资本积聚"效应，易言之，法人是实现资本扩张的"外壳"。其次，是目的事业之永续性，在理论上法人是"长生不老"的，其目的事业可以用章程锁定，不会因为个别成员的去世而终结，以此保障事业的"长寿"。最后，是经营风险之分散，因法人的责任独立于其出资人，相对于每个成员而言，其承担的法人责任仅仅是出资的那部分，法人的全部风险相对于每一个出资人，也只是部分风险，即使法人倒闭，也就是锁定其出资部分，而不会牵涉出资人的其他财产。

法人的独立财产与出资人的有限责任，使资本所有人借助法人这个外壳，可以无限地获取利润，实现资本的增值；同时通过限制责任，把经营风险毫无障碍地转嫁他人。简而言之，一方面，法人的独立责任，使法人具有独立于出资人承担责任的能力；另一方面，出资人的有限责任，又划定了清偿责任的底线，而取得的权利仍然无限。如马克思所揭示的："资本表现为异化的、独立化了的社会权力，这种权力作为物，作为资本家通过这种物取得的权力，

【拓展阅读22】

---

〔1〕 法人最早的雏形就是有限责任公司。在英国伊丽莎白时代，为了推行对外殖民扩张政策，国王赋予四家公司有代表君主权力的特权，即投资商对公司债务仅承担有限责任，其中就包括中国人耳熟能详的东印度公司。参见［法］保尔·芒图：《十八世纪产业革命——英国近代大工业初期的概况》，杨人楩、陈希秦、吴绪译，商务印书馆1983年版，第70页。

与社会相对立。由资本形成的一般的社会权力和资本家个人对这些社会生产条件拥有的私人权力之间的矛盾，越来越尖锐地发展起来，并且包含着这种关系的解体，因为它同时包含着生产条件改造成为一般的、公共的、社会的生产条件。"[1]法人的独立责任遮蔽了出资人担负的有限义务和享有无限权利的特权本质，这也是资本市场翻江倒海，尤其是股票市场恶意操纵、黑幕不断，且永无穷尽的根源所在。

法人以有限责任公司为蓝本塑造，其他类型的法人都是"搭便车"的。

四、法人的社会责任

在法人中，营利法人以给出资人创造利润为目的，获利是营利法人的主要责任。利益最大化的目标使法人与社会、与市场的矛盾日益尖锐，侵犯员工权益、污染环境、过度消耗资源等弊端日益显现，破坏了社会可持续发展的要求；在互联网时代，有企业利用大数据获取的用户隐私牟利，推送广告、买卖个人隐私等，不仅损害个人安宁，还危及国家安全。于是，对法人提出了"社会责任"的要求，既有学说推动，也有法律的介入。《民法典》第86条规定："营利法人从事经营活动，应当遵守商业道德，维护交易安全，接受政府和社会的监督，承担社会责任。"

法律对营利法人的"承担社会责任"要求，主要还是宣示性的"软指标"，因此还缺少具有可操作性的法律条款。从法律关系看，法人与社会，已溢出民法调整的平等主体范畴，性质上已不属于民事法律关系。将法人的社会责任规范在私法中，只是代表社会的一种要求，必须有公法私法、公共政策、舆论监督共同推进，才能逐渐落地。如中共中央、国务院发布的《优化生育政策促进人口长期均衡发展的决定》第21条就规定："将生育友好作为用人单位承担社会责任的重要方面，鼓励用人单位制定有利于职工平衡工作和家庭关系的措施，依法协商确定有利于照顾婴幼儿的灵活休假和弹性工作方式。"这就是法律与政策共同推进的一个范例。

---

〔1〕〔德〕马克思：《资本论》（第3卷），中共中央马克思恩格斯列宁斯大林著作编译局译，人民出版社2004年版，第293~294页。

第二节　法人的类型

一、概述

20 世纪 80 年代的《民法通则》，建构的法人类型有四类，即企业法人、事业单位法人、社会团体法人和机关法人。这是根据国家对法人的管理需要所作的分类，而不是根据法人的特点区分的。如区分企业法人和事业单位法人，着眼点是根据政府管理和登记部门，而社会团体法人，既融合了《宪法》第 35 条赋予公民的"结社自由"权利，同时也考虑团体参与社会公共事务的职能，如妇联、工会等。《民法典》继受《民法总则》，对法人的分类做了颠覆性改变，这是对《民法通则》所作的大修改之一。法人根据参与社会活动的角色，被分为营利法人、非营利法人和特别法人三类，只有营利法人是市场角色，其他法人可以参与民事活动，但不是市场经济主体。这是我国确立实行社会主义市场经济体制后，作为上层建筑的法律所作的适应性调整，是符合马克思主义历史唯物论的。

《民法典》规定的法人类型，既兼容了《民法通则》为了便于对法人管理的类型划分，又兼顾了民法学说根据法人特征所作的划分。但《民法典》对法人分类的出发点，还是在于政府对法人的管理，对于学说则是按实用主义作取舍，割裂了法人类型化的分层逻辑链。因此，要掌握《民法典》对法人的分类，就需要梳理清楚民法对法人所作的学术区分，把分类逻辑理顺。

二、民法学分类

（一）公法人与私法人

通说是按法人的设立行为所依据的法律对法人的区分。公法人是依公法或者公权设立的法人，如《民法典》规定的机关法人、基层群众性自治组织法人等，都是依公法设立的法人，本质上属于公法人；私法人则是以私法为依据设立的法人，如依企业法、公司法、合作社法等依据私法登记设立的，都属私法人。

公法人与私法人的区分，其意义在于：①两者在法律适用上不同，私法人间发生的权利义务，属民事法律关系，受民法调整；公法人之间的关系属公法关系。②公法人与私法人之间的关系，若是基于公法人的公权力发生的，属于行政法律关系，例如税收、征收征用、拆迁、国家赔偿等，应适用公法；若非以公权力之运用发生的，则属于私法关系，如公法人通过招标购买办公用品、修建办公楼等，则由民法调整。

（二）社团法人与财团法人

在私法人中，按法人成立的基础关系对法人再作区分，法人可以分为社团法人与财团法人。这也是大陆法系民法对法人的最基本划分，其对法人的管理也是以此为依据的。该项分类没有被我国《民法典》采纳。

社团法人是以人为基础成立的法人，因此也称人合法人。人合中的"人"，可以是自然人，也可以是法人。社团法人之成员称社员；社员享有的权利称社员权。典型的社团法人有公司、协会、合作社等。财团法人则是以捐助财产为基础成立的法人，亦称捐助法人，即该法人由捐助财产组成，没有成员当然也没有"人"。财团法人的人格就是财产，最典型的财团法人是基金会。捐助人与投资人不同，在捐助财产后，即与法人脱离关系，对于财团的收益是不能享有任何权利的。

社团法人与财团法人的区别，对认识法人结构很有启示价值。①两者的设立基础不同。社团法人须有社员方可设立，无社员当无社团可言，虽也有财产，但该财产亦是获得社员权的对价，若无此财产，也不成为社员。在财团法人中，捐助人捐出财产后，财产即归法人所有，捐助人不能获得相应的对价，该捐助财产成为法人的基础。②两者的目的事业不同。社团法人既可为营利事业，如公司、银行等，亦可为公益，如志愿者协会等。而财团法人因与出资人作了财产"切割"，所得捐赠财产或获利只能由特定或非特定的出资人以外的人受益，广义上就属公益事业，也就是财团法人本质上就属于公益法人。③两者的意思机关不同。社团法人以人为基础成立，其意思机关当然得由这些人来组建，以决定法人事务，如股东会决定公司事务等，故社团法人也称自律法人。而财团法人，因无成员，所以无意思机关，其目的事业须以捐助人或遗赠人的意思为之，故财团法人也称他律法人。④两者所受限制不同。财团法人因无意思机关，其执行机关是否按捐助人意思行事，就需要有人监督。《民法典》第93条第3款规定："捐助法人应当设监事会等监

督机构。"即监督机构是财团法人的必设机构。此外，还要有捐助人、主管机关的监督。《民法典》第 94 条第 2 款规定："捐助法人的决策机构、执行机构或者法定代表人作出决定的程序违反法律、行政法规、法人章程，或者决定内容违反法人章程的，捐助人等利害关系人或者主管机关可以请求人民法院撤销该决定。但是，捐助法人依据该决定与善意相对人形成的民事法律关系不受影响。"由此看，财团法人不仅受监督机构及利害关系人的监督，还要受政府部门的监督和管理。在社团法人，即使法人违法，也只能通过司法程序施以罚则，任何人包括政府不能直接撤销或代替社员形成法人意思。⑤两者在剩余财产分配上也不同。在社团法人，其终止时，经清算后有剩余财产的，须按章程或者社员大会的决议，分配给社员。在财团法人，其捐助人一旦将财产捐给法人，就丧失所有权，在该法人终止时，当然也无返还请求权。《民法典》第 95 条规定："为公益目的成立的非营利法人终止时，不得向出资人、设立人或者会员分配剩余财产。"这里的非营利法人，就是直指捐助法人，不包括事业单位法人。

（三）营利法人与非营利法人

《民法典》第 76 条第 1 款规定："以取得利润并分配给股东等出资人为目的成立的法人，为营利法人。"所谓取得利润并分配给出资人，是指该法人的目的，而非指客观现实。易言之，只要有这个目的，即使没有取得利润，亦无盈利可分配，也不影响该法人属营利法人。对于法人的营利，法学与经济学的标准不同。经济学上一般认为以营利为目的，即为营利；而民法学上认定营利须有"营利为目的"和将"该营利分配给出资人"两个要件。

营利法人和非营利法人，是我国《民法典》中法人的基本分类。根据这一分类，构建对法人的设立、登记、管理、监督以及所承担民事责任等的法律体系。

财团法人本质上须为公益，当然地属于非营利法人。所以，营利非营利是对社团法人的再分类。即将社团法人再分为营利法人、非营利法人和中间法人。营利法人，是指法人之目的事业为营利并使其社员享受营利收益之社团法人，最典型的营利法人是公司；非营利法人，是指以非营利之社会服务为目的事业之法人，如公立学校、公立医院；既难归于营利法人，又不宜认定为公益法人的，则归入中间法人，如为成员提供方便或者代表协会成员与政府沟通的

【拓展阅读 23】

行业协会，以及合作社、俱乐部等。事业单位改革中，一些自收自支的国有科研院所也被改制为有限责任公司，分析其业务范围和营利能力，归在营利法人很勉强，归在中间法人，理论依据又不足，需要进一步研究。

（四）外国法人与本国法人

如何区分外国法人与本国法人，是个实定法上的问题。有按设立地为标准的，也有以主营业场所所在地区分的，甚至还有按出资人国籍区分的。民事法律关系是一个开放性的法律关系，无关乎国内国外，这个区分主要是基于法人的法律适用及行政管理上的需要。《中华人民共和国公司法》（以下简称《公司法》），第191条规定，"本法所称外国公司是指依照外国法律在中国境外设立的公司"。该法第195条规定，外国公司属于外国法人，其在中国境内设立的分支机构不具有中国法人资格。《涉外民事关系法律适用法》第14条第1款规定："法人及其分支机构的民事权利能力、民事行为能力、组织机构、股东权利义务等事项，适用登记地法律。"这些规范可作为我国制定法对外国法人的判断依据，也就是按照法人设立所依据的法律，区分外国法人与本国法人。简单说来，就是按照外国法设立的法人就是外国法人，按照中国法设立的法人就是中国法人。这几年随着国际贸易关系的紧张，有些国家以"国家安全"为由，按出资人国籍对企业法人的出资人进行"政治审查"，这个动向值得关注。

三、《民法典》之法人分类

《民法典》法人一章，将法人分为营利法人、非营利法人和特别法人。从民法的学术角度看，这是将几重分类标准叠加所作的划分，并不是取单一标准的逻辑分类。如特别法人相对的应是普通法人，民法中并没有这一类型。再如有财团性质的捐助法人，却没有对应的社团法人。所以，《民法典》的法人分类，是对法人的非逻辑归类，立法取此方法，一方面是满足对法人管理的需要，另一方面也反映外来民法分类无法归纳中国的现实，而中国本土的民法学又没有能通过创新来适应之。所以，只能削足适履，不能制履适足，这反映了民法学对现实的研究不足。

（一）营利法人

营利法人，是指法人之目的事业为营利并使社员享受其收益之社团法人。符合这两个法律要件的法人，都是营利法人。

对于营利法人的类型，《民法典》第 76 条第 2 款规定："营利法人包括有限责任公司、股份有限公司和其他企业法人等。"即法律规定的营利法人包括公司与其他企业法人两类，而《公司法》第 3 条的规定："公司是企业法人。"结合《公司法》的规定看，《民法典》规定的营利法人，主要是指企业法人。再对比《民法通则》，《民法典》只是换个角度，用营利法人的概念取代企业法人，不过涵盖面更广。所谓其他企业法人，应该指依《中华人民共和国中外合资经营企业法》、《中华人民共和国中外合作经营企业法》、《中华人民共和国外资企业法》（以下简称《外资企业法》）、《中华人民共和国乡镇企业法》等企业法设立的非公司企业法人。

私人办的医院、学校、养老院、护理院、食堂等，虽无公司或企业之名，若以营利为目的并分配利润的，也属于营利法人。

从"企事业单位"并用看，企业是我国行政管理中长期使用的概念。《中华人民共和国企业法人登记管理条例》第 2 条将企业区分为全民所有制企业、集体所有制企业、私营企业、联营企业、中外合资经营企业、中外合作经营企业和外资企业和其他企业等。法律概念需要内涵确定，不易发生歧义，但企业却不符合这样的要求。首先，在财产形态上，企业是由资金、动产、不动产及知识产权构成的集合财产，当这个财产用于生产经营并登记为法人时，这个"财产"就构成法人的"主体人格"。其次，当这个财产以"产权"面目在市场上交易时，又被作为"企业产权"买卖，成为法律关系的客体。主体与客体的错位，是这个概念不科学的原因。民法把企业作为主体，但很多政策性文件把企业作为客体。[1] 在这里企业就是集合财产的代名词，不再具有"人"的属性。因此"企业"的内涵具有不确定性，作为法律规范的基础法人类型，不很妥当，《民法典》以营利法人替代企业法人，就法律技术而言，是一个进步。

（二）非营利法人

非营利法人，是指以非营利之社会服务为目的事业的法人。《民法典》第 87 条第 2 款规定："非营利法人包括事业单位、社会

---

〔1〕 如 2006 年 12 月 31 日公布施行的《国务院国有资产监督管理委员会、财政部关于企业国有产权转让有关事项的通知》。

团体、基金会、社会服务机构等。"从法律的列举看，非营利法人主要职能就是提供社会服务、公益服务，可以归为广义的公益法人。

1. 事业单位法人。事业单位法人是指由国家出资的，以公益或社会服务为目的事业的非营利法人。《事业单位登记管理暂行条例》第2条第1款规定："本条例所称事业单位，是指国家为了社会公益目的，由国家机关举办或者其他组织利用国有资产举办的，从事教育、科技、文化、卫生等活动的社会服务组织。"该条例第15条第1款还规定："事业单位开展活动，按照国家有关规定取得的合法收入，必须用于符合其宗旨和业务范围的活动。"即事业单位取得之营利，不得向设立人和出资人分配，须用于其设立宗旨限定的业务。所以，从设立目的和营利去向看，事业单位属于非营利法人。

事业单位按设立人的性质分为两类：一类是由国家机关举办，即《事业单位登记管理暂行条例》第11条第2款规定的"县级以上各级人民政府设立的直属事业单位"，如政府举办的学校、科研院所、医院、图书馆、博物馆等；另一类则是指国有企业或直属事业单位兴办的事业单位，如国有企业兴办的具有法人资格的研究所、学校、医院等。

从财产来源看，事业单位有财政全额拨款、差额拨款和自收自支三种；从创设目的看，事业单位是从事公益或社会服务的非营利法人，这对限定事业单位法人的民事活动范围，有认识价值。即事业单位虽然面向市场提供服务，但不是完全的市场主体，其服务质量和收费标准受到其主管部门、财政及社会大众的普遍监督。在依靠财政拨款的事业单位法人，国家还对其经费使用，有严格外部监督。《事业单位登记管理暂行条例》第16条规定："事业单位必须执行国家有关财务、价格等管理制度，接受财税、审计部门的监督。"事业单位作为非市场主体，自主权有限，其收费标准、经费流向、服务范围等，都有严格的限制，防止其打着服务的旗号，行高价收费、谋部门私利之实。

【法条链接9】

2. 社会团体法人。

（1）含义及性质。《社会团体登记管理条例》第2条第1款规定："本条例所称社会团体，是指中国公民自愿组成，为实现会员共同意愿，按照其章程开展活动的非营利性社会组织。"民法肯定社会团体，是《宪法》规定的公民享有"结社自由"政治权利的体现，因此限定由中国公民组成的团体。外国社会团体在中国活动，则要根据《中华人民共和国境外非政府组织境内活动管理法》（以下简称《境外非政府组织境内活动管理法》）的规定，依法进行。

社会团体除法律有特别规定，须经登记设立，并有自己独立的经费来源。《社会团体登记管理条例》第 10 条第 5 项规定："全国性的社会团体有 10 万元以上活动资金，地方性的社会团体和跨行政区域的社会团体有 3 万元以上活动资金。"但《社会团体登记管理条例》第 3 条特别规定，参加中国人民政治协商会议的人民团体、国务院批准免于登记的团体、单位内部活动的团体等则无须登记。

须说明的是，社会团体法人与社团法人不是一个概念。社会团体是按照财产来源及政府管理法人所需规定的法人类型；而社团法人是按设立基础对法人所作的学术区分。

（2）设立原则。《宪法》第 35 条规定了公民有"结社自由"，设立社会团体就是源于宪法对公民权利的保障。但为了防止社会团体被居心叵测之人利用而危害国家安全和公共利益，法律对社会团体的设立有一定的限制，这个限制主要体现在两大设立原则：①前置审查原则，即设立社会团体，须经前置的审查程序。《社会团体登记管理条例》第 3 条第 1 款规定："成立社会团体，应当经其业务主管单位审查同意，并依照本条例的规定进行登记。"即设立社会团体须先由与其性质、类型对口的业务主管机关审批，经审查合格并批准其设立后，持审查批准的相关批文，方能进行法人登记。②区域内单一性原则，即在同一行政区划内，只能设立一个相同专业的社会团体。《社会团体登记管理条例》第 13 条第 2 项规定的不批准设立的社会团体，就有"在同一行政区域内已有业务范围相同或者相似的社会团体"。如在同一区域内已有律师协会，其他律师只能加入，不能再另行设立同类职业协会。

（3）社会团体与人民团体。人民团体是指由中国共产党领导的，按各自章程组成、从事特定社会活动的全国性社会团体。人民团体是社会团体之一种，具有法人资格。人民团体与其他社会团体的不同表现在下列诸方面：①在地域与规模上，人民团体必须是全国性团体，在地方有下属分支；②在设立上，人民团体无须登记；③在财产来源上，人民团体完全由国家财政拨款，待遇与国家机关相同；④在目的事业上，人民团体都是担负特定的社会管理职能的政治团体，如工会、妇联、共青团、残疾人联合会等，是中国共产党联系各界群众的纽带和桥梁，全国侨联等还是统一战线的组织形式；⑤在参政议政方面，人民团体还是全国人民政治协商会议的成员单位，并负有政府授权的管理职能，如残联对残疾人认定及发证。

3. 基金会。在民法学分类中，基金会属于财团法人，即以捐助财产设立之基金成立的法人，属当然的非营利法人，不是营利与非营利分类意义上的非营利法人。在我国法律中，基金会被列入社会团体，《公益事业捐赠法》第 17 条谓之"公益性社会团体"，《民法典》称之捐助法人，与社会团体法人并列，也是为了特别加强对捐助法人的监督和管理。

4. 宗教法人。狭义的宗教法人，指宗教协会，广义的宗教法人，还包括宗教场所。

宗教协会属于社会团体法人，如中国佛教协会、中国道教协会等。《宗教事务条例》第 7 条第 1 款规定："宗教团体的成立、变更和注销，应当依照国家社会团体管理的有关规定办理登记。"即宗教团体须是经社会团体登记的，非经登记的"地下教会"，既不属于法人，也不属于非法人团体，是须被取缔的非法组织。

宗教场所，包括寺庙、道观、教堂、清真寺等经合法登记的宗教建筑物，都必须经登记。《宗教事务条例》第 22 条规定，"宗教活动场所经批准筹备并建设完工后，应当向所在地的县级人民政府宗教事务部门申请登记"。其中符合法人条件的，《民法典》第 92 条第 2 款规定："依法设立的宗教活动场所，具备法人条件的，可以申请法人登记，取得捐助法人资格"；若不符合捐助法人条件的，按《民法典》第 103 条的规定，登记为非法人组织。

【法条链接10】

（三）特别法人

《民法典》第 96 条列举了特别法人的类型："本节规定的机关法人、农村集体经济组织法人、城镇农村的合作经济组织法人、基层群众性自治组织法人，为特别法人。"这四类法人中，机关法人、基层群众性自治组织法人属于公法人，农村集体经济组织法人、城镇农村的合作经济组织法人，其性质比较复杂，很有中国特色。在《民法典》以营利法人和非营利法人作为基本分类的法人框架中，这四类法人找不到对应的位置，确实"特别"。公法人应无须登记，自设立时成立，颇为特别；而农村集体经济组织法人、城镇农村的

合作经济组织法人,作为经济组织面向市场,有营利属性,但目的是为集体成员谋福利,营利只是手段,不是目的,也很特别。

1. 机关法人。机关法人是指有独立预算经费的国家各级领导机关及法定机构。国家机关,包括各级人民代表大会及常委会、人民政府、监察委、法院、检察院、军事机关等。机关法人的设立,直接按法律规定进行,无须登记。《民法典》第 97 条规定:"有独立经费的机关和承担行政职能的法定机构从成立之日起,具有机关法人资格,可以从事为履行职能所需要的民事活动。"该条所指的法定机构,应是指县团级以上各级共产党组织、中国人民政治协商会议及各民主党派、人民团体及临时性机构,如北京冬奥会组委会,法定机构准用民法上对机关法人的规定。

2. 农村集体经济组织法人。农村集体经济组织法人,是完全具有中国特色的法人。要说清楚这个概念,就须了解中国农村土地集体所有的来历。中华人民共和国成立初期实行土地改革后,实现了"耕者有其田",20 世纪 50 年代开始了农业合作化运动,至 50 年代末成立了人民公社,农村土地由私有改为集体所有。由于人民公社有公社、大队、小队三个层级,根据 1962 年中共八届十中全会通过的《农村人民公社工作条例》明确规定,人民公社实行"三级所有,队为基础",即生产队是集体土地的所有权人,实行队一级独立核算的集体经营模式。开始于 20 世纪 70 年代末的家庭联产承包制改革,在保留土地集体所有权的前提下,将集体土地按户及人口分配到农户,实行集体所有、家庭经营模式,由农户与农村集体经济组织签署土地承包合同。同时解散人民公社及各级组织,恢复乡(镇)政权,在村一级恢复村民委员会作为群众自治组织。

农村承包制改革带来了一个法律问题,即人民公社及生产队解体后,由谁来充任集体土地所有权的所有人?对少数未进行联产承包制改革的,原来的生产大队就径直改制为集体经济组织,由其作为集体所有权人,也就是《民法典》所称的农村集体经济组织法人,如著名的江苏华西村、河南南街村等地集体组织。在实施承包制改革、集体经济组织已解体的大部分农村,由谁来代表集体作为承包合同的发包方,就成了一个空白。好在村委会通常是由生产大队改制而来的,由村委会充任集体土地发包人,成为事实上的"影子"集体经济组织。但其性质上是农村基层的自治组织,管理集体经济、作为承包合同发包方,并无法律依据,名不正言不顺。《民法典》对此作了补救，该法第 101 条第 2 款规定："未设立村集体经济组织的，村民委员会可以依法代行村集体经济组织的职能。"这一条弥补这个漏洞，不过村委会代行职能也毕竟只是"代理人"，从宪法、土地法到民法，都肯定农村土地集体所有，却没有所有权人，这个制度性缺口不是民法能够解决的。

3. 城镇农村的合作经济组织法人。城镇农村的合作经济组织法人，是指根据《中华人民共和国农民专业合作社法》（以下简称《农民专业合作社法》）设立的农村集体经济组织，这与农村集体经济组织法人不是同一个概念，否则法律也不会分别规定。《农民专业合作社法》第 2 条规定："本法所称农民专业合作社，是指在农村家庭承包经营基础上，农产品的生产经营者或者农业生产经营服务的提供者、利用者，自愿联合、民主管理的互助性经济组织。"农民专业合作社，包括以承包土地入股的土地股份合作社以及农产品种植、加工、产销、运输等各种形式的专业合作社。农民专业合作社主要是引导农民实行分工合作、走集体化的规模经营道路，提高农业生产力，以强扶弱，共同富裕。

农民专业合作社由农民自愿组成，须经设立登记才得成立。《农民专业合作社法》第 5 条第 1 款规定："农民专业合作社依照本法登记，取得法人资格。"这就是城镇农村的合作经济组织法人的设立依据。这一类法人性质多样，有纯为农户服务的，可算公益法人；有既搞服务，又对外营业牟利的，民法上谓之中间法人；合作起来就是对外营利的，实际上就是营利法人，如合作搞民宿旅游的。

【典型案例 17】

4. 基层群众性自治组织法人。基层群众性自治组织，按《宪法》第 111 条第 1 款规定："城市和农村按居民居住地区设立的居民委员会或者村民委员会是基层群众性自治组织。"居民委员会和村民委员会，简称居委会和村委会，是分别根据《中华人民共和国城市居民委员会组织法》（以下简称《城市居民委员会组织法》）和《中华人民共和国村民委员会组织法》（以下简称《村民委员会组织法》）成立的，《民法典》赋予其法人资格，在法人类型上，应属于公法人。

居委会和村委会的设立、调整和撤销，由法律直接规定。《城市居民委员会组织法》第 6 条第 2 款规定："居民委员会的设立、撤销、规模调整，由不设区的市、市辖区的人民政府决定。"《村民

【拓展阅读 24】

委员会组织法》第 3 条第 2 款规定："村民委员会的设立、撤销、范围调整，由乡、民族乡、镇的人民政府提出，经村民会议讨论同意，报县级人民政府批准。"居委会和村委会虽然不是一级政府，但其工作是受上一级政府指导的，民法给予其法人名分，使其在民事活动中有一个私法身份。

第三节　法人的能力

一、法人之民事权利能力

（一）性质

对于法人权利能力之性质，学说上存在两个争议的问题：

1. 法人民事权利能力承载的权利。法人无身份能力、物质人格，自无疑义，但还有民法学者否定法人的精神人格，认为法人的"权利能力是指充当财产载体的能力"。[1]《民法典》第 110 条第 2 款明确规定："法人、非法人组织享有名称权、名誉权、荣誉权。"肯定了法人权利能力不独是财产能力，还包括精神能力。如果与自然人具有全面的人格权相比，法人的民事权利能力范围，即使包括精神人格，那也是有限的，如身体权、健康权、生命权就不能享有，再者法人的名称权、名誉权、荣誉权等，应具有可让与性，其精神特征也不相符。

2. 法人的限制民事权利能力问题。在性质上，法人民事权利能力属于限制权利能力，如法人只有财产能力而无身份能力，法人只能取得与设立宗旨或章程所匹配的民事权利和民事义务等。因此，法人的权利能力受目的事业的限制，具有特殊性。也有学者提出相反的观点，认为法人的权利能力固然受到限制，但自然人权利能力也有被限制的，如自然人不得从事金融保险业等，岂不也是限制权利能力？即若法人和自然人的权利能力都是限制权利能力，限制权利能力的提法也就无意义了。[2]法人是"人造之人"，是自然人为实现某种目的"制造"的工具，是"木偶"。木偶自无精神能力可言，而法律对自然人民事权利能力的限制，主要是实定法的规

---

〔1〕　［德］迪特尔·梅迪库斯：《德国民法总论》，邵建东译，法律出版社 2000 年版，第 857 页。
〔2〕　参见［德］迪特尔·梅迪库斯：《德国民法总论》，邵建东译，法律出版社 2000 年版，第 820 页。

定，而对法人的民事权利能力限制，不仅体现于实定法，也符合事物规律和性质，具有自然法上的认识价值。

（二）法人民事权利能力之始期与终期

《民法典》第59条规定："法人的民事权利能力和民事行为能力，从法人成立时产生，到法人终止时消灭。"即法人的民事权利能力与民事行为能力同时产生，亦同时消灭，这一点与自然人不同。

1. 始期。所谓"成立时产生"，即指法人能力取得的始期。对于营利法人，《民法典》第78条规定："依法设立的营利法人，由登记机关发给营利法人营业执照。营业执照签发日期为营利法人的成立日期。"对于非营利法人，区分须登记和无须登记两类。《民法典》第88条规定："具备法人条件，为适应经济社会发展需要，提供公益服务设立的事业单位，经依法登记成立，取得事业单位法人资格；依法不需要办理法人登记的，从成立之日起，具有事业单位法人资格。"对于机关法人，《民法典》第97条规定："有独立经费的机关和承担行政职能的法定机构从成立之日起，具有机关法人资格。"

2. 终期。法律规定的"终止时消灭"，是指法人能力终期，法人能力于终期告消灭。对于营利和非营利法人，《民法典》第72条第3款规定："清算结束并完成法人注销登记时，法人终止；依法不需要办理法人登记的，清算结束时，法人终止。"对于破产法人，《民法典》第73条规定："法人被宣告破产的，依法进行破产清算并完成法人注销登记时，法人终止。"机关法人有些特殊。《民法典》第98条规定："机关法人被撤销的，法人终止，其民事权利和义务由继任的机关法人享有和承担；没有继任的机关法人的，由作出撤销决定的机关法人享有和承担。"

（三）法人权利能力之限制

法人与自然人虽然都具有人格，但毕竟自然人是有肉体的生命，法人只是一种团体，其本质是自然人实现目的的手段。所以，两者民事权利能力范围不完全一致，与自然人相比，法人民事权利能力受人格性质、实定法之规定以及目的事业等的限制。

1. 性质上的限制。即以自然人天然性质为前提而专属于自然人的民事权利和义务，法人均无从享有和承担。这是对法人权利能力的绝对限制，具体可分为四类：①专属于自然人的精神人格权，法人不能享有，例如隐私权、肖像权、身体自由、婚姻自由等。

②自然人基于肉体人格而产生的物质性人格权，如生命权、健康权、劳动能力权等，法人不得享有；自然人基于肉体人格参加的民事法律关系，亦禁止法人享有或参加，如作为人寿保险的受益人等。③身份权限制，自然人因亲属关系享有的权利，法人不得享有，如亲权、配偶权、收养权等。④伦理性财产权限制，基于身份关系产生的财产权，法人不能享有，如继承权、扶养请求权、抚恤金请求权等。

2. 法律上的限制。法人的民事权利能力范围受到法律或行政命令的限制。虽然自然人的民事权利能力也会受到法律限制，但该项限制通常需要由法律明确规定，如《中华人民共和国立法法》第8条及第9条明确规定，限制公民权利事项，需要有人大通过的法律规定。而对法人民事权利能力限制，不仅可由法律规定，行政命令亦可为之，甚至一个政策性文件都可设限。如《民法典》第683条规定："机关法人不得为保证人"；人民银行等部门制定的《关于严禁国有企业和上市公司炒作股票的规定》中，明令禁止国有企业直接或者间接买卖股票；中共中央办公厅国务院办公厅发布的《关于进一步减轻义务教育阶段学生作业负担和校外培训负担的意见》第15条规定："严禁聘请在境外的外籍人员开展培训活动。"对法人能力的限制，法律、政策调整的随意性很大。

3. 目的事业的限制。法人的民事权利能力范围，应以其目的事业所必要的范围为限度。逾越此限度的，为越权；若因此违反公法规定，则还构成违禁。

法人的民事权利能力范围及其限制，一般应由法人章程、决议规定，若法人的行为超越该限定，即构成越权。法人之越权行为是否有效，从保护出资人和股东利益视之，应为无效；但若从保护法人行为之相对人利益视之，无效不仅会损害相对人利益，也不利于交易安全。《民法典》第85条规定，对于法人的越权行为，股东等出资人可以请求法院撤销该行为，但该撤销之效力不得对抗善意相对人。

法人之越权行为若进入法律禁止或限制准入的领域，则属于"违禁"，该行为触及公法领域，国家就有权力干预。不仅该行为被判定无效，法人的相关责任人还要承担行政、刑事责任。所以，违禁行为是由公法规定的，如我国实行烟草专营，非经授权销售的，属于违禁行为，其行为无效并不是法人无民事权利能力，而是因为

【拓展阅读 25】

公法的禁止。

二、法人之民事行为能力

法人之民事行为能力，是法人独立实施民事法律行为的资格。

（一）民事行为能力之范围

民事行为能力之范围即法人在何种范围内所为的法律行为，足以发生法律效果，若超出此范围者，则不生法律效果。法人的民事行为能力与民事权利能力同时产生并同时消灭，即始于法人设立、终于法人消灭；同时，法人的民事权利能力范围与其民事行为能力范围是一致的，这是法人行为能力与自然人的不同点。

如果法人的行为在民事权利能力范围内，当然有效；若在民事权利能力之外，且造成对第三人的损害，法人能否以该行为越权不对法人生效为由，而由行为人自负其责？《民法典》第 62 条第 1 款规定："法定代表人因执行职务造成他人损害的，由法人承担民事责任。"即对于善意相对人，法人或者代表人的越权行为仍然有效，也就是容忍法人民事行为能力与其民事权利能力的程度不一致，法律趋向保护相对人；只有第三人有恶意，该法人才不对执行职务之人的行为负责。

（二）民事行为能力之实施

由于法人是无形体之权利主体，其行为有赖于充任法人机关的自然人的活动始能实现。因此，法人行为能力范围内之行为，由法人机关为之。法人机关，如何设立，非有法律强制性规定的，可由法人自行决定；对有法律强制性要求的，法人则须遵循。

（三）筹备法人之能力

筹备法人，德国学者谓之"前社团"（Vorverein）。法人的筹备过程可以分为两个阶段：一是法人设立合同成立以后，名称登记前；二是名称核定登记后、法人成立登记前。在这两个阶段，筹备法人都会同外界发生权利义务关系，但此时法人正处于设立中，尚未取得民事权利能力和民事行为能力，无从以法人的名义实施行为。就设立后果而言，有设立成功或者不成功两种可能，设立成本及支出形成债权债务如何分担，《民法典》第 75 条第 1 款规定："设立人为设立法人从事的民事活动，其法律后果由法人承受；法人未成立的，其法律后果由设立人承受，设立人为二人以上的，享有连带债权，承担连带债务。"

三、法人之侵权行为能力

（一）有无侵权行为能力

因对法人本质采不同学说，理论上对法人有无侵权行为能力看法也有不同。提倡法人拟制说的观点，本来就认为法人无行为能力，法人当然就无侵权行为能力；提倡法人实在说的观点，既然认为法人有行为能力，故也承认法人有侵权行为能力。

我国民法的规定，接近法人实在说，即肯定法人的侵权行为能力，《民法典》第60条规定："法人以其全部财产独立承担民事责任。"即法人的独立责任，包括法人的合同责任和侵权责任。法人之代表人因执行法人职务造成他人的损害，就是法人所造成的损害，法人须承担民事责任。法人在承担赔偿责任后，根据《民法典》第62条第2款的规定："法人承担民事责任后，依照法律或者法人章程的规定，可以向有过错的法定代表人追偿。"即法人可以追究行为人的责任，但这已属法人内部关系。

（二）法人侵权行为之要件

法人侵权行为是侵权行为之一种，侵权行为还包括自然人侵权，因此法人侵权行为属于特殊侵权。据此，法人侵权行为除了要符合民法侵权责任规定的法律要件外，还有其特殊要件。

1. 须法人机关或雇员为之。法人机关的行为就是法人本身的行为，如法人的代表机关、执行机关的行为侵害他人，自当由法人承担责任。对此，《民法典》第62条第1款已有规定："法定代表人因执行职务造成他人损害的，由法人承担民事责任。"

法人的职员、雇员和其他工作人员受法人委托或履职代表法人实施的行为，法人也要负责。法人对其职员、雇员或其他工作人员的侵权行为承担的侵权责任，民法上谓之转承责任，或称替代责任，是指雇主对雇员的职务侵权行为承担的责任。

2. 须执行职务之行为。法人的机关及其职员只在职务范围内代表法人，故法人只对法人机关及其工作人员执行法人职务时的侵权行为承担责任。在法人机关，如担当人为自然人，其执行职务时，人格被法人吸收，其职务行为即是法人行为，其行为侵权也就是法人侵权。《民法典》第1191条第1款规定："用人单位的工作人员因执行工作任务造成他人损害的，由用人单位承担侵权责任。用人单位承担侵权责任后，可以向有故意或者重大过失的工作人员

【典型案例18】

追偿。"该条第 2 款还规定："劳务派遣期间，被派遣的工作人员因执行工作任务造成他人损害的，由接受劳务派遣的用工单位承担侵权责任；劳务派遣单位有过错的，承担相应的责任。"法律在这里强调侵权发生于"因执行工作任务"的场合；反推，非因执行工作任务而侵权的，法人不负责任。所谓因执行工作任务，即民法学上所说的职务行为，履职行为的后果由法人承担，也是理所应当。

3. 是符合侵权行为要件的行为。侵权行为有特殊侵权与一般侵权之分，如法律有特别规定，法人的行为符合特殊侵权行为明文规定的，负特殊侵权责任；如法律无特别规定，法人的行为符合一般侵权要件时，负一般侵权责任，若无故意或过失时，非有法律特别规定，则不负责任。对于一般侵权行为的要件，通说认为须有损害事实、行为违法、行为与损害有因果联系以及有故意或过失；法律规定只有故意或重大过失负责的，遵从法律的规定。

【拓展阅读 27】

四、法人格否认

(一) 含义及制度价值

法人格否认是指在特定的财产法律关系中缘于特定的事由，将义务或责任转由行为人负担，法人的独立人格被否认之情形。法人格否认主要发生在属于营利法人的有限责任公司，故在英美法上曰之"刺破公司的面纱（piercing the corporations veil）"。很形象地把公司的独立人格比喻为横亘在公司股东与公司债权人之间的那一层面纱，一旦股东滥用公司人格，撩起这层面纱，公司的独立责任就被揭掉，隐藏在公司背后的股东露出真相，由其直接对债权人承担责任，或者与公司负连带责任。所以，法人格否认之宗旨，就在于维护法人之债权人权益，间接地否定了法人的独立责任，从民法体系上认识，就是为前述法人之消极面打的"补丁"。

以公司为代表的营利性法人，在法律关系中具有财产独立性和出资人责任有限性两大特征，尤其是出资人责任的有限性，使法人资产在不足以清偿全部债务时，债权人不得请求出资人承担超出其出资范围的责任。易言之，出资人的有限责任是以法人之债权人之债权有可能落空为前提条件的。有限责任制度将投资人的风险财产锁定——仅限于出资，有效地保护了出资人的财产安全。但不容否认，在经济生活中，法人的独立人格也被用作舞弊者的保护伞，如出资人以法人名义从事利益归己、风险归于他的交易，最终会使法

人之债权人面对"空壳"，债权随之落空。法人的独立责任和出资人的有限责任，在某种程度上已成为市场经济社会中的"蛀虫"，寻找更有效的"杀虫剂"是民法学的责任。

【拓展阅读28】

法人格否认的制度价值就是要遏制出资人或其他人利用法人规避自身责任，防止法人成为其出资人或高级管理人员损人利己的"避风港"。法人格否认不是对法人人格的永久剥夺，而只是在某一特定的法律关系中，否认法人的独立性，因此它与"法人否认说"有所区别。法人格否认，表面上是否认法人的独立人格，但追求的效果却是将行为人与法人的责任"连接"起来，使其成为债务人或者连带债务人。法人格否认目前获得了判例、学说的广泛支持，我国《民法典》也对此予以肯定。

（二）法律要件

法人格否认虽获得法律和判例的支持，但在学理上，尚无充分的学术积累能提供概括其适用的法律要件，这也是导致法院对法人格否认谨慎适用的原因。这里根据已有的制定法规范，并结合学术通说，作一概括。

1. 须为营利法人。这是法人类型要件，该制度不适用于营利法人以外的法人类型。法人格否认旨在否认其法人人格的独立性和出资人责任之有限性，若无独立人格之非法人组织，或者尚未登记成立的法人，本就无人格，无须否认；非营利法人、机关法人等，既不以营利为目的，亦无有限性问题，故也无须适用该制度。因此，适用法人格否认之法人，须为合法有效成立的营利法人，一旦法人格被否认，由法人之出资人与法人承担连带清偿责任，出资人的责任与合伙人相同。

2. 须为出资人。适用法人格否认的行为人，须是法人之出资人。因为该制度旨在通过否定法人的独立责任突破出资人的有限责任，使其对法人之债权人负出资额以外的清偿责任。所以，法人格否认不适用于法人的其他成员，如公司经理、监事、董事等其他公司高级管理人员。因为法人出资人以外的成员，是与法人有契约关系的工作人员和雇员，对法人债务无清偿义务，对法人之利润也无分配权，若由其承担法人格否认之责任，将有悖于设立此项制度的宗旨，也违反权利义务一致原则。

3. 滥用权利。这是适用法人格否认的行为要件。行为人须有滥用权利之行为。所谓滥用权利行为，包括违反法人章程、逃避债务并严重损害债权人利益。如果是按法人章程或者执行职务行为，即使给法人及其他出资人造成损害，或给法人之债权人带来不利，也不构成滥用权利。营利性法人的市场经营，当然会有市场风险，法人出资人既享受盈利，也要担负亏损，非人为操控的市场风险，是正当的风险。反之，对正常经营活动中的亏损适用法人格否认，就违反了权利义务对等的起码规则。

4. 须有重大过失。这是主观要件。滥用权利之行为人应具有何种过失，学术上对此有争议。通说认为，法人格否认作为对出资人的加重责任，若仅以一般过失即负担，苛之过严；仅以故意论责，又失之过宽。因此，以重大过失为主观要件，符合法律主旨。重大过失系指欠缺普通人之注意，因稍加注意就不会有的过失。在法人之出资人，按规矩行事、不为逃避债务而损人利己，仅仅是对市场风险、法人经营认识不足的一般过失，应可免除此责任。

5. 严重损害债权人利益。这是《民法典》第 83 条第 2 款规定的结果要件。所谓损害，是指须造成法人资产不足，无法清偿债权人债务的情形。法律要求是严重损害，应该理解为债权有落空的可能，若仅是迟延清偿、分期清偿或代物清偿等，对债权人利益虽也有损害，但不构成严重损害。总而言之，如果法人本身能清偿，或清偿有瑕疵，那么就无须否认其人格，应该首先由法人清偿，即使行为人有过失和要承担责任，也属于法人内部的事情，可以按照法人章程或与行为人订立的契约处理。

（三）法律效果

对法人格否认的法律效果，《民法典》第 83 条第 2 款规定："营利法人的出资人不得滥用法人独立地位和出资人有限责任损害法人债权人的利益；滥用法人独立地位和出资人有限责任，逃避债务，严重损害法人债权人的利益的，应当对法人债务承担连带责任。"这是在制定法层面，对法人格否认的肯定：一是否定出资人对法人债务的有限清偿责任，将出资人清偿责任扩大至出资额以外的财产；二是否定法人的独立清偿责任，由法人与被否认之有限责任的出资人共负其责，扩大债权人的受偿面，否定出资人利用"有限责任"外壳合法逃债。

【典型案例 19】

第四节　法人机关

一、概说

(一) 含义

自然人的权利能力是通过其肢体、器官实现的,如大脑思考决策,喉舌表达意思,眼耳接受信息,手脚作出行动,等等。法人本是组织体,没有五官手足,如何担当其民事主体的角色呢?这就产生了法人机关。所谓"机关",在汉语中也称机构,是拉丁文"Organa"的移译,本意就是"器官"。机关就是法律为法人配置的"五官"及"手足",是指形成法人意志、表达和执行法人意思的自然人或自然人组织。法人有了机关,就能像自然人那样,参加民事活动,享受权利、承担义务。因此,机关是法人的必备要素,法人通过其机关参与民事活动,法人承担其机关所作所为的法律后果。

(二) 法人机关之设立

自然人的五官手足,是天然形成的,无须"设立";而法人机关则是按照法律设立的,"造"法人就是造机关。《民法典》第58条规定,法人应当设立组织机构;该法第80条第1款和第81条第1款分别规定营利法人须设立权力机构和执行机构;该法第91条第2款规定"社会团体法人应当设会员大会或者会员代表大会等权力机构"、第3款规定"社会团体法人应当设理事会等执行机构"等。对于法人机关的组成,通常由特别法规定,如《公司法》第44条规定"有限责任公司设董事会,其成员为三人至三十三人";等等。

(三) 法人机关之类型

法人应设立哪些机关,视法人类型而有不同。如社团法人必须有意思机关,而财团法人则无意思机关,但须设监督机关。在机关数量上,法人既有单一机关,也有多元机关。多元机关又区分意思机关、执行机关、代表机关、监督机关等类型。

法人设立单一机关,即将法人意思的执行、代表等托付于一个机关全权担当。这是一种"专权"体制,其优点是效力高、运行成本低、行动灵活;缺点是缺乏监督,事业成败取决于一人,容易被"钻空子"。而法人设立多元机关,则可将法人的各项权限和职能分别赋予不同的机关,分工协作、互相监督、互相制约,这是一种

"分权"体制，其缺点就是效力低，容易扯皮。

为了克服单一机关和多元机关的缺陷，取各自所长，公司实务中出现了复合机关类型。在有限责任公司和股份有限公司，因有法律强行性规定，多采取多元机关。但多元的"分权"效力低、管理分散，相互掣肘，不适应经济环境的急剧变化和交易范围日益全球化的时代。因此，将部分决策权、执行权和代表权集于一人，所谓的"首席执行官"也有人译为"行政总裁"，译自英文"Chief Executive Officer"，缩写"CEO"应运而生。首席执行官既是法人机关，作为职业经理人，也是法人雇员，具有多重身份，即在分权机关体制中，不改变原设立机关的分工，将意思机关、执行机关和代表机关部分权限集中于一人。其目的是减少公司内部信息传递阻滞和沟通障碍，同时又有利于公司对外快速反应并加强执行能力，以利于提高公司的效率。其本质是分权体制下的专权模式，既维持多元机关模式的制衡和监督的优点，又能获取单一机关低成本和高效力的好处，想得"两全其美"。但首席执行官并不是法律概念，作为法人治理模式最早流行于美国。

（四）法人机关与自然人

法人机关是由自然人组成的，执行机关事务的自然人与机关的关系如何，如何分辨？这也是需要厘清的问题。

1. 法人机关担当人。法人机关通常由单个自然人或者数个自然人组成。当自然人以法人机关名义实施行为时，就成了机关的担当人，其自然人人格被法人吸收，其行为就是法人行为。自然人在执行机关担当人职务时，对法人须尽善良管理人之注意义务，与法人约定有报酬的，执行职务时对法人享有报酬请求权。

2. 法人机关与代理人。法人机关与代理人有本质区别。法人机关是法人的组成部分，是法人人格的要素，法人无机关即无民事行为能力；代理人不是法人机关，代理人与被代理的法人发生法律关系时，代理人具有自己的独立人格，其民事法律行为效果由被代理人承担，是基于代理关系，而不是代理人的法人机关身份。

3. 法人机关与机关担当人。法人机关和法人机关之担当人是有区别的，这点容易混淆。首先，机关是法人的组成部分，机关担当人多是自然人，两者的关系犹如演员与角色的关系：演员担当角色，但不是角色本身，角色既可由甲演员表演，亦可由乙演员演出；法人机关担当人亦是如此，可以更换。其次，法人机关无人

【典型案例20】

格，机关的行为即是法人行为，如董事会的行为即法人的行为；机关之担当人有自己的人格，只是在以机关名义实施行为时，才被视作法人行为，若非以机关名义实施行为时，即恢复自己的人格。如董事长在履行职务时，属法人机关，行为后果由法人承担，在执行职务之外，也可以有自己的私人生活。最后，只要法人存在，机关不可变更，但机关的担当人可以变更，如董事、董事长、监事等可以换人，但不等于董事会、监事会发生了变更。

二、意思机关

（一）社团法人必备

意思机关是形成法人意志的机关，有学者亦称之决策机关，《民法典》第 61 条第 3 款称之"法人权力机构"。意思机关如人的大脑，是法人的首脑机关。意思机关是社团法人的必备机关。而在财团法人，因其意志由捐助人决定，应以捐助人之意思为法人意思，故财团法人不得有意思机关。《民法典》第 93 条第 2 款规定："捐助法人应当设理事会、民主管理组织等决策机构"，这个决策机构若指权力机构，就有违捐助法人的性质，如捐给希望工程的钱只能依捐助人意思去具体执行，若"决策"去搞房地产，岂不乱套。所以，该条所言之决策机构，自理言之，不是意思机关。

在公法人，无论机关法人、准机关法人或者由公权设立的事业单位法人，都不得有意思机关，其意思由法律或者设立命令规定。如法院须按法院组织法规定的宗旨和权限行事。事业单位中，高等院校也不得设立意思机构，只设立执行机构，执行设立文件或者主管机关和相关法律限定的任务。

我国国有独资公司的财产在性质上属于全民所有，而全民意志由国家代表，因此国有独资公司须执行国家意志，不得有自己的意思机关。《公司法》第 66 条第 1 款规定："国有独资公司不设股东会，由国有资产监督管理机构行使股东会职权。"现在经过"混改"的原国有企业，掺入了其他股份，企业也因此设立了股东会，那么如果国家控股，就需要在股东会通过表决执行国家意志。

（二）意思机关担当人

社团法人的意思机关是社员大会，在社员人数众多时，为了便于意思机关的运行，则由社员代表大会作为意思机关。《民法典》第 91 条第 2 款规定，社会团体法人"应当设会员大会或者会员代表大会等权力机构"。即由会员大会或者会员代表大会作为意思机关。由会员代表大会作为意思机关，采用的是"代议"体制，何种情形适用，《民法典》未作规定。《农民专业合作社法》第32条第1款规定："农民专业合作社成员超过一百五十人的，可以按照章程规定设立成员代表大会。成员代表大会按照章程规定可以行使成员大会的部分或者全部职权。"法人事务由"代议"机关承担，必然排除一部分社员的权利，在有特别法规定不允许采用时，则不得以社员代表大会作为意思机关。如《公司法》第36条和第98条明确规定，有限责任公司股东会和股份有限公司股东大会"由全体股东组成"，即不得采用"股东代表大会"制。

（三）性质与任务

意思机关在性质上，是法人的内部机关，主要任务是决定社员与社员的关系，以及确定法人的目的事业、监督其他机关、审查财务报告以及重要的人事任免等。其形成意思的方式是制订或修订法人章程、作出决议等。《民法典》第80条第2款规定："权力机构行使修改法人章程，选举或者更换执行机构、监督机构成员，以及法人章程规定的其他职权。"

（四）召集

社员大会的召集由法律或者章程规定。对于营利法人之意思机关，《民法典》第81条第2款规定："执行机构行使召集权力机构会议。"但这是一般规定，特别法有另行规定的，得依照特别法的规定。如《公司法》第38条规定"首次股东会会议由出资最多的股东召集和主持"，该法第40条又规定"有限责任公司设立董事会的，股东会会议由董事会召集"。《农民专业合作社法》第31条规定："农民专业合作社成员大会每年至少召开一次，会议的召集由章程规定。"

（五）法人意思的形成

社员大会诸多社员形成法人的"总意思"，采取少数服从多数原则，一般事项的过半数为多数，重大事项的过2/3为多数。

多数的形成，可分三种模式：①按"资本多数决"原则，"多数"是指资本的多数，按出资额的多少，表决时以持多数资本的股东形成的意思为法人的意思，如《公司法》第42条规定："股东会会议由股东按照出资比例行使表决权"。②按社员的多数决，即以多数社员形成的意思为法人意思，例如《农村信用社省（自治区、直辖市）联合社管理暂行规定》第 23 条第 3 款规定："社员大会实行社员社代表一人一票的表决制度。社员大会作出决议，必须经出席会议的社员代表半数以上通过；修改章程、合并、分立及解散等重大事项必须经出席会议的社员社代表三分之二以上通过。"③由社员多数和资本多数的"复合决"形成，如《农民专业合作社法》第 22 条第 1 款规定："农民专业合作社成员大会选举和表决，实行一人一票制，成员各享有一票的基本表决权。"该条第 2 款又规定："出资额或者与本社交易量（额）较大的成员按照章程规定，可以享有附加表决权。本社的附加表决权总票数，不得超过本社成员基本表决权总票数的百分之二十。"

三、执行机关

执行机关，是执行法人意思机关的决定、法人章程、捐助人意思等事项的机关。对营利法人的执行机关，《民法典》第 81 条第 3 款称之"董事会和执行董事"；对于社会团体法人的执行机关，《民法典》第 91 条第 3 款称之"理事会"。

法人皆须有执行机关，否则法人的目的事业无法完成。因此，法人执行机关是法律强行规定的机关，任何法人都须有执行机关。执行机构的担当人，可以一人，亦可以数人。《民法典》第 81 条第 3 款规定的执行董事，即由一人担当。根据《民法典》的规定，董事、理事为数人时，则须设立董事会或理事会。自理言之，非有章程特别规定，理事或董事个人不能代表执行机关行使职权，须以过半数董事、理事出席并由出席董事、理事过半数同意方能代表执行机关的决定。如《公司法》第 111 条第 1 款规定："董事会会议应有过半数的董事出席方可举行。董事会作出决议，必须经全体董事的过半数通过。"这个规定，应可作为《民法典》对于执行机关为数人时，行使职权的参考。

四、代表机关

代表机关，是指法人的意思表示机关，其权限原则上及于表示法人之一切事务。《民法典》第 61 条第 1 款规定："依照法律或者法人章程的规定，代表法人从事民事活动的负责人，为法人的法定代表人。"将代表机关称之法定代表人，这个"法定"之名有违代表机关的产生程序，与代表机关的性质也不相符。根据意思自治原则，由谁代表法人属法人内部事务，无须外部去"法定"。法人代表是根据法律或者章程，由董事会、理事会推举或者社员大会选举，是约定产生的，而非法定。因此，法人的代表机关谓之"法人代表"，与之性质和职能更相符。

法人代表机关对外代表法人为意思表示，是法人的对外机关，犹如自然人的喉舌，对外表达法人意思。法人在实现目的事业的过程中，由意思机关决策、执行机关付诸实施，如社员大会、社员代表大会或董事会、理事会等，法人意思的对外表示则由代表机关负责。在法人机关中，除了代表机关以外的机关，都是对内机关。因此，任何内部机关形成的法人意思需对外时，都要通过代表机关进行。

法人代表作为对外机关，其设立、变更等须经登记公示，以便他人查询。担当法人代表的自然人在对外代表法人为意思表示时，其自然人人格被法人吸收，不再代表自己，其所作的意思表示的效力归于法人，即使法人代表变更也不影响该意思的效力，如法人更换代表人，对前代表人签的合同仍应依约履行。法人意思机关或章程对法人代表的权限有限制的，该限制不得对抗善意第三人。

五、监督机关

也称监察机关，是根据法人章程和意思机关的决议监督法人执行机关、代表机关及高级管理人员、财务状况等的法人机关。即法人监督机关监督的是法人其他机关及事务，不是法人。监督机关不是法人必设机关，一般由法人章程、意思机关的决议决定是否设立，属于任意机关；但在法律有强制设立规定时，监督机关则属必备机关。如《民法典》第 93 条第 3 款规定："捐助法人应当设监事会等监督机构。"

监督机关可由单个人担当也可由自然人团体担当，在自然人团体担当时，可以设监事会。《民法典》第 82 条规定："营利法人设监事会或者监事等监督机构"，在法律有特别规定时，监督机关之担当人也可以由出资人委派。如在国有独资公司，监事之担当人非由公司设立，而是政府委派，《公司法》第 70 条第 2 款规定，"监事会成员由国有资产监督管理机构委派"。

为了预防和防止营利法人为了追求利润，侵害国家利益及社会公共利益，法律要求其还须接受政府和社会公众的监督。《民法典》

【拓展阅读29】

第 86 条规定："营利法人从事经营活动，应当遵守商业道德，维护交易安全，接受政府和社会的监督，承担社会责任。"从实践看，公众监督主要是舆论监督，政府机关根据民意辅助执行，如约谈等。

第五节　法人的成立

一、设立与成立

自然人的出生是"十月怀胎、一朝分娩"，而法人的出世则是按照法律创设出来的。这种创设法人的行为，即是设立行为。当设立行为满足了法律规定的法人要件，法人即成立，反之，则不成立。所以，法人成立是取得民事权利能力的事实，是法人设立行为的效果。当然，法人设立行为满足法人成立的条件，法人才可能最终成立；反之，设立行为不会发生预期成立法人的效果。

法人成立，需要哪些设立行为？《民法典》第 58 条第 1 款规定，"法人应当依法成立"；该条第 2 款规定，"法人应当有自己的名称、组织机构、住所、财产或者经费。法人成立的具体条件和程序，依照法律、行政法规的规定"。归纳起来看，依法成立、有自己的名称、组织机构、住所、财产或者经费，属法人成立的一般要件。即凡法人成立皆须具备的条件，而法人成立的具体条件和程序，因法人类型不同，而受不同的法律调整，如设立公司和设立学校，肯定所依据的法律不同，设立程序也不同，故属法人成立的特殊要件。这里主要讨论法人成立的一般要件。

二、法人设立之政策立场

法人一旦成立就具有独立人格，如何保障与之交往的第三人的安全，再者如果上升到宪法所保障的公民政治权利的角度，设立法人还涉及"结社自由"，需要政府一定程度的介入。通过政府对法人人格的承认，使第三人得以从外部特征知有法人的存在，借此保障交往安全；出于维护公共利益和捍卫特定的政治体制的需要，政府也会对结社自由进行一定的限制。因此，在法人设立的发展过程中，形成了各种不同的设立制度，并被用来适用于不同类型的法人，以表达政府对各类型的法人不同的政策立场。

（一）特许主义

特许主义即法人须经政府命令或特别法的规定设立，故也被称为命令主义。根据这一制度，需要政府命令或者根据法律特许，才能设立法人。易言之，法人设立是政府主动行为，并提供经费来源和物质保障，也无须审查和登记。这一制度盛行于 17 世纪～19 世纪的欧洲，如法国大革命后，为了严格防范团体对个人自由的侵犯，对结社采取限制性政策，[1]以特许设立表达对团体的警戒之心。在现代，很少再有对法人采取特许主义的，仅有的也是国家为了对特定领域进行特别控制时，才会适用。如《广播电视管理条例》第 10 条第 1 款规定："广播电台、电视台由县、不设区的市以上人民政府广播电视行政部门设立，其中教育电视台可以由设区的市、自治州以上人民政府教育行政部门设立。其他任何单位和个人不得设立广播电台、电视台。"即对广播电台、电视台采特许设立主义，须县级以上人民政府特许，其他任何单位、个人不得设立。所以，从这个法律看，我国不存在私营或民营的广播电台和电视台。

（二）放任主义

这是与特许主义相对应的另一极，指法律对法人不加干涉而任其自由设立，故也称为自由主义。这一政策立场对法人的宽容几乎达到了无政府主义状态。欧洲中世纪地中海沿岸城邦之间贸易发达，政府力量相对薄弱，对商业公司的兴起就采取放任主义。放任设立法人，使法人与合伙不易区别，在法人普遍须经登记后，该设立制度已鲜被采用。

（三）强制主义

强制主义是依法律规定，某些事业领域须强制设立法人的制度。这是国家基于特定政治目的所持的政策。如国家为了行业管理、对弱势群体保护等，强制要求设立法人参与社会事务管理。如《中华人民共和国律师法》第 43 条第 2 款规定全国及各省市设立律师协会，作为律师的自律性组织；《中华人民共和国工会法》第 10 条规定各企业、事业单位、机关须设立工会，以维护职工的权益。这些规定，即属强制设立法人条款，使利国家通过行业协会、工会等管理社会事务，从另一面看，也可以减少行政直接干预，实现团

---

[1] 参见 [法] 雅克·盖斯旦、吉勒·古博：《法国民法总论》，陈鹏等译，法律出版社 2004 年版，第 93 页。

体自律，与民法的基本价值还是一致的。

（四）核准主义

核准主义也称许可主义，即法人的设立须经行政主管部门审核并批准。根据核准主义设立政策，行政机关或业务主管部门要对设立法人的目的、章程、经费及其他资质进行实质审查，审查合格则由登记机关以行政处分的方式，批准法人成立或不允许成立。核准主义旨在限制结社自由，在立法例上，这一设立制度多用在财团法人或者公益法人，及部分关系到国计民生的营利性法人。因为这类法人事关社会公共利益，兹事体大，需要严格把关。《民法典》第58条第3款规定："设立法人，法律、行政法规规定须经有关机关批准的，依照其规定。"依此规定，只有法律对设立法人有核准之特别规定的，才适用核准主义，而非将核准主义作为普遍的设立原则。

我国对设立社会团体法人采取核准主义设立制度。即先由业务主管部门审查批准，经批准以后再到民政部门办理设立登记。《社会团体登记管理条例》第9条第1款规定："申请成立社会团体，应当经其业务主管单位审查同意，由发起人向登记管理机关申请登记。"在营利性法人，为了对人民生命健康负责，《药品管理法》第41条第1款规定："从事药品生产活动，应当经所在地省、自治区、直辖市人民政府药品监督管理部门批准，取得药品生产许可证。"经药品监督管理部门批准并发给许可证后，药品生产企业才能进行工商登记，也是采取核准主义设立制度。对法人设立的政策立场，也不是一层变的，会因时因情发生变化，如为了遏制校外培训机构对学校义务教育干扰，《关于进一步减轻义务教育阶段学生作业负担和校外培训负担的意见》第13条规定："对原备案的线上学科类培训机构，改为审批制。"

（五）登记主义

登记主义也称准则主义，是指法律规定法人设立的准则，也即法人设立的法律要件，设立人仅需满足该法律要件，法人即可登记成立。

根据登记主义，登记机关仅对设立法人的章程、股东资质、机关担当人身份等事项进行形式审查，或者出于保护交易秩序考虑，对部分事项进行实质审查。对于符合成立要求的，即准予设立登记，并颁发证书。《中华人民共和国公司登记管理条例》（以下简

【拓展阅读30】

称《公司登记管理条例》）第 53 条第 1 款第 1 项规定："对申请人到公司登记机关提出的申请予以受理的，应当当场作出准予登记的决定。"该法第 54 条第 1 款规定，"作出准予公司设立登记决定的，应当出具《准予设立登记通知书》，告知申请人自决定之日起 10 日内，领取营业执照"。从法律规定看，从设立申请到出具准予设立登记的流程迅速、简便，我国在原则上应是适用登记主义，而且对营利性法人的登记持续在作便利化改革，有的地方的企业登记已实现了无纸化。

三、法人成立之要件

根据《民法典》第三章第一节对法人成立的规定，将法人的成立要件概括为四项，即一是须依法成立，二是须有独立财产，三是须有自己的名称、机关、住所，四是能独立承担民事责任。

（一）依法成立

1. 有设立之规范。法人不能自由设立，必须根据该类型法人的法律规范设立。根据分类管理原则，法律对各类型法人都规定有设立该法人之特别法。如没有设立某类型法人的设立之规范，则不得成立法人。例如：对于营利法人，有《公司法》、《中华人民共和国商业银行法》（以下简称《商业银行法》）、《外资企业法》等特别法。对于非营利法人，如设立高等学校依据《普通高等学校设置暂行条例》，设立幼儿园依据《幼儿园管理条例》；设立社会团体，则有《社会团体登记管理条例》等。对于特别法人中的机关法人，虽无须登记，但也要有设立规范，如《中华人民共和国全国人民代表大会组织法》《中华人民共和国地方各级人民代表大会和地方各级人民政府组织法》《中华人民共和国人民法院组织法》《中华人民共和国人民检察院组织法》《中华人民共和国监察法》等组织法；对于群众基层自治组织，有《城市居民委员会组织法》《村民委员会组织法》；对于农村合作经济组织，有《农民专业合作社法》等。

2. 有设立之章程。章程是法人设立人或意思机关制定的，规定法人名称、住所、财产、目的事业、机关权限及出资人权利义务等重大事项的书面文件。在法人设立前，章程是设立人共同的意思表示；在设立后，是法人的"宪法"，只有意思机关才有权变更。《民法典》第 80 条就规定，法人权力机构"行使修改法人章程"

以及"法人章程规定的其他职权"。因此，在章程作为法人成立文件时，一旦生效，对法人设立人或者出资人及法人机关和高级职员均具法律约束力。《民法典》在法人成立的一般要件中没有规定章程，但该法第 61 条规定，法人代表须"依照法律或者法人章程的规定，代表法人从事民事活动"。这一条明确了须有章程或可以无章程的两类法人，一是按照法律规定范围活动的法人，可以不立章程，如机关法人、事业单位法人等；二是应以章程确定活动范围的，如特定的社会团体法人、营利性法人等，设立须有章程。

公法人的宗旨是为社会服务，其目的、职能及行使权限的流程等，都由法律直接规定，不允许自立章程改变。如政府、居委会、村委会、事业单位等，其设立、权限及职能等由法律直接规定，即使立章程，也只是补充或锦上添花。如属于事业单位法人的公立高等院校，其大政方针和活动原则由《中华人民共和国高等教育法》规定，该法第 2 条第 1 款就规定："在中华人民共和国境内从事高等教育活动，适用本法。"公法人的设立和活动规则由法律规定，还须接受社会大众的监督，因此公法人可以不制定章程，直接依据法律规定参与民事活动。易言之，机关法人、公立高等院校等法人，是意思他治，其"章程"存在于法律直接规定之中，而不再是法人成立的要件。

【拓展阅读31】

对于营利法人、社会团体法人、捐助法人，其设立、目的事业及运行，按照意思自治原则，是由法人设立人或出资人制定的章程规定的。因此，成立法人必须有章程。《民法典》第 79 条规定"设立营利法人应当依法制定法人章程"；该法第 91 条第 1 款规定"设立社会团体法人应当依法制定法人章程"；该法第 93 条第 1 款规定"设立捐助法人应当依法制定法人章程"。所以，营利法人、社会团体法人、捐助法人的设立都须有章程，那么章程就应该是这些法人成立的一般要件，而非特殊要件。

3. 须经登记。即法人的成立须经设立登记。所谓设立登记，是将法人设立的法定事项载于登记簿，以备公示之制度。在私法效果上，对于须经登记成立的法人，完成登记即发生法人成立之效果；《民法典》第 66 条规定"登记机关应当依法及时公示法人登记的有关信息"，即登记具有法人成立之公示效果。

由于登记受众面广，需要置于固定场所被查阅，所以登记机构设在政府部门，这使得登记本身具有公法属性，但在效果上，登记仍具有私法性。关于法人登记的部门，营利性法人在国家市场监督管理部门登记；社会团体法人在民政部门登记；事业单位法人在机构编制管理部门等登记。

登记的程序通常包括：登记义务人向登记机关提交设立法人的申请；对于核准设立的法人，还要提交前置审查合格的批准文件，如银行要有中国人民银行的批准文件，社会团体要有主管机关的批准文件；审查，按准则主义，只进行形式审查，按许可主义，须实质审查；获准登记发给法人执照；公告，由登记机关将登记事实作成公报并公开发表。

（二）有独立财产

1. 独立财产之含义。《民法典》第58条规定，法人须有自己的"财产或者经费"。所谓经费，就是法人运作需要支出的费用，通常以货币计量，可以认为是财产的另一种表述，法人须有财产，就包含着经费。法人独立财产之形态，包括物权、债权、知识产权等法律认可的一切财产。

财产是法人承担义务的基础，没有独立财产就不可能承担独立的责任，因而也就不具备作为民事主体的资格。所以，法人有无独立财产是判断有无独立责任能力的标志。就法人设立而言，法律规定的法人独立财产，只是设立时的初始财产，其取得方式，是从出资人或者设立人处继受取得之财产。在法人设立后，法人财产可能增加，如因盈利或者受捐赠等；也可能减少，如亏损等，是动态的。法人财产无论发生何种变动，其仍然要以"其全部财产独立承担民事责任"。

该财产须是法人独立财产，具有两方面的含义：①独立于出资人，即法人设立时，出资人须向法人交付的是财产所有权，即法人对于出资财产享有的是所有权。②独立于其成员。法人人格独立于其职员、雇员，同样表现在财产上。法人的职员、雇员有其自身的人格，其财产也与法人无关。即使法人的职员、雇员受聘作为法人机关担当人，其个人财产仍然独立于法人，其代表法人所为行为，由法人承担财产责任，而不用其个人财产承担责任。

2. 财产数额。法人有多少财产算是有了"必要的财产"，因法人的类型不同，法律的要求也有所不同。对于非营利法人，如学校、科研院所、社会团体法人，要求有稳定的经费来源，至于该经费来源于拨款、收费、会员交纳的会费、捐赠等，均非所问；对于营利法人，法律有最低额财产数的要求的，遵其要求。如《商业银行法》第 13 条规定，设立全国性商业银行的注册资本最低限额为 10 亿元人民币，设立城市商业银行的注册资本最低限额为 1 亿元人民币，设立农村商业银行的注册资本最低限额为 5000 万元人民币。

3. 财产责任。《民法典》第 60 条明确规定："法人以其全部财产独立承担民事责任。"

法人必须以其全部财产承担民事责任，亦即法人的独立责任。法人的全部财产，不是一成不变的，在设立时，由设立人或出资人的出资财产构成；在法人设立后，则是变动中的属于法人全部财产，包括变动中的法人盈利所得、捐赠所得等，当然包括亏损后的剩余财产。法人的全部财产是法人独立责任的担保，在财产责任上属于无限责任。

法人要能承担独立责任，也就是划清其与出资人责任的界限。按出资人对外责任区分，有无限责任和有限责任两种模式：

无限责任，是指出资人以全部财产对法人债务负清偿责任。易言之，出资人的责任不以出资额为限，在法人全部财产不足以清偿全部债务时，出资人仍须负清偿责任。所谓"无限"，指不以出资额为限。有限责任，是指出资人仅以特定财产对法人债务负清偿责任。在营利法人，该特定财产即出资额，出资人的责任以出资额为限，出资人财产与法人财产作了"切割"，在法人全部财产不足以清偿全部债务时，出资人无须负责。所谓"有限"，指仅以出资额为限。

但出资人对法人承担有限责任是有条件的，在营利法人之出资人滥用出资人有限责任和法人独立责任，而严重损害法人之债权人利益时，即可援用"法人格否认"，否定其有限清偿责任和法人的独立责任，由该出资人与法人对债权人承担连带清偿责任。

（三）有名称、机关、住所

1. 名称。法人名称，是识别法人的文字符号。法人与他人交往是以名称进行的，法人名称负载法人的信誉、形象、特征等诸多特定信息。如以自然人姓名作比喻，法人名称亦由姓和名构成。法人名称中的"姓"即是公有名称；法人之"名"即是法人的独特标识，在私法关系中这个独特标识称字号或商号，属于工业产权。所以，法人须有名称，这是设立法人之义务，而名称中的字号，又属于权利，名称具有权利义务的双重性。在公司登记中，公司名称是预先于法人登记的单独事项，《公司登记管理条例》第 17 条第 1

款规定："设立公司应当申请名称预先核准。"

2. 机关。机关是支撑法人行动的"五官"与"手脚"。法人必须有机关，法人机关的行为视同法人行为。法人皆须有执行机关和代表机关，社团法人须有意思机关，捐助法人不得有意思机关，但须设监督机关。

3. 住所。住所是法人所在的空间位置，是法人成立的必备要件。法人的住所，属法人登记必备事项，应记载于法人章程和登记簿上。但法律并没有强制要求法人的活动必须在登记住所进行，这样法人很可能有多个活动地点，或者登记住所在甲地、主要办事地在乙地、生产场所在丙地。对此，《民法典》第63条规定："法人以其主要办事机构所在地为住所。依法需要办理法人登记的，应当将主要办事机构所在地登记为住所。"

主要办事机构应解释为公司执行机关、代表机关等机关的所在地。综合起来看，按意思自治，以记载在法人章程并经登记之住所为该法人的住所；如办事机关所在地与登记住所不一致的，以实际办事机关所在地为住所。但在网络时代也出现了一些新情况，如执行机关为节约成本不设固定地点，视频链接、"云"中开会，这样能"捉"得住就是法人代表，那是登记必备项，且经过公示，可以将代表机关作为主要办事机构。所以，登记流程的简便化改革，也必须有底线，不能按重商主义一味方便法人，却可能让相对人找不到责任担当者。这种一切以资本为是的所谓"改革"，是要阻止甚至棒喝的。

【法条链接11】

法人住所的效力，除性质与法人性质不兼容者外，与自然人住所效力相同。与法人性质不兼容的，主要是人身权方面的，如失踪等。

第六节　法人的变更与消灭

一、法人之变更

法人变更是指法人成立后，其机关、名称、住所、目的事业等经登记的重要事项发生变动。法人会因住所移址、名称更改、机关担当人替换、目的事业扩大或缩小、分立或合并、组织形式更改等，发生变化，这种变化称法人变更。由于法人的事项经过登记公示，其效力及于第三人，因此登记事项的变化须经变更登记才发生

变更效力。《民法典》第 64 条规定："法人存续期间登记事项发生变化的，应当依法向登记机关申请变更登记。"

按登记主义设立之规范，法人一般事项的变更属于意思自治的范围，法律不予干涉，进行变更登记即可；对于按核准或命令设立的法人，则重大事项的变更，仍须有新命令或者重新核准。

在法人变更中，因法人的分立、合并和消灭涉及法人之相对人的利益，为了维护交往安全和相对人的对法人登记公示的信赖利益，法律对分立、合并后法人的债权债务的移转和清偿，作了强制性规定。

二、法人之合并

（一）概述

法人的合并是指两个以上的法人无须清算，联合为一个法人的民事法律行为。法人的合并是法人集中资金、扩大实力、增加竞争优势的重要手段。由于合并不需经过清算程序，将合并法人的财产概括移转至存续或者新设之法人，比消灭原法人、成立新法人，手续更为简便，运作成本也更低廉。《民法典》第 67 条第 1 款规定："法人合并的，其权利和义务由合并后的法人享有和承担。"

法人合并，有新设式合并和吸收式合并两种方式。新设式合并，也称创设式合并，是两个以上的法人均告解散，并归并于一个新法人的合并方式；吸收式合并也称吞并式合并，是一个法人吸收被合并的其他法人，合并后合并法人存续，被合并法人归于消灭的合并方式。

（二）法律要件

1. 成立要件。法人合并须有合并之意思表示。首先，由法人意思机关作出合并决定，如股东大会合并决议等，《公司法》第 66 条规定，国有独资企业合并必须由国有资产监督管理机构决定，若重要的独资企业合并的，在由国有资产监督管理机构审核后，报本级人民政府批准；其次，各合并法人之间签订合并合同，对合并后的权利义务作出安排；最后，制定合并法人的章程，产生合并后的法人机关。

2. 生效要件。合并后的法人对外生效，还须履行告知及变更登记义务。其一，将法人合并行为通知或者公告通知债权人，并获得债权人的同意，如债权人不同意合并的，应清偿债务或提供担保,《公司法》第 173 条规定:"公司应当自作出合并决议之日起十日内通知债权人,并于三十日内在报纸上公告。债权人自接到通知书之日起三十日内,未接到通知书的自公告之日起四十五日内,可以要求公司清偿债务或者提供相应的担保。"其二,办理新法人的合并登记和原法人的注销登记。

3. 反垄断申报并经许可,这是法人合并的一个消极要件。竞争是市场经济铁的法则,如果企业法人合并构成对市场垄断,必然会给消费者带来损害,甚至危害国家经济安全。因此,《反垄断法》第 34 条规定:"经营者集中具有或者可能具有排除、限制竞争效果的,国务院反垄断执法机构应当作出禁止经营者集中的决定。"通过法人合并集中经营并达到国家规定的申报标准的,根据《反垄断法》第 26 条规定,"应当事先向国务院反垄断执法机构申报",未申报的不得合并。经审查不禁止合并的,方可进行合并程序;禁止合并的,不得合并。

(三)法律效果

1. 新设式合并后,原法人均告消灭;吸收式合并后,被吞并的法人归于消灭。

2. 因合并而消灭的法人,其债权债务由合并后的法人概括承受。《公司法》第 174 条规定:"公司合并时,合并各方的债权、债务,应当由合并后存续的公司或者新设的公司承继。"

3. 若债权人不同意合并,合并之债务人亦未清偿债务或提供担保的,法人合并之效力不得对抗债权人。

4. 合并之法人互有债权债务的,因合并而发生混同,该债务归于消灭。《民法典》第 576 条规定:"债权和债务同归于一人的,债权债务终止,但是损害第三人利益的除外。"

三、法人之分立

(一)概说

法人的分立是指一个法人分为两个以上法人的民事法律行为。法人分立因不需经过清算程序,所以有与法人合并同样的优点。《民法典》第 67 条第 2 款规定:"法人分立的,其权利和义务由分立后的法人享有连带债权,承担连带债务,但是债权人和债务人另有约定的除外。"

法人分立,有新设式分立和存续式分立两种分立方式。新设式分立也称创设式分立，指解散原法人，分立为两个以上新法人的分立方式；存续式分立也称派生式分立，指原法人存续，分出部分财产设立一个以上新法人的分立方式。

（二）法律要件

1. 成立要件。法人分立的程序与法人合并程序基本相同：①须有分立的决定，如股东大会的决议，国有企业则是由国有资产监督管理机构决定，或者由国有资产监督管理机构审核后，获得本级人民政府的批准；②按法人分立之决定，对财产作分割；③分配债务，确定分立后法人各自应当承担的债务。

2. 生效要件。法人分立的生效要件与法人合并基本相同：①对债权人发出分立通知。②根据债权人请求清偿债务或提供担保。③分立后，原法人解散的，办理注销登记；设立新法人的，办理法人设立登记。

（三）法律效果

1. 法人之消灭。新设式分立后，原法人消灭；存续式分立后，只是原法人的财产或法人机关发生变更。

2. 债权债务承受。法人分立后，原法人的债权债务，应依分立前缔结的债权债务分配合同确定各法人的分担份额，由分立后的法人承受。但分立后的法人对分立前的债务负连带责任，防止法人以分立为名搞"金蝉脱壳"，逃避债务。

四、法人之消灭

（一）含义

法人的消灭，即丧失民事权利能力和民事行为能力，法人的权利主体资格消灭。法人的消灭，在法律效果上与自然人相当。但自然人死亡是不可预料并在瞬间发生的，因此其未了结的事务，法律设计了继承关系，将事务交与继承人承受。而法人消灭完全可以预料，可从容妥善处理事务后，民事能力再行消灭。因此，民法运用法律技术为法人消灭设计了一个了结其事务的程序，法人完成该程序后，方可消灭。

按《民法典》的规定，法人消灭须经法人解散、清算、注销，法人才告消灭。

（二）法人解散

1. 解散之含义。法人之解散，是指法人因章程、意思机关的决议或者法律规定的法人终止事由发生，停止积极活动，并进入清算程序之事实。《民法典》第 70 条第 1 款规定："法人解散的，除合并或者分立的情形外，清算义务人应当及时组成清算组进行清算。"法人解散期间，法人民事权利能力并不终止，但法人的民事行为能力则受到限制。

法人解散，区分为任意解散和强制解散。任意解散，也称意定解散，即根据设立人的意思或者法人的意思自行解散；强制解散，即依主管机关命令解散，或者因违法被责令解散。

2. 解散之原因。对于不同类型的法人，法人解散既有通共原因，也有特别原因。如对于私法人，解散原因可由章程约定，而对于公法人，解散原因须由法定或者命令决定，断无自行解散之可能。《民法典》第 69 条规定："有下列情形之一的，法人解散：（一）法人章程规定的存续期间届满或者法人章程规定的其他解散事由出现；（二）法人的权力机构决议解散；（三）因法人合并或者分立需要解散；（四）法人依法被吊销营业执照、登记证书，被责令关闭或者被撤销；（五）法律规定的其他情形。"

（1）命令解散。命令解散是因行政命令或司法裁判宣布的法人解散，在立法例上，称之宣告解散。概括我国法律的规定有三种：一是责令解散，二是裁判解散，三是指令解散。

责令解散，是因法人有违法行为，由行政机关责令该法人解散。《民法典》第 69 条第 4 项规定的"法人依法被吊销营业执照、登记证书，被责令关闭或者被撤销"，即该法人被强制解散。强制解散，是因法人从事法律禁止的活动，由主管机关的行政处分行为导致法人解散。吊销营业执照，主要适用于营利法人；吊销登记证书，主要适用于非营利法人。

裁判解散即由法院裁定或者判决决定解散法人。最高人民法院《关于适用〈中华人民共和国公司法〉若干问题的规定（二）》第 1 条规定了四种解散情形：①公司持续 2 年以上无法召开股东会或者股东大会，公司经营管理发生严重困难的；②股东表决时无法达到法定或者公司章程规定的比例，持续 2 年以上不能作出有效的股东会或者股东大会决议，公司经营管理发生严重困难的；③公司董事长期冲突，且无法通过股东会或者股东大会解决，公司经营管理发生严重困难的；④经营管理发生其他严重困难，公司继续存续会使股东利益受到重大损失的情形。对于"公司僵局"，一般救济难以奏效，所以只能通过司法救济解决，以求得"公司益局"。

指令解散是由国有资产管理部门指令国有企业的解散。国有独资公司解散的，按照《公司法》第66条的规定，必须由国有资产监督管理机构决定；其中，重要的国有独资公司解散、申请破产的，应当由国有资产监督管理机构审核后，报本级人民政府批准。

（2）法定解散。法定解散即法律规定必须解散。发生法定解散的原因有：①法人合并或者分立，新设式合并与分立中的原法人解散，吞并式合并中被吞并法人亦解散。②法人破产，这是指法人因丧失清偿能力而不能对全部债权人的债权实行清偿的状态。在立法例上，申请破产间接表达法人解散事由。《中华人民共和国企业破产法》（以下简称《企业破产法》）第7条第3款规定："企业法人已解散但未清算或者未清算完毕，资产不足以清偿债务的，依法负有清算责任的人应当向人民法院申请破产清算。"

（3）任意解散。任意解散也称意定解散，即自愿解散，这是意思自治的结果。《民法典》第69条规定的"法人章程规定的存续期间届满或者法人章程规定的其他解散事由出现"和"法人的权力机构决议解散"的，都属于任意解散。对于法人"因章程规定的存续期间届满或者法人章程规定的其他解散事由出现"需要解散的，根据《公司法》第181条第1款的规定："可以通过修改公司章程而存续。"如延展存续期限、改变目的事业等，使公司存续。

（4）解散之例外。凡事有例外，为了保护投保人或受益人之利益，《中华人民共和国保险法》第89条第2款规定："经营有人寿保险业务的保险公司，除因分立、合并或者被依法撤销外，不得解散。"即除了分立或合并之法定解散原因以外，其他解散类型不适用于保险公司。这样严格的规定，也是出于维护金融秩序、保护投保人利益的考虑。

（三）法人之清算

1. 含义。清算是指以消灭法人为目的，清理解散法人之财产，终了其法律关系之程序。《民法典》第70条第1款规定："法人解散的，除合并或者分立的情形外，清算义务人应当及时组成清算组进行清算。"法人解散是在事实层面使法人趋于消灭，但在法律层面，法人仍然存在，只有通过清算，才能从法律层面使法人消灭。

清算属于民法上的强制性规定，任何法人必须经过清算才能最终消灭。唯有破产法人，按破产法程序清算，称破产清算，其他法人清算，则以民法的规定清算，也称非破产清算或普通清算。

清算在目的上，是为了消灭法人的权利能力，但在制度价值上，也有维护法人之债权人利益安全的价值。通过清算，债权人得以受偿对清算法人享有的债权，若债务人不经清算消灭，债权就有落空的危险。

2. 清算法人。清算法人，是指自法人解散始，至法人清算终结止，在清算的范围内享有民事权利能力和民事行为能力之法人。即在清算期间，法人人格仍视为存续，但其目的事业缩减为清算，只能处理残务，不能兴业。为与清算之前的法人人格区别，故称清算法人。《民法典》第 72 条第 1 款规定："清算期间法人存续，但是不得从事与清算无关的活动。"

清算法人以清算人为法人的代表机关和执行机关，意思机关不变。破产清算则不同，《企业破产法》规定，由破产管理人担任清算人。

3. 清算人。清算人在我国法中亦称清算组，系执行清算事务的自然人或自然人团体。清算人在清算期间取得清算法人的执行机关和代表机关的地位，对内执行清算事务，对外代表清算法人为意思表示。《民法典》第 71 条规定："法人的清算程序和清算组职权，依照有关法律的规定；没有规定的，参照适用公司法律的有关规定。"

清算人的选任方法，《民法典》第 70 条第 2 款规定："法人的董事、理事等执行机构或者决策机构的成员为清算义务人。法律、行政法规另有规定的，依照其规定。"即原则上，由法人执行机关的担当人为清算人，在法律有特别规定时，从其规定。如法人解散后，法人须在法定期限内成立清算组，逾期不成立清算组的，《公司法》第 183 条规定："逾期不成立清算组进行清算的，债权人可以申请人民法院指定有关人员组成清算组进行清算。"

选定清算人以后，清算人若有不正当行为或不能胜任清算事务的，可由主管部门解任并重新选任。《民法典》第 70 条第 3 款规定："清算义务人未及时履行清算义务，造成损害的，应当承担民事责任；主管机关或者利害关系人可以申请人民法院指定有关人员组成清算组进行清算。"

4. 权利与义务。《民法典》第 72 条第 2 款规定："法人清算后的剩余财产，根据法人章程的规定或者法人权力机构的决议处理。法律另有规定的，依照其规定。"即规定对清算后的剩余财产，由清算人按法人章程或法人意思机关的决议处理，如向出资人分配剩余财产。对于清算人具体职权，《民法典》第 71 条明确"没有规定的，参照适用公司法的有关规定"。而《公司法》第 184 条规定："清算组在清算期间行使下列职权：（一）清理公司财产，分别编制资产负债表和财产清单；（二）通知、公告债权人；（三）处理与清算有关的公司未了结的业务；（四）清缴所欠税款以及清算过程中产生的税款；（五）清理债权、债务；（六）处理公司清偿债务后的剩余财产；（七）代表公司参与民事诉讼活动。"对于清算人义务，《公司法》第 189 条分 3 款作了规定。第 1 款规定："清算组成员应当忠于职守，依法履行清算义务。"第 2 款规定："清算组成员不得利用职权收受贿赂或者其他非法收入，不得侵占公司财产。"第 3 款规定："清算组成员因故意或者重大过失给公司或者债权人造成损失的，应当承担赔偿责任。"

如果在清算中，发现法人财产不能清偿全部债务的，《公司法》第 187 条第 1 款规定："清算组在清理公司财产、编制资产负债表和财产清单后，发现公司财产不足清偿债务的，应当依法向人民法院申请宣告破产。"这时法人的普通清算终止，进入破产清算。

（四）注销

【法条链接 12】

清算事务处理完毕，清算即完结，经办理法人注销登记后，法人自注销登记之日起消灭。法人消灭是法人人格绝对消灭。《民法典》第 72 条第 3 款规定："清算结束并完成法人注销登记时，法人终止；依法不需要办理法人登记的，清算结束时，法人终止。"

【课后练习题 3】

对于法律有规定的，清算人须在法定期间内办理注销登记。《事业单位登记管理暂行条例》第 13 条第 3 款规定："事业单位应当自清算结束之日起 15 日内，向登记管理机关办理注销登记。"《社会团体登记管理条例》第 21 条第 1 款也规定："社会团体应当自清算结束之日起 15 日内向登记管理机关办理注销登记。"

第四章　非法人组织

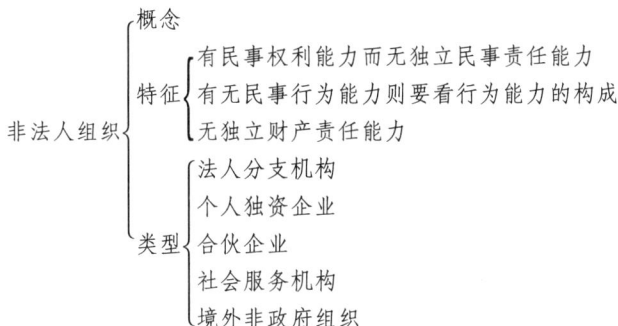

本章重点内容讲解

《民法典》给予非法人组织以团体人格，由此出现民法上的第三主体。非法人组织也是一种团体，掌握其基本特点及类型，了解其与法人最大之不同是无独立责任能力。在法律适用方面，法律对非法人组织未有特殊规定的，可以援用有关法人的规定。

第一节　非法人组织概说

一、非法人组织的概念与学说

非法人组织，又称非法人单位、非法人团体等，是指不具法人资格，可以自身名义参加民事活动，享受民事权利、承担民事义务的组织。在立法例上，德国民法称之无权利能力社团，日本法称之非法人社团和非法人财团。

在我国民法学界，对非法人组织一直有"第三民事主体"的争议。[1]争议双方有肯定说、否定说，聚焦在非法人组织的性质、地位、类型及行为效果等问题，发表了相互对立的观点。肯定说认

---

[1]　参见尹田：《论非法人团体的法律地位》，载《现代法学》2003年第5期。

为，基于非法人组织在社会事务中的重要作用，其权利能力和行为能力已被《中华人民共和国合伙企业法》（以下简称《合伙企业法》）等法律承认，也有法院判例支持，不能因为其财产和责任不独立就否认其主体地位；否认说则认为，非法人组织只是名义上享受权利承担义务，而实质上不能承受其效果，并无责任能力，因此其不具有团体人格而仅有形式上民事主体资格的组织。

法人的独立权利能力，是由独立人格（名称、意思、财产）和独立责任（自己责任）两大要素构成。非法人组织有独立人格，但责任仍然不独立，其行为效果必是"意思自治、责任他治"。按传统的法人标准看，就算不上一个独立的民事主体。然而，如果仅以独立人格为标准，不问责任如何，那么非法人组织亦可认为是另类民事主体。所以，对非法人组织民事主体的认可，实质是对实定法的认知问题。如果认为有名称和独立的意思能力就是法人，那么非法人组织就是法人；如果认为法人必须具备独立责任能力，非法人组织因责任不独立，就不属于法人。如果再进一步追问，法人的本质到底是什么？就回到前述的关于法人本质的讨论。因此民法第三主体问题，实质还是对法人本质的认识问题，百多年来的争论，也没有形成共识，立法者也按实用主义作取舍，没更多的道理可讲。

《民法典》设专章规定非法人组织，并与法人并列，既肯定其具有独立参与民事法律关系的资格，又否定其具有的独立责任能力，在制定法层面回应了学界对此的争议。

二、非法人组织的特征

（一）非法人组织之能力

《民法典》第 102 条第 1 款规定："非法人组织是不具有法人资格，但是能够依法以自己的名义从事民事活动的组织。"与法人相比，非法人组织有民事权利能力，但无独立民事责任能力。

无独立责任能力，这是非法人组织与法人的最大区别。《民法典》第 108 条规定："非法人组织除适用本章规定外，参照适用本编第三章第一节的有关规定。"亦即非法人组织也是享有民事权利和承担民事义务的组织，非法人组织的能力与法人相同，但非法人责任不独立，这一点与法人有本质差别。非法人组织可以自己的名义参与民事关系，因此其有自己的名称，对外可以此名称从事民事活动，而且唯有以此名称参与民事活动才能代表团体，非以此名称

【法条链接 13】

所为的行为，不能代表团体。此外，非法人组织也可以制定活动规则、指定办事场所、选任代表人或者管理人等。

从法律规定看，非法人组织有民事权利能力自无疑义，有无民事行为能力，则要看行为能力的构成。如果行为能力不包括责任能力，那么非法人组织就有行为能力；反之，非法人组织的行为能力就是残缺型的，不具有与法人同等的民事行为能力。

（二）非法人组织之目的事业

《民法典》没有限定非法人组织之目的事业，亦即非法人组织既可以从事营利事业，也可以从事非营利事业。在组织构成上，非法人组织一般属人合团体，即非法人组织是由相对稳定的复数之人构成的单位，财产集合体通常不得认定为非法人组织。

民政部门经常在清理非法人社团，一些非法人组织打着评比颁奖、考核发证、行业排名等名义，收费弄钱，吸引投机取巧者；市场监管部门也深挖专事集资、传销等非法人企业，打击扰乱者以维护市场秩序。学术界对非法人组织的争论，也不纯是学术讨论，有着眼于其现实的消极作用考虑，这个问题不是法律肯定或否定了谁，就能彻底解决的。社会发展到今天，出现了各种利益集团，抱团取暖延伸的抱团发财、抱团发声，又不够或不愿成立法人，《民法典》规定第三主体，体现了法律对非法人组织所作的让步。

（三）非法人组织之财产责任

非法人组织不能独立承担民事责任，这是其与法人的本质区别。在非法人组织不能清偿债务时，则由其出资人或设立人承担连带清偿责任。《民法典》第104条规定："非法人组织的财产不足以清偿债务的，其出资人或者设立人承担无限责任。法律另有规定的，依照其规定。"对于法人分支机构，其财产责任与非法人组织相同。《民法典》第74条第2款规定："分支机构以自己的名义从事民事活动，产生的民事责任由法人承担；也可以先以该分支机构管理的财产承担，不足以承担的，由法人承担。"总之，非法人组织无独立责任能力，其承担财产责任的方式，既可以先以自己财产清偿，不足部分再由出资人或设立人根据连带责任清偿，也可以直接由出资人或设立人承担。

第二节　非法人组织的类型

对于非法人组织包括哪些类型，法律只是作了举例式规定，现实生活中肯定更多，或者还会出现新的类型。《民法典》第 102 条第 2 款规定："非法人组织包括个人独资企业、合伙企业、不具有法人资格的专业服务机构等。"民法学说认为，分公司、非法人社会团体、非法人事业单位、宗教活动场所、筹建中法人以及其他不具法人资格的单位等，也属于非法人组织。这里就司法实务中常见的非法人组织，分别阐述。

一、法人分支机构

法人分支机构指经登记并以自己名义对外参与民事活动的法人分支机构，如分公司等。法人分支机构区分登记和不登记两类。对于不登记的分支机构，须以其所属法人名义活动，其产生的民事责任只能由法人承担；经登记的法人分支机构，可以自己名义参与民事活动，产生的债权债务，既可先以该分支机构管理的财产承担，不足清偿的，再由所属法人承担，也可以直接由法人承担。如《商业银行法》第 22 条第 2 款规定："商业银行分支机构不具有法人资格，在总行授权范围内依法开展业务，其民事责任由总行承担。"大银行的分行，财大气粗，贷款资金动辄论亿，但按法律规定却不是法人，只是非法人组织，我国所有银行的最终责任者都是总行。法律这样规定，既是为了便于国家通过总行一个"阀门"控制信贷总额规模和贷款投向，也是为了保障储户的存款安全。可见，法人与非法人，与财产规模、组织能力关系不大，完全是国家根据政策目标或者企业自治决定的。

二、个人独资企业

《中华人民共和国个人独资企业法》（以下简称《个人独资企业法》）第 2 条规定："本法所称个人独资企业，是指依照本法在中国境内设立，由一个自然人投资，财产为投资人个人所有，投资人以其个人财产对企业债务承担无限责任的经营实体。"个人独资企业可以有企业名称，在设立登记、经营范围等方面，与公司相似。最大差别就是投资人对企业承担连带清偿责任，即出资财产不

【典型案例 23】

【典型案例 24】

被认为是特定财产，不能负有限清偿责任，须承担无限清偿责任。

对于设立个人独资企业的法律要件，根据《个人独资企业法》第8条规定，有5项，即："（一）投资人为一个自然人；（二）有合法的企业名称；（三）有投资人申报的出资；（四）有固定的生产经营场所和必要的生产经营条件；（五）有必要的从业人员。"法律让个人独资企业成为非法人组织，本质上是给予其对外经营时，与出资人名义分离的一个名分，但财产责任仍然是连带的，即形分实不分。

三、合伙企业

合伙是指两个以上自然人或法人以共同经营为目的，相约共同出资、共享利益、共担风险的合同。在法律关系上，合伙有两种类型：①作为民事法律行为，即合伙合同，这是契约关系，合伙人按照合同约定分工协作从事经营，对合伙债务承担连带责任，即只有合伙行为，并不设立有形的企业；②将设立企业作为合伙合同的法律效果，企业是合伙人所组成的人与财产相结合的实体。合伙企业是两个以上的人共同出资、共同经营、共担风险的企业。《民法通则》曾将合伙区分个人合伙与法人合伙（即联营），并分别规定在自然人与法人章；《民法典》基于平等原则，认为自然人或者法人参与之合伙法律关系属同质，应一视同仁，于是将合伙企业统一规定于非法人组织。

【典型案例25】

《合伙企业法》第2条第1款规定："本法所称合伙企业，是指自然人、法人和其他组织依照本法在中国境内设立的普通合伙企业和有限合伙企业。"合伙企业的成立：一是须书面方式订立合同，二是须经登记。合伙企业的效果：一是合伙人对合伙企业享有同等执行权，二是合伙人对合伙企业债务承担无限连带清偿责任，但在有限合伙企业，有限合伙人仅以其出资额为限对合伙企业债务承担清偿责任。

四、社会服务机构

社会服务机构是指依法成立、向社会提供公共服务或从事公益事业的非营利组织。根据《中华人民共和国慈善法》第8条的规定，社会服务机构是与基金会、社会团体并列的三大慈善组织，如非营利性民办学校、医院、养老院及民办文化馆、博物馆等机构。

【典型案例26】

社会服务机构须经登记成立，在提供的服务范围方面，须是非有法律限制或者禁止的。

五、境外非政府组织

非政府组织，英文缩写简称 NGO（Non-Governmental Organizations），在性质上是非营利的私团体，对这类非法人组织，由《境外非政府组织境内活动管理法》调整。该法第 2 条第 2 款规定："本法所称境外非政府组织，是指在境外合法成立的基金会、社会团体、智库机构等非营利、非政府的社会组织。"即境外非政府组织是不在中国境内登记成立，在境外合法成立的非营利组织。对于其在中国境内开展活动，该法第 9 条第 1 款规定："境外非政府组织在中国境内开展活动，应当依法登记设立代表机构。"即其在中国境内活动须设立代表机构，须经登记，不经登记开展活动，即属非法。同时，根据《境外非政府组织境内活动管理法》第 6 条的规定，公安部和各省市公安厅局，是境外非政府组织在中国境内开展活动的登记管理机关。

【课后练习题4】

境外非政府组织在中国境内活动，与境内社会团体所受限制不同。《境外非政府组织境内活动管理法》第 5 条第 2 款明确规定："境外非政府组织在中国境内不得从事或者资助营利性活动、政治活动，不得非法从事或者资助宗教活动。"即营利性、政治性、非法宗教三项，为其"高压线"，不得触碰。这些限制，旨在防止外国政府利用非政府组织在我国搞颠覆活动，西方国家用非政府组织这个"白手套"，在发展中国家搞"颜色革命"，声名狼藉，罄竹难书。在我国将登记机关设在公安部门而非民政部门，言外之意很明白。

第五章　民事法律行为

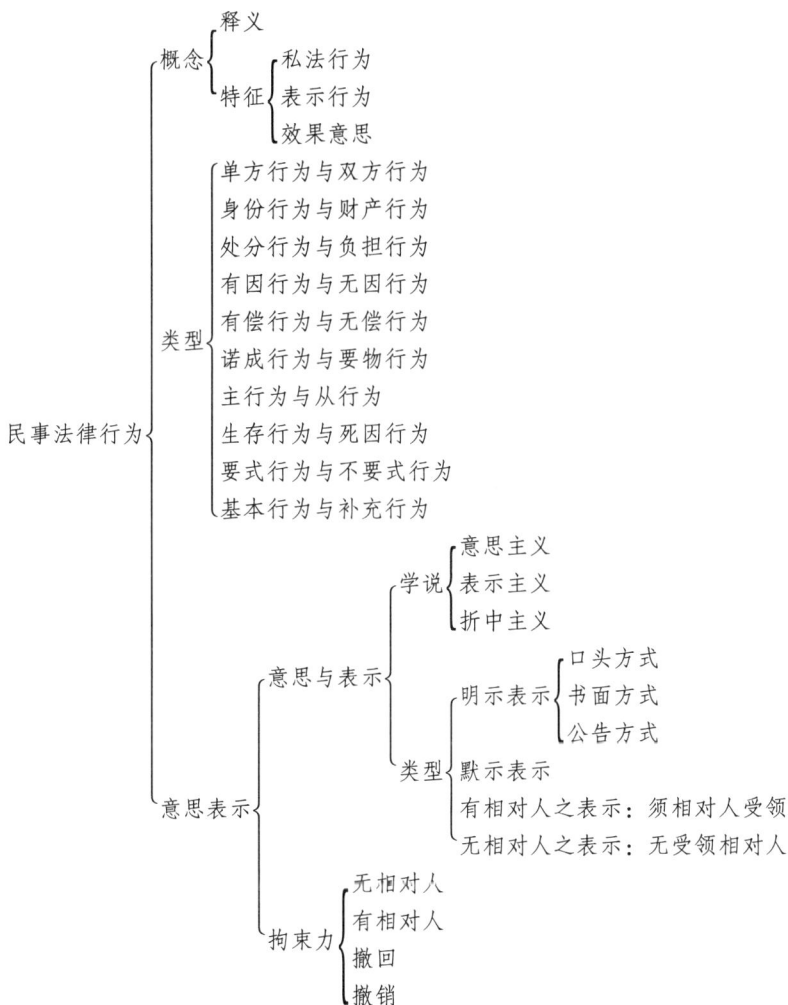

民事法律行为
├ 意思表示{意思表示之解释
│   ├ 原则：探求表意人真意
│   └ 解释方法
│   ├ 文义解释
│   ├ 整体解释
│   ├ 性质与目的解释
│   └ 习惯解释
├ 法律行为成立与生效
│   ├ 成立要件：标的可能、确定、合法、妥当
│   ├ 生效
│   │   ├ 法定要件{主体适格、意思表示无瑕疵、符合法定要求
│   │   └ 意定生效要件
│   └ 附款{附条件、附期限
└ 不真正法律行为
    ├ 无效法律行为
    │   ├ 特征：欠缺实质要件、确定无效、生法定效力
    │   └ 类型{虚假行为、恶意串通行为、侵权免责条款、违反效力强行性规范行为、违背公序良俗行为
    ├ 可撤销法律行为
    │   ├ 撤销权{以诉行使、有除斥期间、撤销后效果等同无效法律行为
    │   └ 类型{欺诈行为、胁迫行为、显失公平、重大误解、重大误传
    └ 效力待定之行为
        ├ 效果：追认权、催告权、撤销权
        └ 类型{限制行为能力人超越其能力之行为、欠缺代理权之代理、债务承担

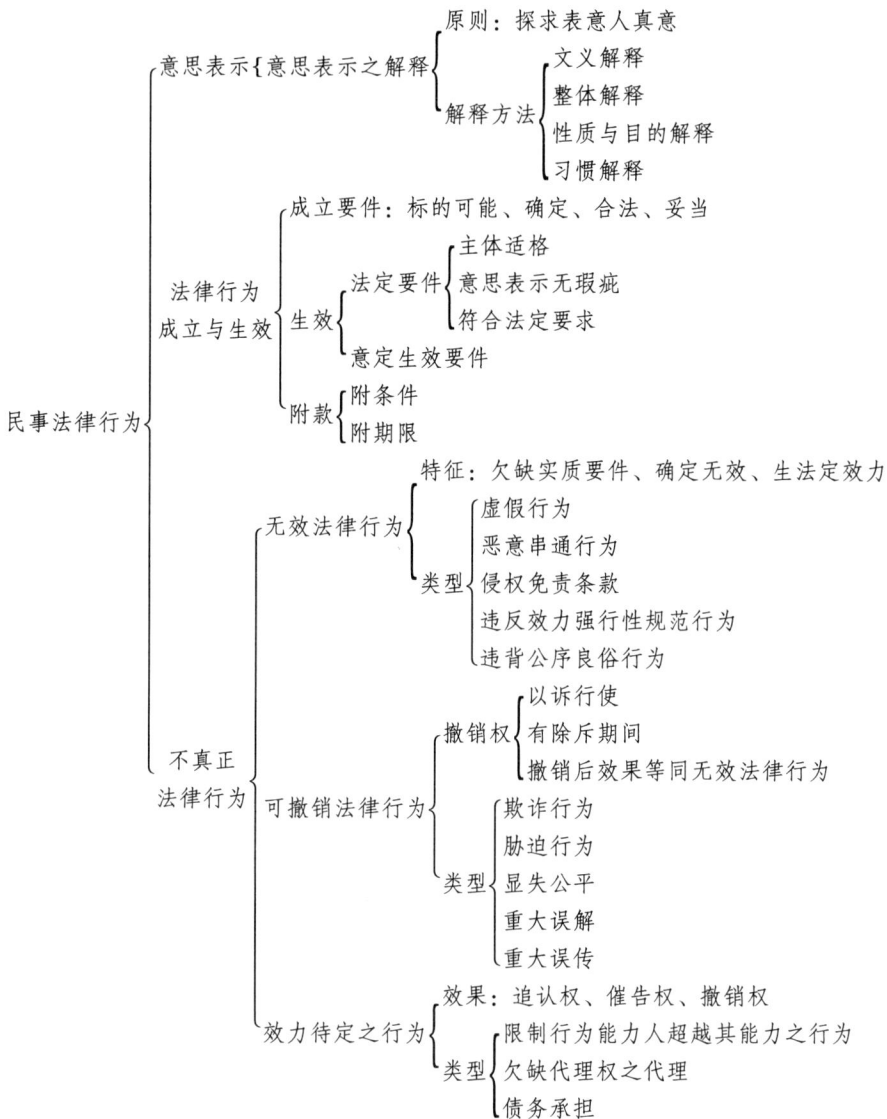

本章重点内容讲解

民事法律行为制度由充盈着康德、黑格尔哲学底蕴的德国民法首创，是民法典进入科学时代的标志性概念。法律行为是表意行为，以意思表示为核心，是民法将意思自治原则落实为可操作的裁判规范体系。意思负载当事人权利义务的效果；表示则须为相对人感知其意思，有相对人之表示和无相对人之表示、明示表示和默示表示等类型，其各自的法律拘束力有差异。随着互联网的出现，电子表示的法律效果尚需探讨。民事法律行为的不同类型，也决定着法律行为在成立、生效及法律效果方面的差异，尤其是，身份行为与财产行为、负担行为

和处分行为还是构建民法分则物权、债权、亲属权编的基础。法律行为可以附条件与附期限，使条件与期限成为法律行为附款，控制法律行为的成立和生效。民事法律行为欠缺根本生效要件的，为无效法律行为；意思表示有重大瑕疵须通过裁判撤销的，为可撤销法律行为。无效法律行为和可撤销法律行为只是不发生意思表示之效果，而不是没有任何法律效力，法律对两者都规范有具体类型。民事法律行为效力涉及第三人，且其效力有待于第三人为意思表示的，则是效力待定行为。

第一节　民事法律行为概述

一、民事法律行为之含义

（一）概念

法律行为是近代德国民法的标志性概念，指以意思表示为要素并依该表示内容发生私法效果的行为。《民法典》谓之民事法律行为，该法第 133 条规定："民事法律行为是民事主体通过意思表示设立、变更、终止民事法律关系的行为。"

民事主体通过意思表示设立、变更、终止民事法律关系，因此意思表示是民事法律行为的核心要素。自然人、法人或非法人组织通过意思表示负载其权利或义务，法律则认可该意思表示的效力，民事权利义务关系由此生效。

法律行为本来就是民法特有的，前缀添加"民事"，可能是立法者想以此与行政法、刑法等其他部门法的"法律行为"加以区分。但这种区分，并无必要，因为法律行为是通过意思表示构建的受法律认可的权利义务关系，是民法独有的。在刑法中所谓"法律行为"就是犯罪行为，是破坏秩序和自由的行为，该行为要被惩罚、效果是要被遏制的；行政法中的"法律行为"就是命令或者特许，既不自治，又非依意思发生效果，其效果是由法律直接规定的。再者，因法律行为产生的民事权利义务关系不仅被民法承认，亦为公法所肯定，如干涉意思自由、侵犯财产权，要受到公法制裁。就此而言，法律行为之效果是普遍的、全域性的，并非仅仅是私法上的。在法律范围内，只有民法上这一个法律行为，再没有其他法律行为。所以，用法律行为表述民法上这个特有概念，并不会与其他部门法的行为发生冲突，而且还表明，自然人、法人只有用法律行为才能达到自主自治，才能实现由"法律"保护自己行为的"目的"。这里所指的"法律"不仅是指民法，还包括公法，也就是意思表示的效果是受一切法律的肯定。

（二）民事法律行为与自治

人的自由是由其外在的自由行为表现的，用民法的视角概括有两种方式：第一种是可以随意地行动，不与他人发生权利义务关系的。如所有权人可以自由决定如何使用他的所有物，是否在艳阳高照的日子上街逛商店或者到热门打卡地游览，或者去做一天的志愿者，等等。这种自由也有行为人的意思，但无须表示，也不会引起预期的权利义务。第二种则是要通过民事法律行为达到某个目的，如结婚、订合同、立遗嘱、捐赠等。这些行为的后果会与他人产生权利义务关系，而这个权利义务关系正是行为人想达到的，目的是否能达成，就是一个法律上自由界限的问题。让行为人负载于行为中的意思表示实现预期效果，也就实现了意思自治。所以，意思表示中有预期效果的，而又被法律认可的，就属于民事法律行为；只有行为，但无意思表示或无预期效果的，属于事实行为。这两者的区别有很抽象的哲学味，作为进入民法学的钥匙，是研习者需要掌握的。

大部分法律关系，是有明确发生权利义务意思的行为导致的，所以法律要设定价值目标来控制法律关系的性质。法律设定的目标就是"意思自治"，让法律关系尽可能按当事人的意志产生，如买卖可以产生所有权，租赁者享有使用权等；小偷虽也有想获得所有权的意思，但因行为违法，法律就不让当事人"心想事成"，其意思不发生法律上的效果。法律在自治与不可自治之间、自由和不能自由之间，划定了这样一条"楚河汉界"。负载某种法律效果的意思通过行为实现了预期目标，人就实现了自由，这就是所谓的私法自治，但自治有"红线"，并非可以为所欲为。

【拓展阅读32】

二、民事法律行为之特征

民事法律行为以意思表示为要素，给当事人提供一种在法律规范旨趣内，实现个人意思、获得自主决定事务资格的可能性。与其他行为比较，民事法律行为有如下特点：

（一）私法行为

民事法律行为属人的行为，再者必须是私法行为，这体现民事法律行为本质性的特征。

民事法律行为在性质上是私法行为，在结果上也是发生私法效果，完全体现私法自治。在法律上，也有公权力行为发生私法效果的，如政府的国家行为、法院的裁判行为等，也可以使民事权利义务关系发生变动，如强制拆迁、征收私人财产、判决履行合同等。但这些行为既不是根据私法又不是基于意思自治，其效果是通过公权力强制实现的，故不属民事法律行为。

反之，亦有私人行为产生公法效果的，如纳税行为、选举行为等。发生公法效果的个人行为，即使有意思表示，也不属于民事法律行为。首先，其目的不在于设定或行使私权或负担私义务；其次，发生的效果也属于公法，并无私法关系的产生；最后，其行为之效果都是法律直接规定的，不是自主设定的，如选举人民代表。这类行为也属于个人自由，与意思自由具有同等位阶，因其法律关系的性质不属私法，在内容上也更多地表达和体现个人在公共事务中的自由，而非对私人事务的自治。可见，自由、自治，也要区分法域，不同法域的行为，自有各部门法调整。

（二）表示行为

这是意思表示的客观特征。人的行为，可区分为表示行为和非表示行为，民事法律行为则属表示行为。

民事法律行为是以意思表示为要素的行为，即该行为不仅要有意思，而且须将内心设定权利承担义务的愿望表露于外部，使意思有所宣示，让他人知悉，这样才能与他人建立权利义务关系。意思表示应当明示，在法律允许或按交易习惯可推定默示时，也可以默示表示。法律允许者，如放弃遗赠；习惯法认可者，如将旧家具扔垃圾堆上抛弃等。非表示行为只能算作事实行为，而非民事法律行为，如购买物品须有购买的表示，若无购买的表示，只能视作逛商店，既然没有预期，自然也无预期的权利义务可言，仅仅是一个事实而已。

意思表示可以是口头的，也可以是书面的，或者是手势、符号等；意思如需要他人受领的，则须以他人能理解的方式表示，莫名其妙的或者他人不可理解的方式表示，则等同于没有表示。如果意思表示是在多个人之间进行，那么意思表示还必须在多个人之间互相一致时才能生效。表示的意思是设定权利、负担义务，当然就要求表示人具有相应的民事行为能力，民事行为能力不适格的，就不具备表示资格。

（三）效果意思

这是意思表示的主观特征。效果意思，即意思须负载有权利义务之内容。

民事法律行为以意思表示为要素。"意思表示"首先要有意思，即人的内心愿望，这个愿望必须有发生权利义务之法律效果，即有效果意思。例如，一个人萌发创作意图，创作一旦完成，其对作品就享有著作权，这个效果是法律直接规定的，是不问作者想要或不想要的意思，所以创作行为就属于合法之事实行为。但如果在创作中，剽窃别人的作品，这是违法行为，其效果也是法律直接规定的，构成侵犯著作权，而不是取得著作权。出版创作出的作品，就要设定具体的权利义务，如交与谁出版、稿酬如何计算、出版社有无全权、作者不得一稿二投等，需要有明确的意思表示，法律则保障作者的意思实现，这就是意思自治。如果作者找了经纪人，通知出版社，再版、稿酬等事宜可以与其经纪人交涉。这个通知民法上谓之"意思通知"，而不是意思表示，因为不涉及当事人权利义务，只是把作者有经纪人的事实告知出版社。

一句话，把饭吃下去是法律事实；把饭给别人吃则是赠与，后者才是民事法律行为。

意思表示中负载了权利义务的内容，才能够达到当事人预期的目的，按照"其所欲"发生民事法律关系。民事法律行为的根本目的在于将意思自治落在实处，赋予当事人自由处理自己事务的权利，没有效果意思就会只有"意思"而无"自治"。所以，民事法律行为之意思必须具备发生某种法律效果的要素。

在公法中，行使公权力的任何"效果意思"，不仅不当然生效，而且决策之意思自由都是受到限制的。其一，国家具有超强权力，不限制即形成极权，人民会无法忍受；其二，公法中断无将法律效果归属于决策者的现象，如政府发布房屋限购令，是对房屋购买者的限制，而不是对政府自身的限制。

最后需要作一个历史性说明，即《民法通则》第54条规定："民事法律行为是公民或者法人设立、变更、终止民事权利和民事义务的合法行为。"据此规定，合法性就曾被作为民事法律行为的一个特征提出，当年很多民法教科书也这样写，其实是不对的。《民法典》在定义民事法律行为时，终于把"合法"二字去掉，回归其本义。《民法典》第133条规定："民事法律行为是民事主体通过意思表示设立、变更、终止民事法律关系的行为。"去掉"合法"两字不是疏忽，而是深思熟虑。因为，如果对民事法律行为提出合法性要求，欺诈、胁迫等明显不合法的行为，就要被认定为无效，法律就要干预，《民法通则》就是干预的。而《民法典》则不主动干预，而是给受骗者、受胁迫者选择权，由其选择有效或无效，选择无效则可通过撤销该行为使之归于无效；亦可听之任之，使该行为生效。易言之，一个被欺诈、被胁迫的行为，亦可实现意思预期，成为民事法律行为，这样就不能要求民事法律行为必须为合法行为。通过对法律演变的说明，旨在助力用逻辑递进思维，从概念到范畴，再由范畴到体系，感受和理解法律行为的哲学底蕴，体会民法为达成意思自治境界所运用的法律技术，这就是民法之学术。

三、民事法律行为的类型

民事法律行为，依不同标准可以划分成若干类型。不同类型的民事法律行为，其成立、生效或其相对人会有不同，因此特点也不同。

（一）单方法律行为、双方法律行为与共同法律行为

根据民事法律行为成立的意思表示当事人或者意思表示的内容，民事法律行为可分为单方法律行为、双方法律行为和共同法律行为。《民法典》第 134 条第 1 款规定："民事法律行为可以基于双方或者多方的意思表示一致成立，也可以基于单方的意思表示成立。"

单方法律行为是仅基于一方当事人意思表示而成立的民事法律行为，故也称单独法律行为。单独法律行为的特点在于：无须相对人的同意，该行为即告成立。如悬赏、遗嘱、代理权授予、无权代理的追认、抛弃所有权、放弃继承或放弃受遗赠等，都属单方法律行为。单方法律行为只涉及个人权利领域，如抛弃所有权，或者是法律授予其权限的领域，如授予代理权。因此当事人可以仅凭单独意思设定权利义务，无须相对人协助。单方法律行为又可按意思表示是否需要受领，区分为无相对人受领和有相对人受领之民事法律行为。对于无相对人受领之单方法律行为，只要意思表示完成，行为即告成立，而无须向相对人表示，如抛弃、遗嘱；对于须相对人受领之单方法律行为，虽无须相对人同意，却须意思表示到达相对人时法律行为始能生效，如债务免除、放弃继承。

双方法律行为是因当事人双方相互间意思表示一致而成立的民

事法律行为，这个行为就是合同。这里的双方包括当事人一方有两人或以上。双方法律行为的特点是：必须有当事人双方的意思表示，而且必须相互结合、彼此一致。双方法律行为要求双方当事人意思表示一致，并不是要求双方意思表示中的利益一致，如在买卖中，买方与卖方利益是相反的。再者，双方意思表示一致与双方都负有权利义务也是两码事，有的合同仅一方负义务，相对方不负有义务，如赠与契约；也有的合同，不直接产生义务，只是行使权利，如移转所有权。

共同法律行为，亦称合同行为，此合同与契约有别，特指意思表示平行一致，与契约意思表示相向一致不同，后者是多方法律行为。共同法律行为，学说上尚有些不同的解释，通说认为共同法律行为是多数当事人因平行的意思表示一致而成立的民事法律行为，与此相对应的其他民事法律行为则被称之一方行为，如上述单方法律行为和双方法律行为就属一方行为。共同法律行为的意思表示不一定是设定权利义务，如公司的决议有可能是人事任命、确定表决程序等。在民法起草征求意见时，有学者就认为："决议行为非法律行为的一种类型，最多算是一种准法律行为。"[1]可见，对共同法律行为的认识存在分歧。

（二）身份法律行为与财产法律行为

民事法律行为依效果的内容是身份关系或财产关系，区分为身份法律行为与财产法律行为。

身份法律行为是发生身份变动效果的民事法律行为，按其效果发生领域是在亲属法还是继承法，还可以划分为亲属法律行为和继承法律行为。

发生亲属法上效果的行为，在单方法律行为方面，有非婚生子女认领、指定被监护人居所等；在双方法律行为方面，有结婚、协议离婚、收养、委任监护等。亲属法律行为有三个特点：①身份变动都是人的重大事项，因此该行为意思表示生效，须经过公示、诉讼等程序，如结婚、协议离婚、收养等须经登记，单方离婚须经诉讼；②须亲自为之，如缔结或者终止婚姻关系，当事人必须到场，不许代理；③亲属法律行为之意思内容，受到法律的诸多强制，如

---

[1]《民法总则立法背景与观点全集》编写组编：《民法总则立法背景与观点全集》，法律出版社2017年版，第222页。

身份关系和基于身份的权利不得自由处分，前者如血亲关系不得解除，后者如因亲属关系发生的扶养权不得让与等。夫妻约定财产或者分割财产的行为，扶养人之间约定扶养责任、给付扶养费份额的行为，兄弟之间分家析产等，虽然具有财产内容，但是也属于亲属行为。因为该财产意思表示以身份为条件，有的属于亲属法上的权利或义务，如分家析产、扶养等；有的须以解除身份关系为条件，如夫妻分割共有财产。

发生继承效果的法律行为，其中有单方法律行为，如遗嘱、继承权的接受与抛弃等；也有双方法律行为，如继承合同和遗赠扶养合同。继承法律行为最重要者，当属对遗产的处分行为。这是死因行为，在方式上可以通过遗嘱或者继承合同发生。继承法律行为之意思表示须在死后发生，如处分是在生前生效的，则属赠与，属财产法律行为而非身份法律行为。

财产法律行为是发生财产关系变动效果的法律行为，财产法律行为按效果的领域，可区分为物权法上的行为和债权法上的行为。物权法上的行为，即物权法律行为，单方法律行为如抛弃所有权，双方法律行为如设定抵押权、交付等；债权法上的行为，即债权法律行为，单方法律行为如悬赏、单方解除，双方法律行为如买卖、运输、承揽等合同。债权法上的行为可以以法律不禁止的任何内容为标的，而物权法上的行为受物权法"类型强制"的限制，表意人只能在法律允许的类型内设定物权。

（三）处分法律行为与负担法律行为

在财产行为中，依民事法律行为之效果区分，可分为负担法律行为和处分法律行为。

负担法律行为是指发生给付效果的法律行为。所谓负担，就是一个人对于另一个人负有作为或者不作为义务，受领负担义务一方享有的就是请求权。负担行为因设定给付，导致债的关系产生，负有给付义务的一方是债务人，另一方是债权人。如果负担是双方的，即成立双务法律行为，亦称双务合同；如果负担只在一方，即成立单务法律行为，亦称单务合同。但是，并非任何一项债法上的法律行为，都是负担法律行为，如债务免除、债权让与等，就不是负担法律行为，而是处分法律行为。负担法律行为设定的权利不能直接实现，须经义务人完成给付行为，权利才能实现。如买卖成立后，买受人并未获得标的之所有权，须由出卖人交付标的物后，买卖的目的才达成。由此可见，负担法律行为设定的是交易中的权利，对该权利的支配，还须他人协助才能完成，不似处分法律行为设定的权利能直接实现，故负担法律行为也称非直接处分行为或称债权行为。最常见的负担法律行为是合同。合同中有仅有一方有负担行为的，如消费借贷；也有双方都有负担行为的，如租赁。

处分法律行为是指直接发生财产权移转或消灭效果的行为。所谓处分，就是直接使权利移转，如交付物之行为；权利内容的缩小或改变，如设定地役权；权利上设定负担，如抵押；以及权利消灭，如免除、抛弃等。处分法律行为的对象是权利或者法律关系，其权利变动之效力的实现无须义务人履行，处分法律行为一经成立，效力即发生。如土地所有权人在土地上为他人设定了限制物权，也就意味着所有权人放弃了一部分所有权的权能，而他人则取得了相应的限制物权，并可以对抗所有权人。

（四）有因法律行为与无因法律行为

根据后一个行为的效力是否须以前一个原因行为为要件，财产法律行为可分为有因法律行为与无因法律行为。

有因法律行为，亦称要因法律行为，是以原因为要件的民事法律行为。即该民事法律行为的效力，不是完全独立的，而是要考虑原因行为的效果。即如原因行为欠缺、不合法、不可能或与该行为不一致，则该行为不成立或者效力未定。绝大多数负担法律行为是原因法律行为，而大多数处分法律行为都是结果法律行为。如买卖、赠与、互易作为原因行为，是交付标的所有权的原因，而最终移转所有权，还须由第二项行为——处分行为来完成。如出卖人通过负担行为，设定了标的物给付义务，再通过处分行为，履行买卖负担的给付义务，完成整个买卖过程。设定负担、完成给付，从买卖过程看是一个不可分的整体，只有完成了所有这些行为后，当事人追求的交易效果才能实现。而有因法律行为就是从交易内在的关联性决定原因行为对结果行为的效力，这符合生活层面人们对交易过程的认识，容易理解，执行也简便。

无因法律行为，亦称不要因法律行为，是在有原因的场合，不以原因为要件的民事法律行为。即不论原因是否欠缺、违法等，该行为自完成时起发生效力，不受原因行为的影响。无因行为理论，是将生活层面的一个完整交易过程分割为若干民事法律行为，然后用法律技术将它们之间的因果关系"切断"，使原因行为的效果对

【拓展阅读 33】

【拓展阅读 34】

【拓展阅读 35】

结果行为不发生影响。所以，这个理论在学术上谓之分离原则，理论上存在争议，其原因就是人们难以理解为何要把实务中一个有机联系的交易过程，作形而上分割，苛责该理论脱离生活实际。其实，该分类在保障安全方面，体现很精妙的立法技术，最典型的无因法律行为是票据行为，如买卖中买方以汇票代现金支付，以后不论买卖是否因违法、欺诈等原因不能生效，该票据行为仍然有效，这样就能保障票据流通的有效性和安全性，不使无辜的票据持有人受损。有原因的行为，多为处分行为，如财产交付，往往是买卖、赠与等原因行为设定的给付义务。当买卖等原因行为无效时，该交付财产的处分行为是有效还是无效？若"是"，就是有因法律行为；若"非"，就是无因法律行为，这须由法律在两者之间作选择。

（五）要式法律行为与不要式法律行为

根据构成民事法律行为之意思表示，是否必须依照一定方式实施，可以把民事法律行为分为要式法律行为与不要式法律行为。区分的实益，在于说明不要式法律行为得自由为之；反之，要式法律行为必须按形式、走流程。

要式法律行为是意思表示须以一定方式实施，或者于意思表示外还须走一定流程的法律行为。要式法律行为如欠缺法定或约定的形式要件，该行为不成立或不生效。具体还可细分为法定要式行为和约定要式行为。

法定要式行为之要式程度，由法律明文限定。常见的有这样几种：书面方式，即法律要求意思表示须以书面方式表示，如《民法典》第789条规定建设工程合同须以书面签署；登记方式，即该民事法律行为须履行登记方能生效，如《民法典》第208条规定的不动产变动须登记，《公司法》第6条规定的设立登记等；公告方式，即民事法律行为之意思表示须经公告方可生效，如《公司法》第188条规定，注销公司的，须公告。最严格的为批准程序，如《民法典》第792条规定，投资计划经政府批准后，方可订立国家重大建设工程合同。

【拓展阅读36】

不要式法律行为是不拘形式的法律行为，对于意思表示方式，当事人可以自由决定采用书面、口头或者电子等方式，悉听尊便。

（六）有偿法律行为与无偿法律行为

以法律行为的内容有无对价给付为标准，双方财产法律行为可以分为有偿和无偿的法律行为。这个对价给付是指在同一个法律行

为中，如买卖中一方给钱、另一方给物，就是有偿；像在赠与，一方给对方物或钱作为礼物，接收方"白拿"，就是无偿行为。当然收礼一方有可能以后作了回报，那又是另一个无偿行为，礼尚往来是通过两个无偿行为，达成事实上有偿的。所以，这里的有偿、无偿，是仅就同一个行为而言的。

有偿法律行为是双方当事人各因对价给付而互受利益之法律行为，即双方各负义务，互相给予相应报偿的行为。买卖、租赁、承揽等合同就是有偿法律行为。合同是市场经济中配置资源的主要方式，而市场又以价值规律为首要法则，所以，合同以有偿为原则，无偿为例外。

无偿法律行为是仅有当事人一方为给付，相对人纯受利益不付对价的法律行为。无偿法律行为的特点是，双方不形成对待给付关系，赠与、借用、无偿借贷等都是无偿法律行为。

（七）诺成法律行为与要物法律行为

根据民事法律行为在意思表示之外，是否以标的物之交付为成立要件，可以把法律行为分为诺成法律行为和要物法律行为。

诺成法律行为是指当事人双方意思表示一致即可成立的行为，其不以标的物的交付为要件，故亦称不要物法律行为。

要物法律行为是除当事人意思表示一致之外，还需要交付标的物才能成立的法律行为。要物法律行为的这个特点，又被称为实践法律行为或践成法律行为。要物法律行为的特点是，仅有意思表示，法律行为还不能成立，只有当按照该意思表示完成标的物交付时，法律行为才告成立，意思表示设定的权利义务方能生效。如定金之约定须完成给付始成立，仅有约定而未给付的，定金合同不成立。

（八）生存法律行为与死因法律行为

依民事法律行为效力发生于生前还是死后，区分为生存法律行为和死因法律行为。

生存法律行为，亦称生前法律行为，是效力于自然人生存时发生；死因法律行为是效力以行为人死亡为原因发生的行为，即意思表示在生前，效力发生于自然人死亡后。民事法律行为大多数是生存法律行为，但也有些是死因法律行为，如遗嘱，就是典型的死因法律行为。

（九）主法律行为与从法律行为

以相互关联的几个行为之间的效果有无独立性为标准，复数的民事法律行为可分为主法律行为和从法律行为。

主法律行为是在关联的法律行为中，其行为按本意思表示即能成立的法律行为，而非由关联行为决定的；从法律行为则是其效果以关联行为为前提才能成立的法律行为。区分主法律行为和从法律行为的实益在于主法律行为的效力决定从法律行为，主法律行为不成立、无效、被撤销，则从法律行为亦随其命运。如主法律行为是借贷，从法律行为是保证，如借贷不成立、无效或者因履行完毕而消灭，从法律行为之保证的效力也随之变动。

（十）基本法律行为与补充法律行为

以法律行为之意思表示是否有实质的独立内容为标准，复数的民事法律行为可分为基本法律行为和补充法律行为。

基本法律行为是指意思表示中虽有实质的权利义务内容，却以相关的其他行为生效为生效要件的行为；补充法律行为则是指意思表示中无实质内容，仅作为基本法律行为生效要件的行为。如限制行为能力人订立合同，这是基本法律行为，根据《民法典》第19条、第22条的规定，该行为须"经其法定代理人同意、追认"方生效，这里代理人的"同意"或"追认"，即属补充法律行为。

基本法律行为虽有设定权利义务之意思表示，但生效有赖于他行为补助，这一点与主法律行为能独立生效不同。因基本法律行为生效须经补充，故亦称待补法律行为、被补充法律行为。而补充法律行为虽能使基本法律行为生效，但没有基本法律行为其本身也不生效，这一点与从法律行为相同，但从法律行为亦有设定权利义务的实质内容，而补充法律行为则无。补充法律行为的形式主要有同意、允诺、追认等，是对基本法律行为效力的补助，故亦称补助法律行为。区分两者的意义在于，补充法律行为仅为基本法律行为的效力要件，其本身无独立内容；而被补充的基本法律行为，在被补充之前，不能生效，处于效力待定状态。

第二节　意思表示

一、意思表示之含义

（一）释义

意思表示是指行为能力适格之表意人，将自主形成的效果意思

【法条链接 14】

表达于外部的行为。行为能力适格，有四层含义：①意思表示人须合格，包括有民事行为能力人以及限制民事行为能力人与之能力相符的表示。②意思自主形成，即不是受外部压迫，民事法律行为本来是实现私法自治的工具，被压迫形成的意思如果生效，就从根本上否定了民事法律行为制度。③效果意思须有权利义务内容，不是泛泛而言。④表达于外部，即意思须发表，让人能知晓，民事法律行为本就是要与他人发生权利义务关系，他人无法知其意，意思就如无，无法与他人链接起权利义务。

概括起来说，意思表示的客体须为意思；意思表示之意思，非寻常之意思，须有权利义务内容，而非事实、观念、情感等；意思须自由形成，非有外部压力强迫；该意思须表示，非深藏于内心；表示的须是主观意思，而非客观事实表述或情感表达等。

《民法典》第六章"民事法律行为"专设第二节"意思表示"，在第 143 条规定的民事法律行为有效条件中又把"意思表示真实"列入（该条第 2 项），可见意思表示是民事法律行为不可或缺的要素。

（二）意思之形成

意思是指追求特定目的的愿望，其从内心愿望的形成开始，到最终表达，是一个意志作用于外在权利义务关系的过程。大致过程是：有心理引发之动机→自由形成之真实意思→具有权利义务内容之效果意思→通过语言文字之表示意思。

如果说意思表达了人产生了目的，那么目的前面必有动机，也就是动机是因、目的是果。动机作为一种生理或心理因素，指导或者唤起目的行为的产生。例如，为了有一个属于自己的居室而买了一间房屋、为了打官司而请了律师、为了表达爱心而捐助、为了青春永驻而美容等，这里法律只尊重表达的意思——买卖、委托、捐赠、美容服务等，至于藏于目的后面的动机，并不是民事法律行为的构成要素。

意思是受意志控制下的作为和不作为，是意志的表达；意志则是意思的内核。如果意思不是在自己的意志控制下作出，就不属于自治的"意思"，那么就不成立民事法律行为。如一个人在梦中或者被麻醉后就无法对其行为进行有意识的控制，也就不能作出符合其意志的表示，该失控之表示不属于法律行为的范畴。再者，一个人于外部强制下形成的意思，肯定也是不自由的，如受人胁迫签订了合同。但上述行为人意识失控或自由受到损害，在外部是很难判断的，恰如"鞋是否合适只有脚知道"，法律赋予本人撤销其意思表示的权利，但在撤销前，该行为还是被认为是有效的法律行为。即对非自由状态作出的意思表示，法律赋予表意人撤销权，这也是自治原则的体现。

（三）意思与表示

在一般意义上说，无意思表示即无民事法律行为。所以意思须表示，存在于内心的意思是无法律意义的，未经表示的意思就是一个事实。民事法律行为之意思有效果意思和表示意思之分，效果意思是行为人内在的意思，表示意思是行为人表露于外的意思。内心设定的权利义务之意思要发生法律上的效果，就必须表示。意思表示，就是发表意思，将主观意思显现于外部的，可用语言、文字或者其他受意志控制的肢体动作表达，如表决时用举手表示、是与否用点头与摇头表示等。

所以，意思是表示的意思，而非内心的意思，在自由形成的、具有权利义务内容的意思表示中，效果意思与表示意思的统一，才能达到自由的境界。但事实上，效果意思与表示意思是会有差别的，学术界也因此有意思主义与表示主义之争。

意思主义认为，民事法律行为的效果必须与表示的内心意思相一致，即行为人的效果意思决定民事法律行为的效力，表示只有证据上的意义，只有内在意志才是发生效力的唯一原因。萨维尼在其代表作《当代罗马法体系》中更是强调意志的重要价值，认为"应当将意志本身看成唯一（！）重要和有效的东西"，因为"意志是一个内在的、看不见的事实，所以它需要一个符号，只有这样其他人在能通过这个符号认识到意志。"[1]该说偏重尊重行为人主观愿望，强调个人意志。《法国民法典》是意思主义的代表作，其与表示主义最大的不同是，意思的形式服从于意思内容。例如，在不动产交易，包括买卖、抵押等，只要当事人意思表示成立就生法律效力，登记只是发生对抗第二人的效力。

表示主义则认为，应信守表示的外在意义，不允许根据表示意

---

〔1〕　转引自［德］卡尔·拉伦茨：《德国民法通论》（下册），王晓晔等译，法律出版社 2003 年版，第 452 页。

思及效果意思的欠缺而免责。[1]表示主义更加注重信赖利益和交易安全，认为必须保护相对人对表示的信赖，如果信赖被破坏，相对人就会受到意想不到的损失；同时为了促进频繁的交易活动顺利和便捷地进行，只要求相对人对意思之表示按商业活动中遵循的惯例来理解，而不是按表意人的个别意思来理解。[2]表示主义的极致就是形式主义，古罗马十二表法第6表第2条就刻着"凡是嘴说过的就是法律"。早期罗马法中因胁迫、欺诈所作的民事法律行为也是仍然有效的，到了15世纪东罗马帝国时代，才改取意思主义，把真正的意思作为债成立的基础。[3]古代的日耳曼法更趋向于客观的、形式的意思表示，认为外在的意思表示越明显甚至有象征性的举动，意思就越有效。[4]相对而言，《德国民法典》偏重表示主义，法典第一草案的《立法理由书》就曾说明："使用意思表示者，乃侧重于意思表达之本身过程，或者乃由于某项意思表示仅是某项法律行为事实构成之组成部分而已。"[5]意思一旦经表示就视为是表意人的意思，如两个意思的表面相同，合同即成立；不动产交易登记才生效，不登记不生效。

有学者认为意思主义与表示主义过于僵硬，于是就出现了折中主义。该学说认为，意思是通过表示才发生效力的，仅仅停留在内心的意思，是不能生效的，只有表示的意思，意思才"定格"，对表意人产生了约束力。因此，折中主义认为，没有表示就没有有效的意思，意思表示不只是"独白"，而是一种有效的表示。[6]概而言之，该学说认为，于表示外不存在"超然独立"的意思，同样在意思之外也无"空白"的表示。

【拓展阅读37】

二、意思表示与民事法律行为

（一）学说演进

早期的民法学，将民事法律行为等同于意思表示。如德国法学

---

〔1〕 参见黄立：《民法总则》，中国政法大学出版社2002年版，第232页。

〔2〕 ［日］山本敬三：《民法讲义I总则》，解亘译，北京大学出版社2004年版，第86页。

〔3〕 参见［意］彼德罗·彭梵得：《罗马法教科书》，黄风译，中国政法大学出版社1992年版，第60~61页。

〔4〕 参见李宜琛：《日耳曼法概说》，商务印书馆1944年版，第84页。

〔5〕 ［德］迪特尔·梅迪库斯：《德国民法总论》，邵建东译，法律出版社2000年版，第190页。

〔6〕 参见［德］卡尔·拉伦茨：《德国民法通论》（下册），王晓晔等译，法律出版社2003年版，第453页。

家萨维尼就认为，意思表示与法律行为系同义语，《德国民法典》第一草案的《立法理由书》采纳了这一观点："就常规言，意思表示与法律行为为同义之表达方式。"[1]虽然无意思表示即无法律行为，但有了意思表示并非就等于成立了法律行为，如不动产交易除意思表示外还须登记。随着学说的演进，法律行为与意思表示的关系逐步厘清，意思表示虽为法律行为核心要素，但法律行为还须有适格之表示主体，还可附特定事项等。在现代，区分意思表示与法律行为，并将意思表示作为法律行为之要素，已逐步成为通说。

（二）两者关系

1. 意思表示是法律行为的核心要件。即民事法律行为须有意思表示，无意思表示即无法律行为。但意思表示所追求的效果，还来自法律规范的安排。有学者在表述这一观念时指出："法律行为之所以产生法律后果，不仅因为法律制度为民事法律行为规定了这样的后果，首要原因还在于从事民事法律行为的人正是想通过这种法律行为引起这种法律后果。"[2]在这里，法律制度被认为是不可或缺的前提条件，但是当事人的意思是否选择这样的效果，是否想达成法律规定的结果，才是法律效果发生的核心条件。

2. 意思表示等同于法律行为。民事法律行为只要一个意思就能成立，意思表示可以等于民事法律行为。如遗嘱、解约、承认等单方意思表示即是法律行为。

3. 法律行为须复数意思表示一致。民事法律行为须有两个或两个以上的意思表示才能成立，意思表示不等于民事法律行为。如合同必须有两个意思表示，即要约与承诺，两个意思表示有一个不成立，民事法律行为本身也就不成立；相应的两个意思表示有一个被撤销，该民事法律行为也就无效。

4. 法律行为须有意思表示外的行为。在意思表示外，尚需践行一定行为方成立民事法律行为。如要物法律行为，意思表示与物之交付同为不可或缺之要素。

（三）当代挑战

社会生活的发展，永远会给既有理论出难题。这时候就需要观察，如果是已有理论不能包容新生事物，那么就需要新的理论；如

---

〔1〕　［德］迪特尔·梅迪库斯：《德国民法总论》，邵建东译，法律出版社 2000 年版，第 190 页。

〔2〕　［德］卡尔·拉伦茨：《德国民法通论》（下册），王晓晔等译，法律出版社 2003 年版，第 426 页。

果新事物仍然在既有理论的框架内，那么只需对已有理论作出新的解释就可以。由于人们有"喜新厌旧"的嗜好和对"标新立异"的追求，往往会把旧理论的新解释或者重新组合的旧理论，当作理论创新来满足嗜好或癖好，即所谓的"新瓶装陈酒"。而站在法律的立场上，推倒一个体系只需瞬间，但建立一个体系，或许要百年。所以，偏向于通过法律的解释达到"旧瓶装新酒"的目的。如果法律的解释、学理的探讨有了一定量的积累，新的法律体系就会破土而出。这也是法律业者普遍具有保守倾向的原因。

1. 重复行为。人们在日常生活中会遇到经常重复的民事法律行为，如登上一辆公共汽车，就算签订运送合同；将钱币投入自动售货机，就是愿意购买；在网店选定物品，点击付款，就算成交，等等。在这些行为中，人们只看到民事法律行为的效果，而看不到成立法律行为的意思表示。民法学说将此类法律行为称为"社会典型行为"，没有意思表示，却有法律行为的效果。对此类行为，可从社会生活的重复性，推断其意思表示。

2. 电子意思表示。现在网上交易盛行，交易者之间以智能手机、电脑、数据设备作为工具，按照约定交易方式和程序、输入密码，即作为意思表示。那么操作中或设备运作中发生错误，甚至因黑客入侵篡改数据，通过数据表示之意思与内心效果意思不一致，表意人能否因表示错误撤销该行为？产生于纸质文字、口头语言交往时代的民法理论，就须对运用于电子交易时代的法律行为理论作出拓展性解释，以适应所需。如果既有的可撤销的错误表示行为理论能容纳之，就不需要再建新的理论；如不能适用或者适用勉强的，也不妨构建电子信息错误可撤销行为类型：在有黑客、病毒入侵硬件设备时，对被篡改的表示意思应赋予表意人撤销权，以维护表示意思与效果意思的统一。互联网、物联网在信息流通方面虽有便捷、迅速的特点，但又非常的脆弱，民法理论面对这样的场景，需要在传承中创新，以适应人类已经进入的信息时代。

3. 意思实现。是指行为人虽无意思表示，却有效果意思追求的实施行为。这是从意思受领人角度看的，行为人并没有意思表示，但实施行为已经有了民事法律行为追求的效果。如将一台旧电脑扔在垃圾堆上，没有抛弃之意思表示，"扔"也就是事实行为，但所有权人与电脑之间"隔断"支配的联系可以通过"扔在垃圾堆"上推论出来。亦即未经表示，"抛弃"意思之效果已经实现，因此，可以根据意思实现方式推论该民事法律行为之意思表示，法律认可其效力。

三、意思表示之类型

（一）概述

意思是内心活动，表示是将意思发表后外化，任何意思只有表达出来才能为他人所知，从而在当事人之间链接起权利义务关系。意思以什么方式表示，决定民事法律行为的表现形式，意思表示方式就是研究意思的外化问题。当事人在参加民事活动时，以何种方式表达意思，应由当事人自由选择，法律不应强制，这是意思自治原则决定的。但法律为了求得社会稳定或者对某些事务的管理需要，会对民事法律行为的意思表示规定专门方式，当事人如不按该方式为表示意思，民事法律行为将不成立或者不生效。这也是国家通过公法干预私法实施社会管理的一个重要手段。这种干涉的专门性规定，散落在诸多法律中，既有私法规范，亦有公法规范。私法如《民法典》第33条规定，附条件委托监护须用书面方式；公法如《民事诉讼法》第124条第2项规定，排除司法管辖的仲裁须书面合同等。

根据《民法典》第六章第二节"意思表示"之规定，再结合司法实务、社会生活习惯、民法学研究成果等，将意思表示类型概括为以下诸类型。

（二）有相对人之表示与无相对人之表示

根据意思表示是否须向相对人实施，将意思表示区分为有相对人之表示和无相对人之表示。

有相对人之表示指意思表示有受领之相对人，故意思表示须向相对人为之。按到达主义，该表示意思在到达相对人时生效，如债务免除、单方解约等，在意思表示未到达相对人时，该民事法律行为不生效。无相对人之表示是指意思表示并无受领之相对人，《民法典》第138条规定："无相对人的意思表示，表示完成时生效。法律另有规定的，依照其规定。"即该意思表示于表示行为完成时即生效，如社团之决议、公益捐赠等；法律另有规定的，如《民法典》第1134条对自书遗嘱的意思表示有特别要求，须"由遗嘱人亲笔书写，签名，注明年、月、日"，方算完成。

有相对人之表示可再区分为：

1. 对特定人之表示与对不特定人之表示。在有相对人之表示中，依相对人是否为特定人，还可进一步区分为对特定人之表示与对不特定人之表示。

对特定人之表示指以特定人为相对人的意思表示，如免除债务、单方解约，意思表示均须向特定的债务人、合同相对人作出，"张冠李戴"不生意思表示之效力；对不特定人之表示指意思表示向不特定人作出即生效，如招标、悬赏等。

2. 对话之表示与非对话之表示。在有相对人的表示中，依表示时相对人可否同步受领，将意思表示进一步区分为对话之表示与非对话之表示。

对话之表示系指相对人可同步受领之意思表示，口头、电话、视频、哑语、微信、QQ 等方式，属对话之表示方式；非对话之表示指相对人不能同步受领之意思表示，如信函、电子邮件、送达等表示方式。区分两者的实益在于判断意思表示生效的不同时间。《民法典》第 137 条第 1 款规定："以对话方式作出的意思表示，相对人知道其内容时生效。"即生效时间为相对人受领该意思，并知其内容之时。对于非对话方式的意思表示生效时间，《民法典》第137 条第 2 款规定："以非对话方式作出的意思表示，到达相对人时生效。以非对话方式作出的采用数据电文形式的意思表示，相对人指定特定系统接收数据电文的，该数据电文进入该特定系统时生效；未指定特定系统的，相对人知道或者应当知道该数据电文进入其系统时生效。当事人对采用数据电文形式的意思表示的生效时间另有约定的，按照其约定。"即采取到达主义原则，而不问相对人对意思内容是否了解，收到即生效。

（三）明示表示与默示表示

依受领人对意思表示的感知方式，意思表示可分为明示表示和默示表示。《民法典》第 140 条第 1 款规定："行为人可以明示或者默示作出意思表示。"

1. 明示表示。明示表示是指用语言或文字等视觉或听觉能直接感知的意思表示方式。包括口头形式和书面形式两大类。

（1）口头表示方式。口头表示方式即用口头语言所作的意思表示，如用口头语言洽谈并订立合同、委托代理人、在集市上即时交易等。在法律没有禁止或者限制意思表示方式时，都可以以口头方式为意思表示。

口头表示方式的优点是表示便捷、传达迅速；缺点是意思表示的内容不易保留，发生纠纷时不易举证，须有旁人证明才行。因此，口头表示方式适宜于民事法律行为的效果能即时完成的场合，若民事法律行为设定的权利要待日后才生效，或者其效力要持续较长的时间，就不适宜使用口头方式。

录音录像方式表示，按法律的规定，被视为口头方式。《民法典》第 1137 条规定："以录音录像形式立的遗嘱，应当有两个以上见证人在场见证。"录像表示方式再延展，还包括其他视频方式。

（2）书面表示方式。传统的书面表示方式指纸质书面语言所作的意思表示，因电子技术在信息传递中的广泛运用，书面表示又有很多新形式，法律对此作了扩展解释。《民法典》第 469 条第 2 款规定："书面形式是合同书、信件、电报、电传、传真等可以有形地表现所载内容的形式。"据此，书面表示方式应定义为以有形物质作为载体的意思表示方式，包括文字（如文件、信函、电报、电传等）、图表、照片、技术工程用图等。书面方式的优点是郑重庄严，因"白纸黑字，铁案如山"，易于作为证据保留；缺点是制作不仅耗时，也平添表示成本。

互联网的普及，又出现了信息交换的新形式，如电子数据方式、电子邮件等方式。《民法典》第 469 条第 3 款规定："以电子数据交换、电子邮件等方式能够有形地表现所载内容，并可以随时调取查用的数据电文，视为书面形式。"即在法律要求书面方式表示的，可以用数据交换、电子邮件方式表示，法律认可其替代书面的效力，也是现在受鼓励的所谓"无纸化"。电子表示方式的优点是具有类似对话方式的迅速、便捷，缺点是容易因病毒、黑客入侵、网络故障等原因遭篡改或丢失，现代技术无法保证其可靠性和安全性，所以法律只是将其"视为书面形式"。在对意思表示安全性有特殊要求时，经当事人约定或法律有特别规定时，意思表示仍须以传统的纸质书面方式为之。

书面表示方式的特殊形式，是公证、登记等特别方式。所谓公证，是以公证书的方式记录意思并证明该意思真实性、合法性的表示方式。民事法律行为除法定必须公证的以外，是否以公证方式表示，由当事人自由决定。所谓登记，是意思经登记机关审查后，予以确认并在专门登记簿上加以登录的表示方式。有些对世效力的民事法律行为，法律规定经登记方生效，如设立法人、取得和变更不动产物权、婚姻民事法律行为，须经登记，只有完成登记，民事法律行为才能生效。

（3）公告表示方式。是指以文字或言辞等方式，使不特定的多数人得知其意思表示的方法。公告表示方式，如报刊、广播电视、网络或者张贴街头文告、对多数受众宣布等，若非法律有特别规定或者当事人特别约定，公告的形式不限，只需公开并使不特定的多数人能知晓即可。《民法典》第 139 条规定："以公告方式作出的意思表示，公告发布时生效。"

2. 默示表示。默示表示形式是语言文字以外的含蓄或者间接表达意思的表示方式。默示所包含的意思，他人不能直接把握，而要通过推理手段才能理解，因此默示表示只有在法律有特别规定或按交易习惯易于为人理解的情形才能适用。默示表示区分作为和不作为，分为两种。

（1）推定方式。是用语言文字以外可推知其含义的积极行为替代意思表达的方式，属默示推定。确切地说，这是通过行为推断该行为所表示的意思，即意思表示是推断出来的。所谓可推知的积极行为，有两个含义：①该行为属积极的作为，而不是不作为，如饭店为就座的食客递上菜谱推知其有承诺意思。②从该作为中，一般人能够容易地推知其意思的内容。如将车停在收费停车场，很容易推知其意思是订立合同，租赁合同到期时租赁人继续付房租，可推知其续租。

（2）沉默。沉默是无任何表示和行为的不作为，亦称缄默。只有依法律规定或者依约定可以适用沉默作为表示方式时，才有效。《民法典》第 140 条第 2 款规定："沉默只有在有法律规定、当事人约定或者符合当事人之间的交易习惯时，才可以视为意思表示。"依此法条解释，非有法律规定、当事人事先约定或交易习惯许可时，沉默不具有意思表示的效力，或者说就是"没意思"或"没表示"，用俗话说是"什么也没说"。如《民法典》第 167 条规定："代理人知道或者应当知道代理事项违法仍然实施代理行为，或者被代理人知道或者应当知道代理人的代理行为违法未作反对表示的，被代理人和代理人应当承担连带责任。"这个规定的合理解释是本人未表示反对的，就是默认，并与代理人承担连带责任。《民法典》第 1124 条第 1 款规定："继承开始后，继承人放弃继承的，应当在遗产处理前，以书面形式作出放弃继承的表示；没有表示的，视为接受继承。"即沉默为接受继承的意思表示。该条第 2 款

【典型案例 27】

又规定："受遗赠人应当在知道受遗赠后六十日内，作出接受或者放弃受遗赠的表示；到期没有表示的，视为放弃受遗赠。"与第1款相反，沉默被视为放弃受遗赠的表示。《民法典》第1124条就是对法定沉默形式的规定，沉默与意思表示发生同等效果。

在法律规定须以明示方式作意思表示时，当事人的沉默即为无意思表示，不得认定该沉默为意思表示。若法律无强行规定的，当事人可以约定以沉默作为意思表示，如房屋租赁合同双方约定，合同到期前一个月未作终止表示的，租赁合同延续。有些习惯法允许以沉默方式为意思表示，如招聘面试后，不发录取或不录取通知的，就是拒绝聘任。

四、意思表示之拘束力

（一）拘束力之含义

古人说："一言既出，驷马难追。"所以，意思表示之拘束力，即指表意人受其约束，非经法律不得擅自撤销或者变更的效力。如发出要约的，相对人即获承诺权；作出承诺的，合同即成立；作出抛弃意思表示的，他人即可按无主财产占有被抛弃之物，不再构成侵权等。如果一经发出意思表示即感到后悔，表意人可否撤回或者撤销，以消除意思对其的拘束，事关相对人的信赖利益，不得随意为之。

意思表示拘束力发生后，民事法律行为即成立。对双方法律行为，《民法典》第136条第1款规定："民事法律行为自成立时生效，但是法律另有规定或者当事人另有约定的除外。"意思一旦表示，即会对表意人、相对人甚至第三人发生效力，此时变更或者撤销已作出的意思表示，已不在个人自由范围，法律对此直接干预，以平衡表意人、相对人及第三人利益。

（二）无相对人表示之拘束力

无相对人的意思表示，原则上于成立时发生效力。该类意思表示因为无须受领，毋庸考虑传递时间、是否到达或者对意思的了解诸问题，所以，表示完成效力即发生。例外的是，遗嘱因属死因行为，其拘束力须于表意人死亡时发生，在表意人生前可任意撤回或者变更遗嘱。《民法典》第1142条第1款规定："遗嘱人可以撤回、变更自己所立的遗嘱。"然遗嘱又属要式法律行为，撤回或者变更之意思，须与设立遗嘱之表示方式相匹配，如遗嘱为公证方式，不得以口头、书面方式变更之。

在立法例上，对于悬赏之表示，即使撤销，亦只能向将来发生，对于按指定已经完成的应征行为，不能阻止其效力发生。因为，此时相对人的信赖利益应该受到保护。

（三）有相对人表示之拘束力

1. 相对人之受领能力。有相对人之意思表示，须向相对人实施，但能否成立，与相对人受领能力有关。所谓受领能力，是指能独立有效地接受意思表示的资格。凡有民事行为能力者，即有受领能力；无民事行为能力者则无受领能力；限制民事行为能力者，则在法律规定的范围内有受领能力。如《民法典》第 19 条规定的"可以独立实施纯获利益的民事法律行为或者与其年龄、智力相适应的民事法律行为"等。因此，若相对人为无受领能力人时，意思表示须改向其法定代理人实施。

2. 对话之意思表示拘束力。对于对话之意思表示，其拘束力自意思表示被相对人了解之时发生。所谓了解，即指相对人已明其涵义，如何判断相对人是否了解，应以实际情形定夺，若对不通汉语的少数民族用汉语、对聋人用口头表示、对盲者用文字表示，均不生意思表示之拘束力。但若相对人故意装傻或者掩耳盗铃，也不能因此阻止意思表示的效力发生。

3. 非对话之意思表示拘束力。对于非对话之意思表示，通常有写信、发送、到达、了解（阅读）四个阶段。在立法例上，对非对话之意思表示拘束力何时生效，存有四种不同的主张。①表示主义，认为以文字完成之时为拘束力发生之时；②发信主义，亦称投邮主义，认为以信函付邮之时为拘束力发生之时；③到达主义，亦称受信主义，认为应以信函到达受领人时为拘束力发生之时；④了解主义，则认为以受领人阅读并了解其意思之时为拘束力发生之时。

简而评之，表示主义似嫌过早，而了解主义又嫌过迟，而且"了解"也很难证明，因此不宜作为意思表示拘束力发生的时间，立法例上也鲜有采纳者。唯有发信主义和到达主义，立法例采者众多。[1]发信主义和到达主义各有利弊。在发信主义，将意思表示的传递风险推给了受领人；在到达主义，则将风险分配给表意人，我国法采到达主义。《民法典》第 137 条第 2 款规定："以非对话方式

---

〔1〕 参见郑玉波：《民法总则》，中国政法大学出版社 2003 年版，第 366 页。

作出的意思表示，到达相对人时生效。以非对话方式作出的采用数据电文形式的意思表示，相对人指定特定系统接收数据电文的，该数据电文进入该特定系统时生效；未指定特定系统的，相对人知道或者应当知道该数据电文进入其系统时生效。当事人对采用数据电文形式的意思表示的生效时间另有约定的，按照其约定。"到达主义将信息传递迟到和遗失的风险分配给表意人，旨在敦促表意人选择信息传递的安全方式，而作为被动之受信人无法选择，甚为合理。至于到达以后，受信人是否了解，在所不问，若受信人怠于拆阅，则须负担由此带来的风险，也属合理。

4. 意思表示之撤回与撤销。

（1）意思表示之撤回。是指表意人对尚未生效的意思表示阻止其生效的意思通知。因采取到达主义，意思表示在到达受领人时生效，故一经到达即不得撤回。但表意人撤回之通知在同时或者先达到时，撤回生效。《民法典》第 141 条规定："行为人可以撤回意思表示。撤回意思表示的通知应当在意思表示到达相对人前或者与意思表示同时到达相对人。"在有相对受领人的对话表示方式中，撤回须在相对人了解意思表示之前作出，因为一旦相对人了解对话意思，法律行为就已生效；在非对话方式中，因采到达主义，撤回之意思表示须于前一意思表示到达之前或者同时到达，撤回才生效。如以平信或者挂号信发出，撤回通知用特快专递或者电子邮件、电传等方式先于信件或者同时到达，在意思表示生效前或者生效时阻止其生效，方可撤回。

（2）意思表示之撤销。是指表意人对已生效但未获承诺的意思表示消灭其拘束力之意思通知。有学者认为，意思表示一旦生效，原则上是不能撤销的，只有在例外时才能撤销。[1]这个"例外"应该是独指双方法律行为，如合同在缔约时的要约之意思表示，撤销可使合同不成立，这又仅限于未被承诺的意思表示，若相对人已作出承诺，双方意思表示已获一致，就再无撤销之余地。倘若相对人尚未作出表示，那么允许表意人撤销。《民法典》第 477 条规定："撤销要约的意思表示以对话方式作出的，该意思表示的内容应当在受要约人作出承诺之前为受要约人所知道；撤销要约的意思表示

---

〔1〕　参见《民法总则立法背景与观点全集》编写组编：《民法总则立法背景与观点全集》，法律出版社 2017 年版，第 223 页。

以非对话方式作出的，应当在受要约人作出承诺之前到达受要约人。"

五、意思表示之解释

(一) 含义及必要性

意思表示之解释，是指阐明意思表示之涵义，确定法律之适用的说明。解释，含有分析、阐明、解说之意，也就是对意思表示的诠释。在现代人文学科中，解释学已成为游于哲学和语言学间的新兴学科，是让人避免错误、获得对事物正确理解的专门学问。因此应借助解释学的认知和方法、结合法学方法论的特点，释明意思表示中的含糊、歧义，以达到准确理解的目的。

1. 法律解释与意思表示解释。法学中的解释对象，主要是法律条文和意思表示，但法律的解释与意思表示的解释，不仅解释对象不同，解释方式也存在明显差别。①法律是抽象的，是适用于一切人的，统一解释是其原则，不允许针对不同人予以不同解释；而意思表示是针对特定人的，因此解释时可以顾及受领人的独特理解能力。②法律的解释须服从于法律的目的，目的解释是法律解释的重要原则；而对意思表示的解释，追求的是当事人对意思表示理解的结合点，法律的目的只是解释的参考因素。③法律是整个法律制度的一部分，系统解释是法律解释的重要标准；而意思表示解释，恰恰相反，是着眼于具体法律行为的特殊效力解释意思表示。④法律是社会生活准则，因此对法律不能作无效解释；而法律行为只局限于当事人之间，因此对法律行为作无效解释，也并非不可承受。

个性习惯、语言文风的多样性，决定意思表示的复杂性，就像在我国点头表示"是"、摇头表示"否"，而在一些南亚国家则恰恰相反。所以，对意思表示如果理解不一致，就需要解释。这个解释，只是民事法律行为解释的一部分，或说是最重要的部分。除意思表示外，民事法律行为的其他要件是由法律规定的，如表示人适格、意思瑕疵等，对其解释属法律的普遍性解释，不似对意思表示的个性化解释。

2. 解释之必要性。意思表示，有形成、表示及相对人受领意思的过程。表意人的意思表示，在内在意志的对外表示过程中，难免有不一致的情况；表意人与受领人之间对所使用的语言文字的含义，也难免会因自身利益的考虑而表现出不同的理解。因此，分析说明意思表示的含义，得出唯一的解释，是解决民事法律行为当事人对意思表示歧见的有效途径。

（二）解释之内容

意思表示的解释，一般有以下几方面内容：①意思表示之成立，即判断是否属意思表示，是否可作为民事法律行为的要素；②意思表示的到达时间，即通过解释，确定意思表示是否已生效；③意思表示的类型，是单方意思表示还是双方意思表示，如双方意思表示，还要进一步确定属何类型合同；④意思表示的方式，是书面、口头还是电子数据等，判断意思表示是否欠缺形式要件；⑤审查意思表示是否有附款，是解除条件还是停止条件等；⑥审查有无违反法律原则、违背公序良俗等。

（三）探求表意人真意原则

意思表示的主观特征之效果意思与客观特征之表示意思不一致，也是民法学体系化架构中，构筑权利义务关系的一个重要理论观察点。如果有瑕疵，就要考虑该行为是否有效，如对行为发生误解；如果有欠缺，就要考虑究竟按效果意思还是表示意思来解释。对此，民法学上采用的解释规则是探求表意人真意原则，即不拘泥于字面意义解释意思表示，而按照表意人的立场解释意思；同时，也要保护相对人的信赖利益，遵从诚实信用原则，平衡表意人与相对人的利益。

（四）解释之方法

对民事法律行为的解释，应当遵守法律的基本原则，确定表示的内容，自不待言。在解释的方法上，《民法典》是按有相对人的意思表示和无相对人的意思表示两类，确立既相同又有不同的解释方法的。

对有相对人的意思表示，《民法典》第142条第1款规定："有相对人的意思表示的解释，应当按照所使用的词句，结合相关条款、行为的性质和目的、习惯以及诚信原则，确定意思表示的含义。"对无相对人的意思表示，第142条第2款规定："无相对人的意思表示的解释，不能完全拘泥于所使用的词句，而应当结合相关条款、行为的性质和目的、习惯以及诚信原则，确定行为人的真实意思。"两者的共同解释方法有结合相关条款、行为的性质和目的、习惯以及诚信原则；两者的不同点是对"词句"的解释方法，也即法学上说的文义解释方法不同。

1. 文义解释。所谓文义解释，亦称词句解释，就是通过对意思表示所使用的语言或文字的含义的解释。文义并非指当事人主观内心的意思，而是指意思表示受领人所认定的外部表示，亦即在一定环境下该用语的客观意思。采此方法，旨在维护相对人对交易安全的依赖，若仅以一方当事人主观的意思解释，会使意思表示的客观表示价值飘忽不定，从而有变更双方合意时所确立的交易条件的危险性。

根据《民法典》第 142 条规定的解释方法，在有相对人的意思表示中，要考虑受领人的理解和信赖利益，所以应当按照所使用的词句解释表意人意思。即侧重于解释意思的"表示"，而不由表意人单方面解释其"意思"。在无相对人的意思表示中，因为无相对之受领人，根据《民法典》第 142 条规定的解释方法，则要侧重解释表示之"意思"，不能局限于表示去解释其意思。

2. 整体解释。即《民法典》所说的结合相关条款对意思表示的解释，意指不拘泥于个别文字而立足于民事法律行为成立的全过程和意思表示的全部内容对民事法律行为所作的解释。在用语前后发生矛盾、有明显错误等情况出现时，应在参考目的和经济价值的基础上，结合多个条款之间的相关性，通观全文而作出解释。

3. 性质与目的解释。解释对象包括民事法律行为的性质与民事法律行为的目的。意思表示是为了成立民事法律行为，如果对意思表示有歧义，应从当事人成立何种民事法律行为去解释意思表示。即从行为性质倒推解释意思表示的含义，在方法论上，属于探求表意人真意的解释。对于意思表示所使用的文字或用语有两种以上理解的，或者使用的两种以上文字的同一合同的不同文本用语不一的，则应按最适合于合同目的的解释。

4. 习惯解释。习惯是人们在表意或者交易中形成并被普遍遵守的规则，也称惯例。依其通行的地域，可分为国际惯例、地方惯例；依适用的事务可区分为行业习惯、交易惯例、风俗习惯等。习惯既为人们普遍遵守，并由此形成一种秩序，故当事人对民事法律行为发生异解时，可参酌习惯解释。当然，根据《民法典》第 10 条的规定，应是不违背公序良俗的习惯。

第三节　民事法律行为之效力

一、成立与生效

（一）区分之必要

《民法典》第 136 条第 1 款规定："民事法律行为自成立时生

效，但是法律另有规定或者当事人另有约定的除外。"即民事法律行为有成立与生效之分，民事法律行为通常于成立时生效，亦有在法律有特别规定或者当事人有约定时，民事法律行为成立时不立即生效。可见，民事法律行为成立与生效，是两个不同的概念。

区分两者的意义何在呢？

从当事人的目的看，民事法律行为是为了创设权利义务关系，因此民事法律行为须能够达成这个目标。有学者认为"法律行为成立要件所回答的问题，是法律行为质的标准"，[1]此说颇有说服力。例如，没有目的或者目的不确定，权利义务关系必然游移不定，无法成立民事法律行为。所以，民事法律行为成立要件，就是判断有没有民事法律行为，主要判断依据就是看意思表示。如果意思表示不生效，民事法律行为就不成立；如果意思表示有效，民事法律行为就成立。

再从民事法律行为目的是否达成看，民事法律行为成立了，由于还存在障碍，其效果不能立即达成，只有障碍消除，民事法律行为的意思表示中的权利义务才能变为生活中的现实。如遗嘱，要在遗嘱人死亡时才生效；意思表示有受领人的须到达受领人才生效，更有附条件或者附期限的，还须条件达成或不达成、期限到来才能生效。

因此，区别民事法律行为成立和生效，不仅有学术价值，在法律适用上也是有需要的。那么两者有何区别呢？首先，民事法律行为成立，是民事法律行为是否存在的事实问题，其制度价值在于通过实证说明对事实的尊重和贯彻意思自治理念；而民事法律行为生效，是关于意思表示设定的权利义务关系的后果是否发生，是主观的人身关系和财产关系问题。易言之，民事法律行为成立是从无到有之"有"；法律行为生效则是"有"之落实。其次，在实务上，财产性法律行为不成立，意思表示即无效，对信其成立者而言，受损害的是信赖利益；而民事法律行为不生效，对信其成立者所受损害是期待利益。例如，房屋买卖，付了定金，但开发商一直没拿到销售许可证，合同无法订立，买受人不存在期待利益，但有信赖利益；如签订合同后，约定支付房款40%后生效，在生效之前开发商解除合同，买受人期待利益受损害。最后，区分两者可以更好地贯

---

[1]　张俊浩主编：《民法学原理》（上册），中国政法大学出版社2000年版，第250页。

彻意思自治原则，民事法律行为因当事人的意思表示而成立，只要符合民事法律行为质的规定性，法律不加干预；当民事法律行为的意思违法或侵害他人的权利或有其他违反公平正义原因时，通过控制民事法律行为生效直接作用于民事法律关系。

（二）区分之学说

民事法律行为的成立和生效要件也具有相同的旨趣，即若民事法律行为不成立或者不生效，行为人皆无从依意思表示的内容主张权利，民事权利义务关系不会按照行为人预设的方向前进，预期之权利义务也不会实现。

由于民事法律行为成立与生效的效果接近，哪些属于成立要件、哪些属于生效要件，在学说上就存在不同看法。有学者认为，法律行为成立要件有三，即当事人、目的及意思表示；而法律行为生效要件则为内容之确定、可能、合法及社会妥当性。[1]还有学者认为，民事法律行为的一般成立要件是标的的确定并可能、意思无瑕疵、标的合法、行为人适格，而生效要件则区分附款等意定生效要件和法律对某些法律行为有特定要求的法定生效要件。[2]法律行为理论诞生于德国法学，该国学者认为，法律行为成立须有参与者的行为能力、意思表示无瑕疵等最低标准，[3]而"未依法律规定的形式实施的行为、违反法律规定的行为、违反善良风俗的行为或者缺乏某种其他生效要件（如当事人行为能力、处分权限、法律要求的行政机关的批准）的行为以及一个从任何方面来说都不生效且永远不生效的法律行为，在民法典中被称为'无效'"。[4]

由于学说上存在争议，有些教科书对两者的区分采取模糊的阐述方法。如认为民事法律行为成立须有两个要件，即静态的行为主体、行为标的和意思表示，动态的则是完成意思表示全部过程，但同时又将主体合格以及标的之合法、妥当、确定、可能和意思表示无瑕疵、符合法定形式、特殊生效要件等作为生效要件，使成立要件与生效要件有重叠。[5]由此可见，如何区分民事法律行为成立和

〔1〕 参见史尚宽：《民法总论》，中国政法大学出版社 2000 年版，第 324~325 页。

〔2〕 参见张俊浩主编：《民法学原理》（上册），中国政法大学出版社 2000 年版，第 250~255 页。

〔3〕 参见［德］卡尔·拉伦茨：《德国民法通论》（下册），王晓晔等译，法律出版社 2003 年版，第 586 页。

〔4〕 ［德］卡尔·拉伦茨：《德国民法通论》（下册），王晓晔等译，法律出版社 2003 年版，第 627 页。

〔5〕 参见王卫国主编：《民法》，中国政法大学出版社 2007 年版，第 109、117~123 页。

生效，其界限并非泾渭分明，模糊还是存在的。例如，在一个买卖行为中，只有买方的要约意思，无卖方的承诺意思，只有一个意思表示，作为双方法律行为的买卖不成立；倘若卖方有承诺意思表示，却是一个不真实的表示，该意思表示不符合要求，本应不成立，但法律趋向于意思自治，以表示主义立场认定有效，但从意思主义立场赋予买方撤销权，一旦其行使撤销权，该买卖即自始无效。

所以，民事法律行为既然以意思表示为核心，意思表示是民事法律行为质的规定性，意思表示成立，是民事法律行为成立首要条件。易言之，无意思表示即不成立民事法律行为，亦即无民事法律行为；若有意思表示但意思表示有瑕疵，或者当事人能力不适格等，可以成立民事法律行为，但预期目的达不成，即通过民事法律行为的效果来控制该行为，使其不生效或者无效，实现阻止其效果意思发生的目的。因此，将意思表示的可能、确定、合法、妥当作为民事法律行为的一般成立要件，将主体适格、意思表示无瑕疵等作为民事法律行为的生效要件，是有利于将两者分清楚的。

【拓展阅读 38】

二、民事法律行为之成立

（一）民事法律行为成立的要件

1. 通共要件。所谓通共要件，即一般要件，是指适用于所有民事法律行为的成立要件，是相别于仅适用于个别民事法律行为的特殊要件而言的。

民事法律行为成立的通共要件，即要求有意思表示。对单方法律行为，当事人意思表示完成，民事法律行为即告成立；对双方法律行为，相互意思表示一致时法律行为方告成立。但这个意思表示"质"的标准是什么呢？通说认为，须标的可能、确定、合法、妥当。

（1）标的可能。是指标的须有现实上的可能性，如无现实可能性，则民事法律行为不成立。包括意思表示时的标的不可能，即自始不能，如并无房屋却出租房屋；事后不能，则民事法律行为成立，是不能履行的问题；客观不能，如销售长生不老丹、人体增高器等；如仅是当事人本身事由导致主观不能，也是不能履行的问题，民事法律行为可成立，如对电脑一窍不通者却要教人电脑；全部不能，即不能之情形覆盖标的全部，如只是部分不能，剩余部分还是可以成立民事法律行为的；永远不能，是指标的不能的情形永续存在，如转让毒品提炼术，但如仅是一时不能，则不影响行为成立，如让与之专利技术被诉侵权，正在审理中，判决侵权不成立，不能之障碍即消除。

（2）标的确定。指意思表示中的标的需确定无误，即民事法律行为成立时，标的可被认定。如不能认定，民事法律行为无法成立。例如，买一台电脑，却没有确定品牌、性能、价格、台式或笔记本等，双方意思无法达成真正一致。

（3）标的合法。也称标的之容许性，是指标的为法律所许可，如为法律禁止，则民事法律行为无效，如断绝父母子女关系。在学说上，法律的强行性规定有两种。一是取缔性规定，即民事法律行为因违法被取消，但因该行为辐射所产生的后果并不连带取消，制裁行为本身而不完全否认其效力。如法律规定法人合并须有合并合同、经债权人同意及经合并登记，若未履行此程序即"合并"并有交易行为的，该合并行为无效，但交易行为并不连带无效。二是禁止性规定，即民事法律行为实施禁止的特定行为的，不仅该行为无效，其辐射的行为也连带被禁止而无效。如婚姻要登记，未经登记"结婚"的，不仅婚姻不成立，连带产生事实也同时被禁止，共同生活期间添置的财产不作为共同财产，所生子女不被认定为婚生子女等。

（4）标的妥当。《民法典》第143条第3项要求民事法律行为"不违反法律、行政法规的强制性规定，不违背公序良俗。"学说上认为，个人之意思表示并非绝对自由，须遵守社会秩序并不违背伦理允许的限度，超出此限度，即被认为不妥当。这也是在立法例上被普遍认可的妥当性要求，如买卖人体器官，劳动合同中约定若干年内不得结婚等，听着就不合适。

2. 特别要件。是指法律对某些民事法律行为的特别要求，但不是所有的民事法律行为皆有的要件。对有因行为，原因欠缺民事法律行为不成立，原因就成了特别要件；对要物行为，物之交付就是特殊要件，民事法律行为在交付完成前不成立；民事法律行为须要式的，如须书面方式，该要式就属特别要件，等等。民事法律行为如不具备特别要件的，该行为不成立。

（二）民事法律行为成立的效力

民事法律行为成立后，表意人必须受意思表示的约束，不得擅自变更和撤回。《民法典》第136条第2款规定："行为人非依法律规定或者未经对方同意，不得擅自变更或者解除民事法律行为。"即民事法律行为成立后"立"起来了，不许收回亦不许推倒，这就是成立的效力。否则，要承担缔约损失的成本，在合同法上有"缔约过失"的理论和规范。

三、民事法律行为之生效

民事法律行为之生效，是指成立的民事法律行为，能依当事人之意思发生法律效果的法律要件。该要件的产生原因，区分为法定生效要件和意定生效要件。《民法典》第143条规定："具备下列条件的民事法律行为有效：（一）行为人具有相应的民事行为能力；（二）意思表示真实；（三）不违反法律、行政法规的强制性规定，不违背公序良俗。"这是法定的生效要件，不符合这三个要件，民事法律行为可成立但无效或不能生效。

（一）法定生效要件

1. 行为人主体适格。民事法律行为必须有主体，而且主体须符合法律的要求。对自然人，有民事完全行为能力者，可以单独实施法律行为；限制民事行为能力者，则只能实施与其年龄、智力相适应的法律行为；无行为能力者，则无从实施法律行为。

对法人，因其权利能力受性质、法律、目的事业等的限制，其法律行为不得有违此限制。法人的民事行为能力因与民事权利能力一致，故法人须于其能力范围内实施民事法律行为，超出此能力范围的，违反专营、专卖或法律禁止性规定的，属于违禁行为，该法律行为无效；若法人行为超越其核准登记或章程规定的范围或程序，但该法律行为并非法律禁止的，则属于越权行为，不当然无效，按意思自治原则处理。如公司权力机构、执行机构作出决议的会议召集程序、表决方式违反法律、行政法规、法人章程，或者决议内容违反该法人的章程的，股东等出资人可以请求法院撤销该行为。《民法典》第61条第3款规定："法人章程或者法人权力机构对法定代表人代表权的限制，不得对抗善意相对人。"也就是对善意相对人而言，这个法律行为是有效的。

2. 意思表示无瑕疵。民事法律行为须有意思表示，无意思表示，则民事法律行为不成立。《民法典》第143条第2项将"意思表示真实"作为法律行为有效要件，这在民法典立法例上是独具特

【典型案例28】

色的。意思表示真实，是形成的意思真实，还是表示的意思真实，两者的含义就大不一样。如一个受欺诈者作出的意思表示，表示是真实的，但形成过程受到外来干预，表示的意思并非内心真实的意思，或许了解真相就不会如此表示，是形成的意思不真实。如果要由一个概念涵盖意思形成自由、意思表示自由，就过于宽泛。比较法上用意思表示没有瑕疵来表述；反之有瑕疵就是不真实，没有瑕疵，意思表示就是真实的。所以，用意思表示无瑕疵来解释《民法典》要求的"意思表示真实"，逻辑上通顺，亦便利法律上适用。

（1）意思与表示不一致。指内心意思与外部表示意思不一致，具体有：①真意保留，即内心保留真意的表示；②虚伪表示，又称伪装表示、假装行为；③恶意串通行为，亦即通谋虚伪行为，表意人与相对人恶意通谋与内心意思不一致的行为；④错误，由于认识不符合事实而使表示意思与内心意思不一致；⑤误传，由于传达人的错误导致表意人意思与表示意思不一致，错误和误传须达到重大程度时才被认为是瑕疵。

（2）意思表示不自由。是指因外部因素使表意人不能自由表示其内心意思，致使内心意思无法通过表示准确传达于外部。具体有：①诈欺，是指因相对人隐瞒真情使表意人陷于错误而作出有瑕疵的意思表示；②胁迫，是指因他人不正当预告危害而陷于恐怖作出的有瑕疵的意思表示；③乘人之危致显失公平，是指因他人利用危难处境不得已作出的对己不利的意思表示。

3. 符合法定要求。即由法律规定的生效要件，不符合者，民事法律行为即使成立但不生效力。具体有：①对有相对人之意思表示，须送达相对人或为相对人所了解；②须公示的，完成公示，如不动产经登记，动产经交付等；③对处分行为，行为人须有处分权；④对代理行为，行为人须有代理人；⑤对遗嘱，须立遗嘱人死亡等。

（二）意定生效要件

意定生效要件是当事人以意思控制法律行为生效的要件，包括条件和期限，可任由当事人设定。《民法典》第 136 条第 1 款规定："民事法律行为自成立时生效，但是法律另有规定或者当事人另有约定的除外。"其中，"当事人另有约定的除外"，即是对民事法律行为意定生效要件的认可，这既是意思自治的体现，也是意定生效要件的法律依据。

第四节　附条件与附期限

一、条件与期限之含义

（一）概念

《民法典》第六章第四节规定了"民事法律行为的附条件和附期限"，总共才三个法律条文（第158~160条）。这样的独立编排，在体例上容易让人产生错觉，似乎附条件、附期限是与成立、生效并列的概念，需要正一下名。其一，在法律行为理论体系中，附条件和附期限是与法定生效要件相对应的意定生效要件，属民事法律行为生效要件的范畴；其二，从意思表示的内容看，附条件和附期限是意思表示设定之权利义务附属意思，其本身并没有权利义务内容，而只是决定权利义务的生效；其三，附条件和附期限并非民事法律行为必要条件，无附款不影响民事法律行为的成立和生效。所以，基于理论的体系化、附条件和附期限与民事法律行为理论的关联及其在意思表示中的作用，附条件和附期限是一种"附款"，即具有附属性。

当事人设定权利义务关系时，会使民事法律行为指向预期目的，总希望结果不背离自己的初衷，能在特定的情形或者特定时间到来时，实现自己的目的，更期待出现偶然性风险时能排除该风险，使设定的权利义务真正达到"心想事成"的境界。民事法律行为设定的权利义务由意思决定，何时生效也可以由意思决定，这充分体现了意思自治在民事法律行为中的根本性作用。民法设立民事法律行为附款制度，即表意人依其意思确定民事法律行为生效的附款，包括条件与期限。《民法典》第六章第四节规定的附条件和附期限，条文不多，但意义重大。

（二）性质

1. 民事法律行为的组成部分。附款既非独立的意思，又非民事法律行为补充行为，而是民事法律行为的有机组成部分。民事法律行为有无附款，按意思自治，任由当事人决定，附款不是民事法律行为生效的必须要件。反之，如是民事法律行为生效的法定要件，即不属于附款。例如出资人约定"法人自登记时成立"之登记即法定要件，不是附款；如再与人约定公司登记成立时租借写字楼合同生效，就属附款，附上了意定生效要件。

2. 控制法律行为效力的意思。附款的功能旨在控制民事法律行为效果，其意思内容可概括为两个。①须希望发生一定的效果，如"6月31日请你吃饭"，因日历上没这个日子，就不属于期限，表达的是不想请客的意思。②设定该效果发生或者消灭的控制条件，如签署聘用合同时，写上"七月份开始上班"或者"研究生没被录取"的附款，前者属于附期限，后者属于附条件。

3. 属特别生效要件。附款不是民事法律行为成立要件，属特别生效要件，须由行为人特别约定。非经特别约定，民事法律行为即无附款。所以，《民法典》第136条第1款才规定，"民事法律行为自成立时生效"，即民事法律行为既无法定生效要件，又无意定生效要件，民事法律行为自成立起即生效。易言之，无法定生效要件和意定生效要件者，成立要件即为民事法律行为生效要件。

4. 附款非附属义务。附款是控制法律行为效力的，不是法律行为设定的义务，故设定义务的负担行为不是附款。例如，"我送给你一个手机，你的车让我用半年""我赠给学校一幢服务楼，建完后学校让我承包20年"等，设有对价，就不属附款。

总之，可附条件的才能附条件，不是什么法律行为都可附条件。《民法典》第158条规定："民事法律行为可以附条件，但是根据其性质不得附条件的除外。"如处分行为、身份行为，就不得附条件。例如付清房款，开发商交付房屋时向房主收取附加的10万"仪式费"，就是乱收费。

（三）类型

狭义上，附款仅指条件和期限；广义上，条件和期限以外，负担也属附款。如约定"这部手机借与你，若每天能抢到一个红包，30天后就归你了"，这是附条件；若约定"这部手机送给你，但须每天转发我给你的30条短信广告"，则属负担。负担是赠与附加的义务，这里从狭义说。

【拓展阅读39】

二、条件

所谓的条件，是指将来发生的决定民事法律行为效力的不确定的事实，附有条件的民事法律行为称附条件法律行为。从附条件法律行为，也可以判断出区分民事法律行为成立和生效的意义。

民事法律行为生效，即发生效果意思所负载的权利义务。当民事法律行为的效果意思确定后，行为人的预期目的没有出现，这时民事法律行为生效可能会违背行为人的初衷，附条件即可将预期目的作为民事法律行为生效要件，当预期目的不出现时，民事法律行为可以不生效。

（一）条件的要件

1. 须将来发生之事实。条件必须是尚未发生的事实，既成事实不能作为条件。因为条件是控制法律行为效力的，如已发生事实，一旦作出意思表示，民事法律行为即刻生效或者永不生效。如产妇已生下双胞胎，却对其说"如你生双胞胎，我送你两副九九金手镯"，那就即刻履行吧，没有"将来"。

2. 须不能确定之事实。即条件具有偶然性，肯定会发生或肯定不会发生的事实，不能作为条件。如"我死了就把财产全给你"中的"死"是肯定会发生的事实，又如"太阳从西边出来就把财产给你"中的"太阳从西边出来"是肯定不会发生的事实，两者都不能作为条件。因为条件是行为人对效果意思的实现处于犹豫的、不可控状态，上面两例却是确定的。前者肯定（人必有一死），后者否定（太阳肯定不会从西边出来）。

3. 须不违反法律或公序良俗。作为条件的事实，不能违反法律，也不得违背公序良俗。如"你把这批过期食品销售出去，就让你入加盟店"中的"过期食品销售"就是违法事实；再如"你考试敢作弊就请你看大片"中的"作弊"就违背公序良俗。违反法律或公序良俗所附条件的法律行为无效。

4. 须非负担行为。也就是负担行为不能作为条件，因为负担行为本身就有给付效果，属于履行义务行为，如果当事人一方履行了义务，民事法律行为才生效，于法理不通。如"你能付清 1 年的房租这房子就租给你"，这里"付 1 年房租"不是条件，而是对履行租金义务的要求，如果按要求交了房租，就是履行完民事法律行为设定的给付义务，而不是民事法律行为（租房合同）生效。

（二）条件之类型

1. 依条件对民事法律行为效果意思的控制方式划分，条件可分为停止条件与解除条件。《民法典》第 158 条规定："附生效条件的民事法律行为，自条件成就时生效。附解除条件的民事法律行为，自条件成就时失效。"停止条件，即《民法典》所称的生效要件，是指限制法律行为效力发生的条件，即在该条件成就前，民事法律行为不生效，条件成就时民事法律行为才生效，条件阻碍着民事法律行为效力的发生。如"华为再出新款手机就买一个送给你"，如果没有"出新款"的条件，赠与应立即生效，由于附上了条件，赠与处于停止状态，赠与的效果意思被延缓到将来发生，所以，停止条件也称为延缓条件。解除条件指限制法律行为效力消灭的条件，即在该条件成就前，民事法律行为不消灭，条件成就时民事法律行为才消灭，条件阻碍着民事法律行为效力的消灭。如把私家车借给别人并约定"如果你摇到车牌号即返还车"，该借车合同因所附的"摇到号"而终止。这个"摇到车牌号"就是借用合同的解除条件。

2. 依条件的发生或不发生划分，条件可分为积极条件与消极条件。积极条件指以设定的事实的发生为民事法律行为效力变动的条件。前例"手机出新款"就是积极条件，因"出新款"赠与生效的为积极的停止条件。消极条件指以设定的事实不发生为法律行为效力变动的条件，如"不下雨就把伞还给我"，即属消极条件。

（三）条件的成就与不成就

将来不确定的事实实现。例如积极条件的事实发生或消极条件的事实不发生，即为条件成就，反之则不成就。对于因条件成就受不利益之当事人以不正当行为阻止条件成就的，为保护条件成就受利益的当事人，视条件为成就；反之，因条件成就受利益之当事人以不正当行为促成条件成就的，视条件为不成就。《民法典》第159条规定："附条件的民事法律行为，当事人为自己的利益不正当地阻止条件成就的，视为条件已经成就；不正当地促成条件成就的，视为条件不成就。"

三、期限

（一）期限之含义

期限是确定民事法律行为将来发生或不发生的时间，包含期限的民事法律行为称附期限的法律行为。民事法律行为因期限的届至而发生者，称始期；民事法律行为因期限的届至而消灭者，称终期。如"租赁自2021年7月1日起生效，至12月31日时终止"。7月1日即为始期，12月31日为终期。《民法典》第160条规定："民事法律行为可以附期限，但是根据其性质不得附期限的除外。附生效期限的民事法律行为，自期限届至时生效。附终止期限的民

【典型案例29】

事法律行为，自期限届满时失效。"

期限可以是某一点的时间，如日、小时等；也可以是某一段时间，如月、季、年等。

（二）期限与条件之区分

期限与条件的区别有：①条件是不确定的偶然性事实，期限是确定的必然性事实；②条件之事实成就与否是不确定的，期限是肯定会到来的；③条件可以控制法律行为的效果发生或不发生，期限只能延缓而不能控制法律行为效果的发生或不发生。

【拓展阅读40】

第五节　无效民事法律行为

一、概说

符合民事法律行为成立和生效要件的是健全的法律行为。虽符合成立要件但欠缺生效要件，或者能充足部分要件却不能满足全部要件，虽有法律行为外观却无法律行为实质的，能不能发生法律行为的效果意思的效力？如果回答否，那么就不是法律行为；如果回答是，那么就属于不真正的法律行为，因为真正的法律行为，是要按照意思表示生其效力的。

从逻辑上说，不符合法律行为生效要件，自然不应该发生效力，属无效法律行为。主体不合格的或者行为违法的，其所为的民事法律行为不能生效，自无疑义。但对于法律行为意思表示有瑕疵的，不符合"意思表示真实"的，从逻辑上判断，生效条件不具备；如果从意思自治的角度看，当事人愿意补救或愿意让它生效，法律是去干涉还是遵循意思自治由它生效，显然不仅仅是个法律技术问题，存在着重大的价值判断。离开理念仅就功利而言，如果当事人已经履行了一个欠缺生效条件的行为，法律再去干涉使其失效，让已经完成的行为回复到行为之前状态，会不会得不偿失造成资源浪费？如何平衡正义、效益等法律的理念，寻得一个两全之策？

法律不仅仅是按照逻辑制定的技术规范，价值判断才是法律的灵魂。法律面对的是人类生活，包括精神生活和物质生活。如果法律将逻辑堆积的技术完全运用于人类社会，那就是把人当机器，忽视了人性的法律，就会走向反人性，彻底违反了法律本质。处于法律行为与非法律行为之中间状态的一组行为群，学说上称之不真正

【拓展阅读41】

法律行为，其在效力上，有接近于法律行为的可撤销行为，也有属于违法行为的无效行为，还有效力飘忽的待定行为等。虽性质迥异，但在意思表示有瑕疵上，有共同性。

二、类型

在比较法上，对于不符合生效要件的法律行为的效果，立法政策上通常采取三分法。违反公益者最为严重，判为无效法律行为，即意思表示确定的效力完全不发生；违反私益者次之，为可撤销行为，即法律行为的效力经撤销后无效，不撤销则为有效；程序有欠缺者且较轻微，其行为处于不确定状态，既非无效亦非可撤销，而属效力未定行为。《民法典》对之亦采用三分法，即无效法律行为、可撤销法律行为和效力待定之行为，合称其为不真正法律行为。

（一）依要件之瑕疵区分

这是依欠缺民事法律行为的成立要件所作的区分。

1. 行为能力瑕疵型。民事行为能力有瑕疵，即民事法律行为之主体资格不适格，包括无行为能力和限制行为能力两类人。无行为能力者实施的行为，被《民法典》第 144 条列为无效行为；限制行为能力者所不能独立实施的行为，则被《民法典》第 145 条列为效力待定行为，即经法定代理人追认后，可为有效行为；拒绝追认则无效；在追认前，效力不确定。

2. 标的瑕疵型。对于标的不可能、不确定、不合法、不妥当的，如《民法典》第 153 条第 1 款规定的违法行为、第 153 条第 2 款规定的违背公序良俗行为、第 146 条规定的虚假行为、第 154 条规定的恶意串通行为，以及第 197 条规定的当事人对时效的约定等，皆属无效。分则合同编中也有对标的瑕疵之行为的无效之规定，第 506 条规定："合同中的下列免责条款无效：（一）造成对方人身伤害的；（二）因故意或者重大过失造成对方财产损失的。"

3. 意思表示瑕疵型。对于意思表示不健全、不真实的，按《民法典》的规定，除虚假行为、恶意串通行为为无效外，欺诈、胁迫、重大误解、显失公平等，皆为可撤销行为。即对意思瑕疵行为，法律不直接干预，其效力如何任由当事人选择，体现意思自治。

（二）依法律之效力区分

这是依欠缺民事法律行为之法律要件的后果所作的区分。《民法典》区分为无效、可撤销和效力待定行为三类。

1. 无效型。无效民事法律行为，是指意思表示设定的权利义务确定不发生，亦即法律不承认该行为之法律效力，使该行为自始、确定和当然不发生行为人之效果意思之效力。按德国民法学家拉伦茨的说法："是从任何方面来说都是不生效的，而且永远不生效的民事法律行为。"〔1〕所以，无效法律行为，属于效果确定型，不存在缓冲、补救余地。

无效法律行为有主体不适格、违反法律、违背公序良俗及意思表示瑕疵损害第三人利益等几类行为。

2. 可撤销型。可撤销型民事法律行为，是指民事法律行为已发生效力，之后因被撤销，使已发生的效力溯及既往地消灭。《民法典》规定的欺诈、胁迫、重大误解、显失公平等，即为可撤销民事法律行为。

3. 效力待定型。效力待定型法律行为，是指经过追认可以有效或者拒绝追认则确定的自始无效的行为。这类行为在追认或拒绝追认前，处于效力不确定状态，所以属效力待定型。《民法典》第145条（主体不适格）、第171条（无权代理）、第551条（债务承担）等规定的，即为效力待定型法律行为。

（三）依无效之范围区分

1. 全部无效。即无效或者被撤销法律行为，全部地归于无效，自始不发生任何效力。但合同中仲裁条款为例外，《民法典》第507条规定："合同不生效、无效、被撤销或者终止的，不影响合同中有关解决争议方法的条款的效力。"

2. 部分无效。即无效或者被撤销民事法律行为，如果仅局部内容存在缺陷，则该局部无效；若其余部分不存在缺陷，则其余部分仍然可以单独设定、变更或者终止民事法律关系。《民法典》第156条规定："民事法律行为部分无效，不影响其他部分效力的，其他部分仍然有效。"如《民法典》第1141条规定："遗嘱应当为缺乏劳动能力又没有生活来源的继承人保留必要的遗产份额。"而遗嘱未保留必要遗产份额的，那么按照第156条的规定，该遗嘱的这个部分无效，其他部分仍然可以有效。

然部分无效，须该行为具有可分性，即部分无效可以分割出来。如果"作为整体确认的法律行为在不改变它的总体特点情况下

---

〔1〕　［德］卡尔·拉伦茨：《德国民法通论》（下册），王晓晔等译，法律出版社2003年版，第627页。

可以分割成各个部分，这个被分割开的各个行为本身，除去其中的无效部分，仍然是一个独立的法律行为，同时它又是作为整个法律行为的组成部分"，部分无效才可行。[1]如房屋买卖包括地下停车位，买卖无效，停车位产权能分割者，停车位买卖可以有效，成为一个独立的合同；若不能分割者，则全部无效。所以，部分无效也是有条件的，不是任何情形都可行。

（四）依对第三人之效力区分

无效民事法律行为依对第三人之效力，可区分为绝对无效和相对无效。绝对无效，是指无效民事法律行为之无效力是绝对的，不仅对行为人，对于一切人皆为无效，因之可由任何人或者对任何人主张之，如无行为能力人为之无效民事法律行为。而相对无效，亦称限制的无效，仅得对于特定人或者与特定人之关系主张无效，不得以该民事法律行为无效对抗善意第三人。

在学说上，无效民事法律行为任何人可主张，法院亦可主动干预，故谓之绝对无效；而可撤销民事法律行为仅行为人可主张，他人和法院不可干预，故称相对无效。

三、无效之民事法律行为

（一）含义及特征

1. 含义。无效民事法律行为指欠缺法律行为根本生效要件，自始、确定和当然不发生行为人之效果意思效力的法律行为。无效法律行为，其意思表示自始无效。《民法典》第155条规定："无效的或者被撤销的民事法律行为自始没有法律约束力。"这里自始没有法律约束力的是指意思表示，而不是指法律行为所有的效力。

从《民法典》的规定看，归为无效民事法律行为的，既有能力欠缺的，又有意思表示不真实的，还有行为违法或违背公序良俗的。对无效法律行为划定的范围大小，说明国家对私人生活的干预程度。从《民法通则》到《民法典》对无效法律行为规定的范围看，法律干预范围在缩小，即私法自治范围在扩大，也意味着人们的自由度在提升。

2. 特征。无效法律行为也是有意思表示的，即属于表意行为，此点与民事法律行为相同，但其意思表示不生法律效力，与民事法

---

〔1〕 ［德］卡尔·拉伦茨：《德国民法通论》（下册），王晓晔等译，法律出版社2003年版，第635页。

律行为相比有如下特点：

（1）欠缺实质性要件。无效法律行为与法律行为不成立不同。无效法律行为在外观上具有足以使其成立法律行为之事实，因有缺陷而不发生效力；而法律行为不成立，是外观上就缺乏成立要件。例如，对于双方法律行为，只有一方意思表示缺乏相对人承诺，该行为就不成立；若虽承诺却是诈欺，则是意思表示有欠缺。

（2）确定的无效。无效法律行为之无效，为确定的无效。即其一，该行为意思设定的固有效力自始不发生；其二，该无效非以当事人提出主张并诉至法院为要件，无效是当然的发生；其三，当事人可随时主张无效，没有诉讼时效或者除斥期间的限制；其四，无效是确定的，不因无效原因消灭而事后成为有效，如其时买卖禁止流通物，其后该法律允许该标的物流通，当时的该买卖仍为无效。

（3）生法定效力。无效法律行为只是行为人意思表示无效，不发生固有的预期法律效力，但该行为在法律上并非"零效力"。作为一个曾经发生的行为，无效法律行为是作为一个事件存在的，当事人对该行为的后果要负担法律上的义务。例如，侵害他人权利则要负损害赔偿责任等，这个效力是法律强行规定的，非意思自治的效果。所以，无效法律行为并非完全不发生任何效力，而只是其意思表示无效，发生的是法律规定的效力。

（二）欠缺能力实施的行为

欠缺能力实施的行为，不论是无行为能力人实施的，还是限制行为能力人超越其行为能力范围实施的行为，因没有意思能力，如行为没有代理人追认，不发生法律行为之效果意思的效力；法人实施行为能力范围以外的行为，特别是违反禁止性规定的行为，也不生效力。

（三）虚假行为

1. 含义。虚假行为是指以虚假行为作表、以隐匿之行为作里的复合行为。《民法典》第 146 条第 1 款规定："行为人与相对人以虚假的意思表示实施的民事法律行为无效。"因一假一真，表面假行为亦称伪装行为，隐藏真行为称隐匿行为或隐蔽行为。若该行为以"合法掩盖非法"之目的，则称之规避行为，民间俗称为阴阳行为，阳为虚假、阴为真实。

虚假行为有真伪两个行为，若订合同就是一个"阴阳合同"。这一行为的特点是显露于表的意思表示是虚假的、不真实的，违反了意思表示须真实的生效要件；掩盖的行为是真实的，或为遮人耳目，或目的违法。即用一个虚假的合法行为遮掩一个真实目的的行为。

虚假行为是一种具有"法律技术"含量的违法行为，本来对作假行为直接判定其无效即可，但该行为是复合行为，作表的虚假行为因意思表示瑕疵，直接认定其无效，隐匿行为的效果，则要斟酌。

2. 法律要件。

（1）以虚假行为作表。即表面行为是一个合法行为，该行为之意思表示却不是行为人的效果意思，是一个"假面具"，故谓之虚假行为。

（2）以隐匿行为为里。隐匿行为目的必定是不合法或者有违公序良俗的，却是被表面行为掩盖着的，是被"假面具"罩着的真面目，一眼看不见的。所谓不合法，是指该行为之目的被法律、约定所禁止或限制，或者是逃避法定义务。前者如出租公司与司机约定，不得将出租车转租他人，出租司机却与他人订"雇佣合同"，以掩盖转租合同之实；后者如为了少交税费，订两个房屋买卖合同，"阳"合同是低于市场的"友情"价，"阴"合同却是市场价，目的是偷税漏税（包括费）。

（3）表里之行为效果相近。作为真实意思的隐匿行为，是寄生在表面伪装行为中的，是要托伪装行为效果意思的实现来达到其目的的。因此两个行为的效果一定要相近，若南辕北辙，隐匿行为的目的就达不成。如买卖与赠与，都有交付行为，但一为有偿一为无偿，以赠与掩盖买卖或者以买卖掩盖赠与。

（4）表面行为为了掩盖隐匿行为。表面行为的效果意思不真实，其真实目的是掩盖隐匿行为，表、里行为之间有因果关系。

3. 法律效果。《民法典》第 146 条第 1 款规定："行为人与相对人以虚假的意思表示实施的民事法律行为无效。"即表面虚假行为因意思表示虚假而无效；对于隐匿行为的效果，《民法典》第 146 条第 2 款规定："以虚假的意思表示隐藏的民事法律行为的效力，依照有关法律规定处理。"即非当然无效，取决于该行为的性质及有关法律的规定，若借贷掩盖非法集资，因内容违法无效；若内容合法，亦可有效，如借贷掩盖出资入股。

（四）恶意串通行为

1. 含义。恶意串通是指表意人与相对人为损害他人权益，通谋实施虚伪的意思表示。《民法典》第154条规定："行为人与相对人恶意串通，损害他人合法权益的民事法律行为无效。"恶意串通行为之当事人因其意思表示专为侵害第三人利益，而第三人不是表意人，既无从阻遏，又无权补救，甚至还可能"蒙在鼓里"，故法律直接干预，否定恶意串通行为的确定效力，使其无效，这是符合法律正义性要求的。恶意串通与虚假行为不同，恶意串通只有一个行为，虚假行为有两个行为。

2. 法律要件。

（1）表示意思与内心目的不一致。即表意人所表示的并不是真实的目的，表示意思与内心目的不一致，即表意人内心存有损害他人、谋取不当利益的意思。

（2）表意人皆了解非真实之意思表示。即表意双方都明知表示意思与内心目的不一致，双方对此都"心知肚明"。表意人没有迷惑表示受领人的意图，如果一方明知，相对人不知或者被蒙蔽，即不构成"串通"或"通谋"。

（3）行为人双方恶意串通。串通行为可以是两个虚伪表示并一致，但不以此为必要。若表意人单方作虚伪表示，相对人也了解这一情况并受领该意思表示，即双方"臭味相投"。恶意，是指有损害他人的故意；串通，则是指他们之间有勾结，有共同故意损害他人的意思联络。

（4）损害他人利益。法律规定恶意串通行为无效，原因并非其"恶意串通"，而是因为该行为损害他人利益。所以，恶意串通行为须有损害他人合法权益之效果。即行为人之恶意串通为因，损害他人为果，损人与利己之间有因果关系。若虽有恶意串通行为，但不损害他人利益，则不构成恶意串通行为，如行为仅违法的，可以列为违法行为而无效。

【典型案例30】

3. 法律效果。恶意串通行为属无效法律行为，其法律效果自始不发生。

4. 恶意串通与虚假行为之区别。两者之间存在质的不同：①恶意串通行为只有一个行为，虚假行为有一真一假两个行为；②恶意串通行为不以违法为必要，虚假行为中的隐匿行为的目的是违法的；③恶意串通行为以损害第三人利益为必要，虚假行为则不以此

为条件。

（五）侵权免责条款

1. 含义。所谓侵权免责条款，是指在合同中预先免除侵权人赔偿责任的意思表示，即当事人对侵权之债权作预先抛弃之意思表示的，该意思表示无效。《民法典》第 506 条规定了两项侵权免责条款为无效，即第 1 项"造成对方人身损害的"；第 2 项"因故意或者重大过失造成对方财产损失的"。在交易中，预先抛弃侵权赔偿肯定不会是当事人的真实意思。合同中出现这样的意思表示，通常是在格式合同中，由强势一方强行塞入的，相对人是迫不得已接受的，并不符合其真意，故法律予以直接否定，旨在保护弱势一方。这也是近代法律"契约正义"理念在合同法中的表现，即任何反正义条款应归于无效。因为反正义条款即使在形式上合乎或者不违反实定法，但在本质上违反法律正义、公平的价值，必须加以否定。

2. 法律要件。

（1）预先抛弃之意思。在责任人方面是免除其责任，在相对人一方就是抛弃赔偿之债权。该项抛弃之意思，须是该责任尚未发生时表示的，即是向未来所作的抛弃之意思表示。若赔偿责任已发生，权利人愿意放弃，该放弃之意思表示是有效的，倘若因胁迫、欺诈放弃的，则适用胁迫、欺诈之规定。如旅游合同规定对于发生意外人身伤害，旅行社概不负责赔偿，或者最高赔偿不超过若干的限额的条款即属于免责条款，该条款让游客事先放弃求偿权，故条款无效；若实际损害发生后，权利人愿意放弃赔偿的，应为有效。

（2）人身伤害或者重大过失之侵害财产权。这里区分两项，一是人身伤害，所谓人身，应指物质人格权，人身伤害一般指因身体、健康、生命、劳动能力等人格权受到的侵害。对人身伤害，法律不要求行为人有过失，因为在特殊侵权场合，侵权人可能负无过失责任，过失不是人身伤害赔偿的必要要件。对于侵害财产权的，要求行为人有故意或者有重大过失，轻微过失不在此列。侵犯之财产权究为物权还是债权，法律没有明示，通常应指物权，但也不妨债权。

（3）必须是合意。该免责条款无效是由合同约定的，合同属双方法律行为，故该免责意思表示，须是当事人双方合意的，即在形式上具有意思表示一致的外观。若非双方意思表示的免责或者抛弃，本身就不具备双方法律行为之成立要件，该意思表示本就不成立，无须再"无效"。例如，合同中没有约定，则在产品外观或者产品包装上印有免责条款，这只是一方意思表示，该免责条款因非合意，就不成立。

（六）违反强行性规范或者违背公序良俗之行为

民事法律行为的根本属性之一在于意思表示内容的合法性，意思自治是在法律范围内实现的自治。因此，意思表示如果违法，当然不应发生意思表示的固有效力。

1. 违反强行性规范。法律规范可区分为任意性规范和强行性规范，"违反法律"究竟违反什么法律，《民法典》第153条第1款规定："违反法律、行政法规的强制性规定的民事法律行为无效。但是，该强制性规定不导致该民事法律行为无效的除外。"即违反任意性规范的，不影响民事法律行为的效力；无效仅指违反强行性规范的行为，而且是该强行性规范直接否定民事法律行为的效力，否则亦不当然无效。对此如何理解呢？这又涉及强行性规范的分类。

所谓强行性规范，是指法律关系必须适用，不因当事人意思予以变更和排除适用的规范。强行性规范又区分管理型规范和效力型规范。管理型强行性规范，又称取缔型规范，是指仅规定民事法律行为应当遵守的公法秩序却未规定其私法效果的规范；效力型强行性规范，则是指法律直接规定民事法律行为不发生意思表示效果的规范。《民法典》规定的强行性规范，是指效力型强行性规范。亦即民事法律行为只有违反效力型强行性规范，才直接归于绝对当然的无效；在违反取缔型规范时，民事法律行为不当然无效。[1]

【典型案例31】

如要求企业须在核准登记的经营范围内经营，即属管理型规范，违反此规范超范围经营的，其行为不当然无效。如理发店里卖洗发水，该行为可以有效，其违反管理规范可由有关监督部门处以警告、罚款甚至吊销营业执照的处罚；但违法经营需要许可证的食品药品等，属违反效力型规范，其行为当然、绝对无效。

2. 违背公序良俗。违反管理型规范的行为，不当然无效，即

---

〔1〕《最高人民法院关于适用〈中华人民共和国合同法〉若干问题的解释（二）》第14条规定："合同法第五十二条第（五）项规定的'强制性规定'，是指效力性强制性规定。"该司法解释随《合同法》失效被废止，新的司法解释尚未公布，该解释仍可作参考。同样情况的还有《最高人民法院关于适用〈中华人民共和国合同法〉若干问题的解释（一）》第10条："当事人超越经营范围订立合同，人民法院不因此认定合同无效。但违反国家限制经营、特许经营以及法律、行政法规禁止经营规定的除外。"

【拓展阅读 42】

也可以有效，但该行为若还违背公序良俗的，亦可能无效。《民法典》第 153 条第 2 款规定："违背公序良俗的民事法律行为无效。"如将住宅出租给商户做外卖，违反住宅不得商用的管理型规范，虽房屋租赁合同不因违反法律无效，但因厨房油烟熏天，破坏住宅的环境和安宁，招来住户一致反对，根据《民法典》第 279 条对住宅擅自改为商业用房的限制，该合同可因有悖公序良俗，认定为无效。

四、无效法律行为之效果

（一）无效发生的时间

无效民事法律行为，其意思表示自始无效。《民法典》第 155 条规定："无效的或者被撤销的民事法律行为自始没有法律约束力。"即无效民事行为自行为开始起就没有效力，可撤销行为自被撤销起无效的效力溯及行为发生之始。但意思表示效果不发生，作为事实行为，仍然有法定的效果。所以，无效民事法律行为并不是没有任何法律效果，只是没有意思表示之效果。

（二）效果之类型

《民法典》第 157 条规定："民事法律行为无效、被撤销或者确定不发生效力后，行为人因该行为取得的财产，应当予以返还；不能返还或者没有必要返还的，应当折价补偿。有过错的一方应当赔偿对方由此所受到的损失；各方都有过错的，应当各自承担相应的责任。法律另有规定的，依照其规定。"民事法律行为无效之效果的总原则是回复原状，回复到无效民事法律行为前的初始状态。当然这仅针对权利义务关系而言，并非就人的环境和财产状态而言，因为人身关系和财产关系还要遵循法律的其他规定，如无因性、对信赖利益保护等，如成语所言"覆水难收"。

1. 效果终止。无效民事法律行为之意思表示既然不被法律承认，故意思所定的义务尚未履行，那么就无需再去履行，因为它们根本不能使义务人负担义务；所约定的义务正在履行之中，那么即应终止履行。

2. 返还财产。对于业已履行的部分，若已给付了财产的，受领财产的一方应将该财产返还于给付财产的一方。这是因为，自从无效法律行为被确认为无效之时，受领财产的一方继续占有该项财产就丧失了法律依据，因而有义务将财产返还给相对人。如果仅仅是当事人一方取得了财产，那么该当事人负返还义务；如果当事人双方对等地取得了财产,那么双方应当相互返还财产。

3. 赔偿损失。因无效民事法律行为给对方或者第三人造成损失的,例如,使相对人支出费用、导致标的物灭失或者毁损等,那么行为人还应当赔偿这些损失。如果损失是一方的过失造成的,则仅由该方赔偿;如果双方都有过失,则由双方分担损失。

(三) 无效民事法律行为之效果转换

1. 含义。无效民事法律行为之效果转换,简称无效法律行为转换,是指该行为若具备其他民事法律行为的要件,且当事人知其行为无效而愿意转为其他民事法律行为,从而使无效法律行为转换为另一有效法律行为之情形。我国民法没有直接规定无效民事法律行为转换,但立法例上有此规定。如《德国民法典》第 140 条规定:"如果无效的法律行为具备另一法律行为的要件,并且可以认定当事人如果知其为无效即有意为此另一法律行为时,此另一法律行为有效。"从该规定可以看到,这并不是将无效法律行为转换为有效法律行为,而是将无效法律行为的效果转换为另一有效法律行为的效果。所以,"转换"虽非"点石成金"术,却有"移花接木"之效。

无效民事法律行为转换的制度价值,主要在于经济目的,减轻交易中人力资源的无谓浪费。按"推测的当事人的意思",即"当事人经济上的意图以一种尽管当事人不愿意,但和他们自己的利益价值相符合以及合法可能的方式来得以实现"。[1]

2. 法律要件。无效法律行为之效果转换需具备以下法律要件:被转换之行为(第一行为)须属无效法律行为;被转换之无效法律行为须具备另一法律行为的成立要件;当事人知其无效并有转换之意思表示。如房屋买卖的"阴阳合同","阳合同"因意思表示虚假而无效,"阴合同"因意思表示真实,可以有效。

3. 类型。法律转换,又称当然转换或拟制转换,是指依法律特别规定而进行的转换。例如,迟到的承诺视为新要约,无须待法院之裁判即可成立。解释转换,又称法理转换或裁判转换,是指法官在不违背当事人意思的情况下将某种法律行为转换为他种有效的法律行为。如因逃避债务之赠与财产行为无效时,赠与转换为买卖,由受赠人支付价金。

---

〔1〕 [德] 卡尔·拉伦茨:《德国民法通论》(下册),王晓晔等译,法律出版社 2003 年版,第 647 页。

第六节　可撤销民事法律行为

一、含义及特征

（一）含义

可撤销民事法律行为，也称得撤销民事法律行为，是指因有法定的重大瑕疵，得以诉讼或仲裁撤销之不真正法律行为。

对于可撤销法律行为，法律赋予行为人撤销权，以消灭意思表示的效果，使民事法律行为归于无效。陷于不公平地位的行为人是撤销权人，撤销权须通过审判或仲裁程序行使。

（二）特征

可撤销法律行为与无效法律行为之比较，在可撤销法律行为被撤销后，也溯及地发生无效之效力，这一点与无效法律行为相同，其无效的效果可适用法律对无效法律行为的规定。但两者有如下不同：

1. 瑕疵不同。无效法律行为和可撤销法律行为的瑕疵不同。无效法律行为之瑕疵，既有主体不适格之瑕疵，亦有标的之瑕疵，还有意思表示之瑕疵；可撤销法律行为的瑕疵，主要在意思表示方面有瑕疵，如重大误解（内心与表示的不一致）、显失公平（无经验）、乘人之危（急迫）等。

2. 性质不同。无效法律行为之瑕疵，违反效力型规范，如主体不合格、标的违法，在性质上藐视法律尊严、破坏公序良俗、损害他人利益，很难有补救余地，法律直接干预使其归于无效。而可撤销法律行为通常是内心意思与表示意思不一致，即意思表示有瑕疵，且只是损害当事人利益，不涉及第三人，法律依私法自治赋予当事人撤销权，按"我的意思我做主"，由表意人决定有效或无效。

3. 主体不同。主张无效法律行为和可撤销法律行为的主体不同。因为无效法律行为在性质上已经危害了法律秩序或者不特定的第三人利益，裁判机关可以主动认定其无效，任何利害关系人也可以主张其无效；可撤销法律行为仅损害当事人利益，确切地说损害了当事人一方的利益。自理而言，只有受损害一方才得以主张该行为无效，如欺诈中的被骗人、胁迫中的被胁迫人、显失公平中受损害人等。《民法典》第 148 条规定"受欺诈方有权请求人民法院或者仲裁机构予以撤销"，第 150 条规定"受胁迫方有权请求人民法院或者仲裁机构予以撤销"，第 151 条规定"受损害方有权请求人民法院或者仲裁机构予以撤销"。

4. 效力不同。无效法律行为属于自始当然和绝对无效行为，不论表意人或利害关系人是否主张，都从行为开始就确定地不能发生法律行为的固有效力，法院或仲裁庭发现法律行为属无效时，可以不经当事人请求，径行认定无效；而可撤销法律行为只有当事人提出主张时，裁判机关才能去认定，当事人不申请时，裁判机关不得主动认定。在可撤销法律行为被撤销以前，该行为是有效的。因此，可撤销法律行为不是当然和绝对无效，而是相对无效。

5. 期限不同。无效法律行为自始就当然确定无效，不会因为时间的经过，变为有效；而可撤销法律行为，因须撤销才会归于无效，法律对于当事人主张撤销，有时间限制，过了法律规定的期限，撤销权即归于消灭，可撤销法律行为就变为完全有效的法律行为。

二、撤销权

（一）含义

撤销权是指权利人依自己之意思表示消灭法律行为效力之权利，为形成权之一种。所谓撤销，即依单方意思表示消灭法律行为效力之意思。撤销还有一种特殊形态，即变更权，是指权利人依单方意思表示变更法律行为之效力的权利。变更权在性质上，是撤销客体仅涉及部分意思表示，而承认剩余部分，或者亦可部分撤销后重新设定新的部分。就此而言，变更是撤销的一种特殊形态，所以变更权的主体、效果、期限等，均适用法律对撤销权的规定。《民法通则》第 59 条曾将变更权与撤销权并列，《民法典》已作了修正，将变更权并入撤销权，不再单列变更权。

《民法典》规定了五种可撤销民事法律行为，即重大误解（第 147 条）、欺诈（第 148 条）、第三人欺诈（第 149 条）、胁迫（第 150 条）、显失公平（第 151 条）等。此五种意思表示有瑕疵的，发生撤销权，当事人可撤销该行为。如果将欺诈和第三人欺诈合而为一，就可概括为四种可撤销法律行为。

（二）撤销权之行使

1. 主体。即撤销权人，应是意思表示受有损害的表意人。即意思表示因受到不正当干扰而使表示有瑕疵时，法律赋予表意人撤销权，本质上是为了贯彻意思自治，维护表意人意思表示自由。所以，即使表意人没有人身和财产损害，也不妨碍行使该权利。撤销权之继受人亦得作为撤销权之主体，如法人合并时，合并后的法人得行使合并前法人享有的撤销权。

2. 以诉行使。行使撤销权须向人民法院或者仲裁机构申请，由裁判机构经审理后依法撤销。撤销权须以诉为之，在民法立法中也颇受争议，有学者提出："撤销权属于形成权，通过单方法律行为即可作出，无须通过诉讼或仲裁的方式行使，建议删除向人民法院或者仲裁机构申请撤销的规定。"[1] 立法者显然没有接受这个建议，《民法典》第 147~151 条规定的可撤销行为中，都无一例外地规定了"请求人民法院或者仲裁机构予以撤销"。

3. 撤销权存续期间。撤销权须于法定期限内行使，该期限谓之除斥期间。法律的这个规定，主要是维护财产关系的确定性，避免撤销权人手捏着权利不行使，相对人则不知楼上这只"靴子"何时落地，时时处于惶恐状态。《民法典》第 152 条第 1 款规定："有下列情形之一的，撤销权消灭：（一）当事人自知道或者应当知道撤销事由之日起一年内、重大误解的当事人自知道或者应当知道撤销事由之日起九十日内没有行使撤销权；（二）当事人受胁迫，自胁迫行为终止之日起一年内没有行使撤销权；（三）当事人知道撤销事由后明确表示或者以自己的行为表明放弃撤销权。"该法第 152 条第 2 款规定："当事人自民事法律行为发生之日起五年内没有行使撤销权的，撤销权消灭。"即可撤销行为之撤销权有期限限制，法律分别规定了 3 个月和 1 年的期限，但自民事法律行为发生之日起 5 年不行使的，撤销权绝对消灭。

（三）法律效果

撤销权一旦生效，可撤销法律行为溯及自始起不发生效力。即可撤销法律行为一经撤销，其效力与法律行为无效之效力相同。

（四）撤销权之援用

撤销权作为形成权，具有阻击意思表示效力，可捍卫当事人的意思自由，是民事法律行为制度不可或缺的组成部分，有明显的救济特征。基于这个救济功能，撤销权在其他法律关系中也存在，法律也有零星的规定。如《民法典》第 265 条第 2 款规定的对于农村

---

〔1〕《民法总则立法背景与观点全集》编写组：《民法总则立法背景与观点全集》，法律出版社 2017 年版，第 225 页。

集体经济组织作出损害其成员权利的决定时，该成员的撤销权；第280条第2款规定的受侵害业主对于业主大会或者业主委员会作出的侵害其权利决定的撤销权等。在相关法律关系中法律对权利行使方式、权利存续期限、法律效果等未明确规定的，可援用法律对可撤销法律行为中对撤销权的规定。

三、欺诈

（一）含义

所谓欺诈，诈是指"作假""隐瞒"；欺是指"欺骗""欺蒙"。欺诈就是用作假的手段达到欺骗的目的，故先有诈后有欺，亦称诈欺。受欺诈之意思表示，是因受他人欺骗陷于错误而作出的意思表示。因欺诈之意思表示而成立的法律行为，属可撤销法律行为。《民法典》规定的欺诈行为分两种，狭义的欺诈是表意人欺诈相对人，广义的欺诈还包括第三人欺诈使一方上当受骗。

欺骗即为使受领人陷于错误而故意将不真实的虚假情况当作真实情况表示，受欺诈之意思表示，就是受他人的欺骗作出的意思表示，显然是表意人在不了解真相状态下形成的效果意思，其意思的瑕疵是显而易见的。这种行为的实施过程是欺诈—受骗陷于错误—意思表示三个阶段，且三个阶段依次有因果关系。欺诈与错误意思表示存在很大区别，由于表意人自身原因表示不自由，那么应该责任自负，即使撤销意思表示，也应该对相对人的信赖利益损失作出赔偿。而对于欺诈，表意人是由于他人的干扰，导致内心意思与表示意思不一致，依表示主义，这个意思表示首先是有效的，同时赋予表意人撤销权，作为对其意志自由的救济。

发生欺诈之撤销权，通常仅在财产关系上，身份关系上则不适用。如婚前说"家里有房有车"，其实上无片瓦，车也只是电动车，婚后也不能因为欺诈而撤销婚姻。

（二）要件

《民法典》第148条规定："一方以欺诈手段，使对方在违背真实意思的情况下实施的民事法律行为，受欺诈方有权请求人民法院或者仲裁机构予以撤销。"这是对表意人欺诈相对人的规定，即狭义的欺诈，其法律要件有四项：在欺诈人方面——须有故意欺诈的行为，构成要件须有"诈欺"和"故意"；在被欺诈人方面——须受欺诈而作出意思表示，构成要件须"受骗陷于错误"和"作出错误表示"。

1. 须有诈欺。欺诈行为是故意把不真实的信息表示给他人。无论夸耀虚假事实，还是隐瞒、歪曲真实事实，以达到被欺诈人决策效果者，均属之。如果夸大其词按常识并不会使相对人发生认识错误的，则可以构成戏谑但不成立欺诈。如"吃了脑白金考试涨10分"。欺诈往往呈现为积极行为，而消极行为，尤其是沉默，则必须在法律上、合同上或者习惯法上有告知义务，而未告知时才能构成欺诈。例如，买房人说"要买大产权而非小产权的房子"，房产销售人沉默但又与之签房屋买卖合同的，最后办的是小产权证，该沉默构成欺诈，因为销售人有告知义务而未告知。

2. 须属故意。欺诈故意，是指具有欺骗他人的心理预期。这种故意的含义既包括使相对人陷于错误的故意，即行为人明知自己所表示的事情不真实，并且明知相对人有陷入错误的可能；又包括有使相对人陷于错误而作出意思表示的故意。这两种故意从根本上妨碍了被欺诈人意思形成的自由。此外，欺诈人当然须有意思能力，无意思能力，就不存在欺诈的可能性，如精神病患者。再者，如表意人不属故意，而由于认识错误，那么属于错误意思表示，不成立诈欺。

3. 须因欺诈而使表意人陷于错误。即欺诈人的欺诈行为与被欺诈人陷于错误之间须有因果关系，如果被欺诈人并未陷于错误，或者虽然陷于错误，但该错误不是受欺诈而产生，则欺诈行为不能成立。

4. 须因欺诈而作出错误意思表示。即陷于错误而为意思表示，陷于错误与意思表示之间有因果联系。如果被欺诈人虽然陷于错误，但是并没有因之而作出意思表示；或者虽有意思表示，却不是因错误所致，欺诈行为也不能成立。

（三）第三人欺诈

第三人欺诈，就是通常说的"托"。《民法典》第149条规定："第三人实施欺诈行为，使一方在违背真实意思的情况下实施的民事法律行为，对方知道或者应当知道该欺诈行为的，受欺诈方有权请求人民法院或者仲裁机构予以撤销。"第三人欺诈也须符合欺诈的法律要件，这一点是一样的。但"须有欺诈"和"故意"两项要件，由民事法律行为当事人移至第三人，即欺诈行为是第三人作出的。此外还要增加一项要件，即对第三人的欺诈行为，受欺诈之相对人知道或者应当知道，也就是"心知肚明"，或者"装糊涂"；

反之，就不在其列。法律虽未规定相对人得利，但实际上受骗之人肯定受损害，相对人一定是获益的。

四、胁迫

（一）含义

受胁迫而实施的行为，是指因他人的胁迫，陷于恐惧而作出的不真实意思表示。这里采用胁迫手段的他人，包括民事法律行为当事人一方，或者局外的第三人。《瑞士民法典》谓之"害怕"，是立足于胁迫达到的效果，即因害怕所预告的祸害到来而违心作出的意思表示。我国民法则是从手段上对该行为命名，《民法典》第150条规定："一方或者第三人以胁迫手段，使对方在违背真实意思的情况下实施的民事法律行为，受胁迫方有权请求人民法院或者仲裁机构予以撤销。"

（二）要件

受胁迫而实施的行为的要件，在胁迫人方面——须实施胁迫，且是故意，预告不正当危害；在受胁迫人方面——须恐惧，并作迎合性意思表示。

1. 须有胁迫。胁迫是不正当地预告危害，以使他人陷于恐惧的行为。在性质上，只要导致被胁迫人陷入恐惧即可，行为无须重大。预告危害，是尚未发生的危害，却是可能实施的。如以对本人或亲属的生命、健康、名誉、荣誉、财产等造成损害，或者以给法人的市场形象、商誉、财产等造成危害为要挟，迫使对方作出违背内心真实意愿的意思表示。胁迫虽是对被胁迫人发出，但预告的损害可以针对被胁迫人，也可以是针对被胁迫人的亲属；可以是人的身体上的或财产上的，也可以是精神上的。预告之危害，不以胁迫人所亲自作出为必要，如"花钱请黑社会干掉你"；也不必一定能实现，如对深陷迷信之人说"不买此物恐怕会有血光之灾"，等等。

2. 须属故意。胁迫当属故意，若非故意，就是认识错误了。胁迫之故意包括两个方面：①须有胁迫相对人使之产生恐惧的故意；②须有使相对人因恐惧而作出迎合意思表示的故意，即胁迫的目的在于使相对人作出迎合性意思表示。

3. 须预告不正当危害。所谓不正当，是不法干预了行为人意思的形成自由，有违意思自治和公序良俗原则。违法当然属于不正当，但不正当不一定都违法。例如，某甲对某乙说，"如果不与我签这个合同，就举报你受贿"，很难说该预告的内容是违法的，但预告属不正当，因为它干涉了相对人的意思自由。所以判断预告是否正当，以该预告有没有干涉相对人意思自由为准则。如对于违反劳动法规定工资低于当地最低工资的企业老板告知其"再不增加工资就去举报你"，最低工资属于强行性规定，必须遵守无自治余地，因此该预告既合法又正当，不属于胁迫。

4. 因胁迫而产生恐惧。如果胁迫人纵然施加胁迫，但被胁迫人并不因此恐惧，或虽有恐惧，但恐惧并不是因胁迫而生，就不能构成受胁迫。如有人说："你身上有鬼，还是请人驱驱鬼吧。"听者果然连得重病，恐惧之情油然而生，请人作了道场驱鬼。这显然是迷信，不信科学所致，而非胁迫产生的恐惧。

5. 因恐惧表示迎合性意思。即恐惧与胁迫人的意思表示有因果联系，而且其意思表示，又须迎合胁迫人的意思作出。这两个方面必须同时存在，如果被胁迫人并不因胁迫而恐惧，就不能构成受胁迫而实施的行为。而且，进一步看，即使被胁迫人产生恐惧，但是所实施的行为不迎合胁迫人的意思，也还是不能构成受胁迫而实施的行为。因为，受胁迫而实施的行为，其实质在于行为人的意思形成和表示均受到不正当干涉，而胁迫人却因被胁迫人迎合而获益。

【典型案例32】

五、显失公平

（一）含义

显失公平行为，是指乘他人处境危难，迫使他人不得已而作出对自己严重不利的意思表示。乘他人之危之人，谓乘危人；相对人则称危难人。在显失公平行为中，危难人的意思形成和表示，都受到了乘危人的不正当干涉，违背了意思自由原则，因而该民事法律行为有严重的瑕疵；从结果看，交易存在严重不公平，有违公平原则，所以法律赋予危难人撤销权。原《民法通则》将乘人之危与显失公平分别规定，将乘人之危归属无效民事法律行为，将显失公平归之可撤销民事法律行为。两者其实是原因与结果的关系，《民法典》则将两者合并，该法第151条规定："一方利用对方处于危困状态、缺乏判断能力等情形，致使民事法律行为成立时显失公平的，受损害方有权请求人民法院或者仲裁机构予以撤销。"

在立法例上，法律只对发生显失公平效果的乘人之危行为予以干预，学理上谓之暴利行为。即适用显失公平在于一方是否牟取暴利，乘人之危是因，牟取暴利是果。

（二）要件

危难被人所乘而实施的行为，在乘危人方面——须乘人之危，属故意；在危难人方面——须被迫作出迎合性意思表示，并且结果是显失公平。

1. 须乘人之危。即对他人的危难处境加以利用。危难处境一般指生活上或经济上的窘迫，以及生命、身体、健康、名誉、自由等方面面临或者陷于困境，或者紧迫情形难以作出判断。这时逼迫其作出意思表示，就属乘人之危。如 2021 年夏郑州发大水，很多人下班回不了家，想在附近宾馆住一晚，就有宾馆三倍、五倍的加价，不仅是乘人之危，也是发不义之财。

2. 须属故意。即须有使危难人按照乘危人指引或者要价作出意思表示的故意。

3. 须危难人被迫进行意思表示。即乘人之危与危难人的意思表示之间具有因果联系。危难人进行意思表示是不得已而为之，是乘危人不正当利用的结果。如果乘危人临危不惧，不为利诱所动，当然谈不上危难为人所用而实施的行为。

4. 须属迎合性意思表示。即危难人无奈而使自己的意思表示迎合乘危人的意思。如果危难人并不迎合乘危人的意思，那么他所实施的行为也就不构成危难为人所用而实施的行为。

5. 显失公平。即乘危人因乘人之危取得暴利，使相对人遭受重大的利益损害。

对该行为，从原因上称之，是乘人之危，从结果上称命名，则为显失公平或者暴利行为。从原因看，是一方当事人利用优势地位或者利用对方没有经验，作出不利于己的意思表示；从结果看，不是一般的不公平，而是明显的不公平，使双方的权利义务严重失衡。

【典型案例 33】

六、重大误解

（一）概念厘定

重大误解是指行为人基于对行为的性质、相对人以及标的物的品种、质量、规格和数量等的错误认识实施的民事法律行为。《民法典》第 147 条规定：“基于重大误解实施的民事法律行为，行为人有权请求人民法院或者仲裁机构予以撤销。”在立法例上，基于意思主义立场，对意思表示错误地归入“错误”范畴，属可撤销法律行为。如《法国民法典》第 1110 条规定仅限于对"契约标的物的认识错误",《德国民法典》第 119 条则将错误扩张到对意思表示错误、对当事人认识的错误等。《民法典》的规定立足于认识错误,而非动机、传达错误等,并限定于"重大"。这个条文在民法起草中也曾引起很大争论。有学者指出,这个概念来源于苏俄民法典中的误认,并认为:"我国的重大误解制度实质上相当于境外法中的错误制度,"因此建议"将'重大误解'修改为'错误'。"[1] 从《民法典》第 147 条的规定看,立法者显然没有采纳学者的修改意见,仍然用"重大误解",那么能否适用于表意人的错误呢,这个问题还有待于最高人民法院的司法解释。[2]

从知识的体系化出发,这里从意思表示和接收意思错误两个方面,论述对人、行为和标的的错误,以便对这个概念有更全面的认知。

【拓展阅读43】

（二）错误之类型

错误,按发生原因,可分为自己错误和因他人不正当干涉引起的错误。因他人不正当干涉引起的错误,如诈欺;自己错误,即非外力不正当干涉的错误,亦即因知识、认识和经验不足引起的错误。

自己错误,按表示错误意思的人,又可分为表示错误和受领错误。表示错误,是表意人意思表示的错误,属于主动型错误;受领错误,是对他人意思理解的错误,即误解,属于被动型错误。

重大错误不仅包括被动型错误,也包括主动型错误。那么错误之表意人和理解错误之受领人都可以主张撤销权;如果仅按法律规定"重大误解",按文义解释,通常应指意思受领人,不包括表意人。这显然不符合民法规范的本义,需要有权部门作扩大解释。

（三）要件

这里从主动和被动两个方面,概括其法律要件。

1. 须有表示。即须有意思表示,且意思表示须成立。如无表示或者意思表示不成立,错误也不会有法律上的效力,更无须撤销。

2. 内心意思与表示意思不一致。只有内心的效果意思与表示

---

〔1〕《民法总则立法背景与观点全集》编写组编:《民法总则立法背景与观点全集》,法律出版社 2017 年版,第 225 页。

〔2〕已被废止的《贯彻执行〈中华人民共和国民法通则〉的意见（试行）》中,曾对此作了扩大解释,其第 71 条规定:"行为人因对行为的性质、对方当事人、标的物的品种、质量、规格和数量等的错误认识,使行为的后果与自己的意思相悖,并造成较大损失的,可以认定为重大误解。"

意思不一致，才有错误的可能。

3. 非故意。表意人的错误意思须非故意的，是过失的错误。如一方故意，就属于诈欺；双方都故意，就属于恶意串通。

4. 性质上属重大。所谓重大，即非因该错误认识，不会作出该意思表示。易言之，如果是无足轻重的错误，就不需要行使撤销权了。

七、重大误传

（一）含义

重大误传，是指经人传达的意思表示，因传达人的转表述发生重大错误的情形。

《德国民法典》第 120 条规定："意思表示由传达人或者传达机构传达不实时，可以在第 119 条关于因错误而作出意思表示所规定的同样条件下撤销。"我国民法没有规定此类可撤销类型，但以往的司法解释对此予以肯定。[1] 对于重大误传，这里也作为"错误意思表示"的一种，单列为可撤销行为，作一阐述。

（二）要件

1. 传达须为无偿行为。即所谓义务传达人，即传达是不收费、无报酬的。有偿之传达人，如邮局、电报局、快递公司等，就须尽较高的注意义务，如因传达错误导致损害的，有传达人负赔偿责任。而义务传达人，不能与有偿传达人同等看待，这也符合权利义务均衡要求的。

2. 过失。传达人有过失，导致传达错误或者没有传达。如果传达人因故意传达错误，如按相反的意思传达或者歪曲意思传达，所传达的意思并不是表意人之意思，就不属于"误传"，表意人就无须撤销，因为根本就不是他的意思，也无须由他赔偿受领人的信赖利益损失，而是由传达人（即表意人）自负其责。传达行为必须有表意人的传达请求，这是传达行为之源；如果传达人"自编意思"传达，就已不是传达，而是自己意思，也是由其自负其责。

3. 属重大。误传属重大，即因误传，使原意思表示设定权利

---

[1] 已被废止的《贯彻执行〈中华人民共和国民法通则〉的意见（试行）》第 77 条规定："意思表示由第三人义务转达，而第三人由于过失转达错误或者没有转达，使他人造成损失的，一般可由意思表示人负赔偿责任。但法律另有规定或者双方另有约定的除外。"

义务，发生了质的变化。[1]例如，传达的标的错误、主体错误、行为性质错误等。

（三）法律效果

重大误传行为撤销后，对相对人之信赖利益损失，由意思表示人负赔偿之责。例如，表意人买的是台式电脑，但误传为笔记本电脑，而且货物已经发出，该误传行为撤销后，行为人必须赔偿相对人的信赖利益损失，如运输费用等。

第七节　效力未定之法律行为

一、含义

其是指民事法律行为之效力有赖于第三人意思表示，在第三人意思表示前，效力未定。效力未定行为的特点是，行为人已完成行为，且行为外表已健全，但其效力有赖于第三人表示"同意"还是"不同意"，在第三人补充行为作出前，该行为的效力处于不确定状态。

效力未定行为与可撤销行为不同。可撤销行为在撤销前是有效民事法律行为，只是在撤销后溯及开始发生无效后果，其效力"有效"或"无效"有待表意人定夺；而效力未定行为的法律效力处于不确定状态，在确定前既非有效亦非无效，究竟是有效或无效有待第三人定夺。

【典型案例34】

效力未定行为与无效行为也不同。无效行为自始无效，不可能"起死回生"；而效力未定行为，效力既可能向有效发展，也可能归于不生效。

二、类型

（一）限制行为能力人超越其能力之行为

这类行为若获法定代理人追认，即变为有效民事法律行为，反

---

〔1〕 1942年7月2日，中共中央由延安向八路军第一二九师发了一份《中央关于对待原四方面军干部态度问题的指示》的电报，原文中要求对原红四方面军干部"一视同仁"，但电报局译电时却错译并发为"有所不同"。这在原红四方面军部队改编的八路军一二九师中引起轩然大波，成为延安整风运动中的大事件。参见秦忠口述、秦亚平执笔：《走出烽火硝烟——秦忠回忆录》，湖北人民出版社2004年版，第394~401页。

之，则为无效民事法律行为。《民法典》第 145 条第 1 款规定："限制民事行为能力人实施的纯获利益的民事法律行为或者与其年龄、智力、精神健康状况相适应的民事法律行为有效；实施的其他民事法律行为经法定代理人同意或者追认后有效。"限制行为能力人实施的超越其能力范围的行为，即属效力未定。法定代理人追认，则有效；拒绝追认，则不生效。

（二）欠缺代理权之代理

代理人行使代理，须有代理权，法定代理根据法律规定取得，意定代理则要依民事法律行为取得。欠缺代理权之代理，发生在意定代理中，代理人欠缺代理权为之代理，对被代理人本是没有效力的，但若本人追认，就成为名正言顺的"代理行为"，对本人发生效力；若本人否认，则该行为对被代理人不生效。在本人承认与否认前，该行为的效力处于不确定状态。《民法典》第 171 条第 1 款规定："行为人没有代理权、超越代理权或者代理权终止后，仍然实施代理行为，未经被代理人追认的，对被代理人不发生效力。"

（三）债务承担

债务承担是债的效力不变而由第三人承受债务的民事法律行为。由于债务承担之发生需更换债务人，对债权人影响很大，故债务承担须经债权人同意始对债权人生效，在债权人同意之前，债务承担行为处于效力不确定状态。《民法典》第 551 条第 1 款规定："债务人将债务的全部或者部分转移给第三人的，应当经债权人同意。"即在债权人同意前，效力待定。

【拓展阅读44】

三、效果

效力未定法律行为，具有民事法律行为成立效力，但效果意思却处于"悬空"状态，既非确定有效，亦非确定无效，其效力取决于第三人的意思表示。第三人握有追认或者拒绝承认的主动权，为了平衡当事人之间的权利，法律赋予相对人催告权，即敦促第三人作出决断，让效力未定之行为尽早明确其效力，使财产关系回归到确定状态。

（一）追认权

追认是追认权人实施的使他人效力未定行为发生效力的补充行为。追认属于单方民事法律行为，其作用在于补足效力未定行为所欠缺的法律要件。

追认权主体，因行为的类型不同而不同。限制民事行为能力人实施的待追认行为，追认权属于法定代理人；欠缺代理权之代理行为，追认权属于本人（即被代理人）；债务承担，追认权属于债权人。追认权的实施方式，应由当事人以意思通知方式，向效力未定行为的相对人实施。《民法典》第145条第2款规定，"相对人可以催告法定代理人自收到通知之日起三十日内予以追认。法定代理人未作表示的，视为拒绝追认。民事法律行为被追认前，善意相对人有撤销的权利。撤销应当以通知的方式作出。"由此可见，追认权属于形成权，法律规定追认有期限的，追认权须于法定期间内行使；追认之意思，须以明示方式作出，默示为拒绝追认。追认行为完成若使效力未定行为生效要件补足，除非追认权人有特别声明，效力未定行为溯及自始发生效力。

（二）催告权

催告权是指相对人告知事实并催促追认权人在给定的期间内实施追认的权利。根据上述《民法典》第145条第2款的规定，相对人催告的意思到达追认权人，追认权的除斥期间就开始计算，逾30日不追认的，效力未定行为则定为不生效。

（三）撤销权

撤销权是指效力未定行为的善意相对人撤销其意思表示的权利。撤销权与催告权都是相对人的权利，两者的不同主要在于对效力未定行为的期待不同。相对人行使催告权，表示期待追认权人追认该行为，使其生效；而行使撤销权，则表明相对人不希望该行为生效。根据上述《民法典》第145条第2款的规定，撤销之意思须在追认前作出，因为一旦经追认，效力未定法律行为已确定生效，不可再撤销。

依据法律的规定，撤销权的法律要件是：①撤销权的发生须在追认权人追认前，追认权一旦行使，效力未定行为即生效，相对人不得行使该项撤销权。②撤销之意思必须以明示的方式作出。③相对人须为善意，即对效力未定行为欠缺生效要件没有过失。如明知对方行为人能力欠缺而为之，则不得享有撤销权。

【课后练习题5】

第六章　法律行为之代理

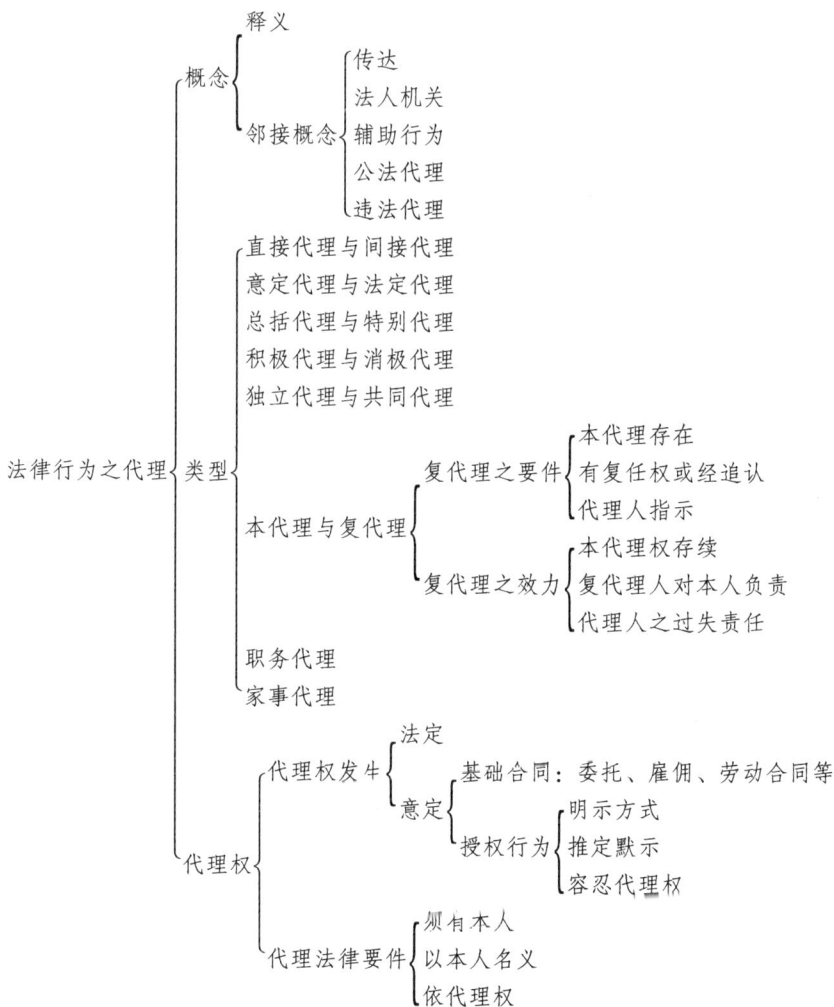

```
                                                    ┌ 自己代理
                                   ┌ 代理权滥用之限制 ┤ 双方代理
                                   │              │ 复任权之滥用
                          ┌ 代理权 ┤              └ 利己行为
                          │       │          ┌ 代理消灭之共同原因
                          │       └ 代理权消灭 ┤ 意定代理消灭之特别原因
                          │                  └ 法定代理消灭之特别原因
                          │                ┌ 有无权代理之行为
                          │        ┌ 法律要件 ┤ 欠缺代理权
   法律行为之代理 ┤        │ 无权代理 ┤        └ 无本人追认
                          │        │        ┌ 对本人不发生效力
                          │        └ 法律效果 ┤ 有行为人自己承受
                          │
                          │        ┌ 要件:有相对人足信其有代理权之表征
                          │        │      ┌ 无代理权型
                          └ 表见代理 ┤ 类型 ┤ 权限逾越型
                                   │      └ 代理权消灭型
                                   └ 效果:等同有权代理
```

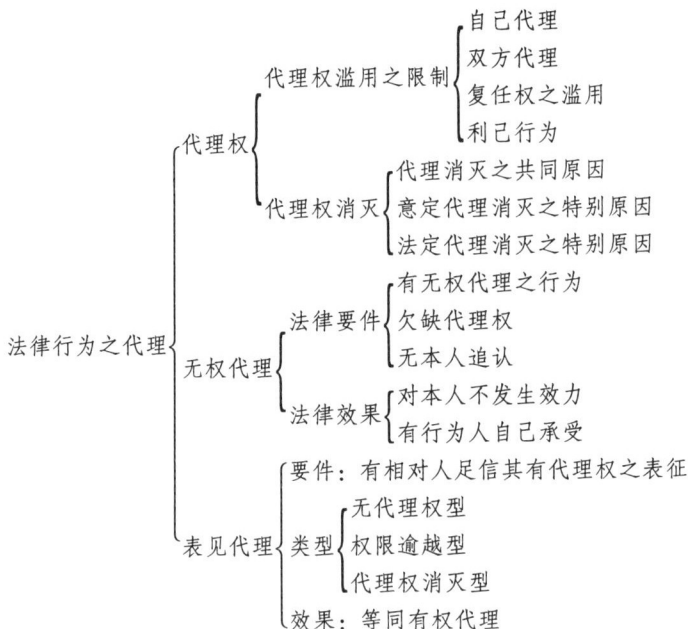

本章重点内容讲解

　　民法上代理为民事法律行为之代理,而非事务性代理。在立法例上,代理制度有直接代理与间接代理之区分,《民法典》总则编第七章规定的代理是直接代理,而合同编第二十三章对委托合同的规定,可以发生间接代理,本章论述之代理为直接代理。代理依发生原因,分为法定代理与意定代理。法定代理之发生原因,在自然人一章监护中已作阐述;意定代理,即委托代理,产生于被代理人的授权。授权行为与基础法律关系,是两个不同的关系,必须分清。从代理与邻接概念的区别中,把握代理的实质;在代理的类型中,了解不同性质代理的功能。代理涉及本人、代理人及第三人,为平衡三方当事人的关系,法律在不同场合以制度价值对当事人利益作出取舍。代理权是有效代理的前提,但有代理权之代理,不一定就有效,滥用代理权为法律所限制;反之,有代理表征的无权代理,即表见代理,则被法律认可为有效代理。

第一节　代理之概述

一、代理之含义

　　代理是代理人于代理权限内,以本人(被代理人)名义向第三人(相对人)为意思表示或受领意思表示,而该意思表示直接对本人生效的民事法律行为。《民法典》第 162 条规定"代理人在代理权限内，以被代理人名义实施的民事法律行为，对被代理人发生效力。"从表征上看，对他人的代理行为由本人负责，似是意思他治；但这个"意思他治"又是本人授权的，是"意思自治"下的"他治"。即以"他治"为表、"自治"为里的一种法律关系。

代理之行为须是民事法律行为，非法律行为如事实行为、侵权行为等均不得适用代理。《民法通则》将代理与民事法律行为并列于第四章，旨在说明代理是法律行为代理，而非事务性代理。在大陆法系采总分则体系的民法中，意定代理也规定在法律行为一章，如《德国民法典》第一编总则第三章"法律行为"中，第五节即代理；《日本民法典》第一编总则第四章法律行为之第三节为代理；《俄罗斯联邦民法典》第一编总则中，第四分编为"法律行为与代理"。非总分则体系的民法典，如《意大利民法典》代理也置于契约编，第四编债、第二章契约总论之第六节为代理，以彰显代理的功能及性质。《民法典》将代理与民事法律行为分章表述，就不能用法律的结构体系直接揭示代理的本质，在法律起草征求意见时，就有人向征求意见的人大副委员长提出："代理作为法律行为实施的特殊规则不具有独立成章的意义和必要，且在比较法上也没有先例，建议将代理作为民事法律行为的一节加以规定。"[1]很遗憾，这个意见最终没有被接受。

《民法典》第 163 条第 1 款规定："代理包括委托代理和法定代理。"对于无行为能力人、限制行为能力人，法律为其设定代理人，因该代理权来源于法律的直接规定，故谓之法定代理。对于完全行为能力人，则可设意定代理人，由代理人代替本人实施法律行为。法律行为之代理，就是为了满足这样需求设立的制度。与法定代理相对应的是意定代理，意定代理之代理权由授权发生，而委托代理只是意定代理之一，在劳动合同、雇佣契约中也能发生意定代理。所以，意定代理是比委托代理外延更广的概念，在法律起草征求意见时，有人建议用意定代理代替委托代理，[2]就源于这样的道理。

---

〔1〕"李建国副委员长民法总则草案宁夏调研简报"，《民法总则立法背景与观点全集》编写组编：《民法总则立法背景与观点全集》，法律出版社 2017 年版，第 118 页。

〔2〕参见《民法总则立法背景与观点全集》编写组编：《民法总则立法背景与观点全集》，法律出版社 2017 年版，第 410 页。

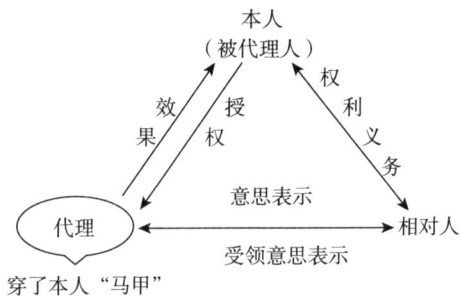

图 6.1 代理关系示意图

二、制度价值

人类在繁衍生息过程中育幼养老，家庭作为一个血缘团体单元，由父权制起步的家长制，历经演化，逐渐成形，被纳入伦理关系。这一人身关系的再现于法律规范，就孕育了最初的代理制度。在农本社会，人们的生产活动主要是与土地、牲畜打交道，自给自足是生活的主流，交易只是辅助，经济上对代理的需求，是微不足道的。

代理作用日益凸现，成为法律上的一项重要制度，则是重商主义的产物。商业是一种交换，活动的特点就是人与人打交道，在跨越地域的商业活动中，代理可为人们提供"分身术"，不出门即可做生意。工业革命后，日益分化的劳动分工，更使专业细化，创新科技和新兴产业层出不穷，拥有专门的知识，已成为从事劳动或者经营的必备技能，若一窍不通而茫然介入，必难形成反映内心本意的意思，从而也无法恰当、准确地行使自己的权利。而代理恰恰可以弥补这样的缺陷，通过他人延展自己法律行为的领域，可以越过时空、跨过分工，拓展自己的活动范围。

在商业活动和市场交易中，以公司为标志的法人成为主角，代理是助其成长壮大不可或缺之一翼。我们可以设想，一个公司如仅靠代表机关对外打交道，其市场规模跨地域甚至跨国，董事长、CEO 也分身乏术。而代理能使雇员们在代表法人对外交往中，有序分工，各司其职，领导们也无须事事躬亲，手里握着"授权"这把"钥匙"，即能控制公司的事务。因此，代理制度的发展、完善，以及被运用得如此普遍，又是赖于法人制度的强劲推动。

【拓展阅读45】

就法律属性而言，代理是代理人处于被代理人的位置"为他人作嫁衣裳",是法律行为制度的一个延伸,在法律不禁止的法律关系中都可以适用。法律有禁止的,不得为代理。[1]由此可见,代理在人身关系和财产关系中被普遍适用,具有总括性,因此置于民法总则规定。

三、代理与邻接概念之厘定

（一）代理与法律行为

代理虽是民事法律行为,也可附条件和附期限等,但毕竟是有三方当事人,在外观上即有本人与代理人、本人与第三人以及代理人与第三人的三种关系,这个特点决定代理行为与一般法律行为存在如下不同:

1. 当事人不同。单方法律行为只有一人,而双方法律行为有两人也足矣;而代理行为必须要有三方当事人,即本人（被代理人）、代理人、第三人,否则不构成代理关系。如何平衡三人之间关系,既要保护本人意思自由,又要兼顾相对人信赖利益,代理在延伸了法律行为空间的同时,也生出新的问题,需要法律加以规范。

2. 意思与行为同一性不同。法律行为中行为人和表意人,具有同一性,自己意思、自己行为;而代理中,作意思表示或受领意思表示的,却不是行为人本人,而是代理人,自己意思却是他人行为。代理的本旨,是要实现他意随己意,他人行为能否表达自己的目的,他人是否按自己的意思为意思表示等,事关代理的目的是否达成,无论是理论还是实务,都存在着延伸的可探讨空间。

3. 意思与效果的同一性不同。法律行为的意思表示人即是效果的承受人,自己意思、自己责任;而在代理,意思表示由代理人进行,效果却不由意思表示人承担,而由被代理人——意思表示的局外人担当权利义务的当事人,如何解释个中的意思自治,里面有大学问。

（二）代理与传达

代理与传达的共同之处在于,都是由第三人之口"表达"意思

---

[1] 如《民法典》第161条第2款规定:"依照法律规定、当事人约定或者民事法律行为的性质,应当由本人亲自实施的民事法律行为,不得代理。"该法第1049条规定,结婚登记,须亲自为之,不得代理。作为民法特别法的《公司法》第124条也规定,上市公司董事不得代理其他董事表决。

表示的，也都涉及意思表示的效果归属，而且传达与代理均是辅助行为。但两者的法律关系迥然不同：

1. 表意人不同。传达人仅是向第三人传达本人已作出的意思表示，而非传达人自己为意思表示，表意人仍是本人；而代理人表示的是自己的意思，而非传达本人意思表示。易言之，在传达，本人只是借传达人的"嘴"作媒介而已，或者说传达人的嘴成了表意人的第二个"嘴"；在代理，则是本人借代理人的"脑袋"为自己服务，代理人是"代"本人表意。

2. 有无撤销权不同。在传达中，若传达有根本性错误则属重大误传行为，表意人有撤销权；而代理人是自己为意思表示，代理人行为就是本人的行为，在代理权限内，本人要对代理行为负责任，即使代理人处事不当或者有错，本人也要承担其代理效果，不能撤销；若代理人有过失，应按约定另行追究其责任。

3. 有无行为能力不同。传达既然只是转达意思表示，而无意思表示，因此一个无民事行为能力人也完全可以充任这样的角色。亦即传达只是一个事实行为，而非法律行为；而代理，因为须作意思表示或者受领意思表示，代理人起码也应该有限制民事行为能力，无民事行为能力人不得为代理人，限制行为能力人亦只能在其可独立实施行为的范围内，为代理行为。

4. 意思到达时间不同。受领意思表示的，如果意思表示到达代理人，因为代理人所处本人的"地位"，该意思表示到达代理人就等于到达本人了，无论代理人有没有转告本人，都不影响"到达"的效力；而传达人接收到意思表示也还属于在"传递"途中，需要由传达人传达到接收人，方为到达。

（三）代理与法人机关

法人机关区分对外机关与对内机关，对内机关如股东会、监事会等不具有代表法人的资格。法人代表机关，对外代表法人，可与代理作一对比。

1. 地位不同。法人代表机关之担当人在代表法人时，是依章程行使职权行为，无须另行授权，其在对外代表法人为法律行为时，自己的人格被法人吸收，其代表行为就是法人本身的行为，法人当然对其行为负责，《民法典》第61条第2款规定："法定代表人以法人名义从事的民事活动，其法律后果由法人承受。"而代理人须依授权实施代理行为时，法律效果才归属于本人，而且其是以自己的意思独立实施行为。

两者相似之处在于行为人均不承担行为的效果，就此一点不难看出，法人代表制度源自代理制度。故法人与其法人机关的关系，在与法人本质不相抵触的范围内，可准用代理的规定。

2. 责任范围不同。法人须对法人代表机关的一切行为负责，包括法律行为和侵权行为。《民法典》第62条第1款规定："法定代表人因执行职务造成他人损害的，由法人承担民事责任。"而代理，仅代理法律行为，侵权行为因属违法行为，不发生意思表示的效力问题，当然也无适用代理之余地。

3. 适用法律不同。代理人与第三人恶意串通损害本人利益，该代理行为无效，本人对该行为效果不负责任；而法人代表机关担当人若与他人恶意串通损害法人利益，不当然无效，须适用法人格否认，才可减轻或免除法人的责任。

4. 逾权效果不同。在代理中，代理人超越代理权所为的代理，构成无权代理；而法人机关不同，代表机关之逾权行为，相对人为善意的，该行为仍有效。《民法典》第61条第3款规定："法人章程或者法人权力机构对法定代表人代表权的限制，不得对抗善意相对人。"即法人仍要对法人机关的逾权行为负责。

（四）代理与辅助行为

法律行为发生效果后，行为人若享有或者履行意思表示设定的权利义务，行为人也可能会遣使其他人去完成。如买了空调，店家就要派人送货并上门安装，该运送并安装空调之人，既不是代理人，也不是传达人，更不是法人机关，属于辅助人。在类型上，根据辅助行为的性质，区分履行辅助人、执行辅助人和占有辅助人。辅助行为的效果也归属于本人，这一点与代理有相同之处，两者的区别在于如下几点：

1. 行为性质不同。代理是代理法律行为，因此代理之行为属合法行为；而辅助行为，是事实行为，无论履行辅助、执行辅助、占有辅助，在行为性质上都包含合法行为和违法行为。如履行辅助不当构成违反负担行为，执行辅助不当导致债务不履行，占有辅助不当导致损害赔偿等。

2. 责任范围不同。辅助行为是事实行为，因此归属本人的不仅有合法行为的效果，也包括不履行义务的损害赔偿责任。例如，执行辅助人在完成雇主任务时侵权，雇主须对执行辅助人的过失承担责任。

3. **两者重叠。**当既代理意思表示，又辅助完成该法律行为设定权利义务时，代理人与辅助人就会发生重叠。例如，经过与某电脑销售商之雇员洽商购买电脑，该雇员此时为销售商之代理人；然后由该雇员负责安装软件，并提供售后服务，此时雇员为执行辅助人。若电脑出现质量问题，销售商要担负更换、退货甚至赔偿责任，对雇员代理之行为负责。

（五）违法代理

代理行为本为法律行为，意思表示设定之权利义务要发生法律效力，当以适法为限。若代理人以本人名义，从事违法活动，其效果应由自己承受。然若代理人明知违法事项而代理，或者本人明知代理人代理行为违法，而不反对的，该违法效果是由本人与代理人负连带责任。《民法典》第167条规定："代理人知道或者应当知道代理事项违法仍然实施代理行为，或者被代理人知道或者应当知道代理人的代理行为违法未作反对表示的，被代理人和代理人应当承担连带责任。"

第二节　代理之类型

【法条链接 15】

一、直接代理与间接代理

（一）含义

这是以代理是否以本人名义为标准划分的。直接代理，指代理人以本人的名义为代理，代理的法律效果也直接归于本人；间接代理，指代理人以自己的名义为本人的利益为法律行为，代理的效果经移转后由本人承受的代理。间接代理因非以本人名义，故谓之隐名代理，直接代理相应称之显名代理；又因间接代理源自交易中的商事惯例，也称商事代理，相应地直接代理就称民事代理。大陆法系民法中的代理指直接代理，间接代理受契约法调整，规定于契约分则中专设的有名契约——行纪契约中；在民商分立体系中，商法典中亦有行纪商、代理商、经理人等间接代理的规定。

在交易中，间接代理之代理人虽然也是为了完成他人的托付事务，但完全是以自己的名义实施法律行为，并且由自己承受该行为的效果，在任务完成后再把与第三人交易的结果移转给交易的真正主人。选择间接代理，往往是交易主人不愿出面或者不能出面，于是利用代理人的交易经验和拥有的客户为自己服务。

在代理制度中，间接代理有着很悠久的历史，在行为人承受法律效果后，再通过债权让与、债务承担等其他行为将法律后果移转给被代理人，被代理人似乎是一个"后台老板"的角色。而直接代理是19世纪以后才逐渐形成的。[1]

代理人意思表示的效果归属于被代理人承受，即基于代理人的行为，相对人可以直接与被代理人发生联系。

【典型案例35】

（二）区别

直接代理与间接代理形同神异，主要区别在以下方面：

1. 名义不同。直接代理之代理人是以本人名义为法律行为；间接代理之代理人是以自己的名义为法律行为。如果把被代理人看作"后台老板"的话，直接代理之代理人是直接打着老板的旗号处理老板托付的事务；而间接代理之代理人，则是打着自己的旗号处理事务，待处理完毕，再把托付的事务交给老板。

2. 效果归属不同。直接代理的效果直接归属于本人，无须由代理人移转给本人，这也是"直接"之涵义的标识；间接代理的效果由代理人承担，须经移转方由本人承担。在我国传统交易中，行纪、外贸代理、股票清算等就采用的间接代理。

3. 准表见代理。在间接代理中，如果第三人知道受托人是为委托人订立合同的，那么受托人的行为就对受托人和委托人同时发生效力。此效力类似无权代理中的表见代理，与直接代理中的表见代理稍有不同的是，表见代理成立，代理人不负担其行为效果；而在间接代理中，则是被代理人与代理人共同承担责任。《民法典》第925条规定："受托人以自己的名义，在委托人的授权范围内与第三人订立的合同，第三人在订立合同时知道受托人与委托人之间的代理关系的，该合同直接约束委托人和第三人；但是，有确切证据证明该合同只约束受托人和第三人的除外。"

（三）区分价值

区分两者的价值在于，我国《民法典》总则规定的是直接代理，也就是对直接代理简称"代理"，因此本节阐述的代理即直接代理。根据《民法典》总分则体系，间接代理规定于合同编中，属

【拓展阅读46】

---

〔1〕　参见〔德〕迪特尔·梅迪库斯：《德国民法总论》，邵建东译，法律出版社2000年版，第671页。

于"非典型"代理。

二、意定代理与法定代理

（一）含义

这是以代理权产生的原因划分的。意定代理之代理权基于本人的意思表示发生，如委托代理、职务代理等；法定代理之代理权由法律规定产生，如因亲权发生的法定代理权；根据法律的规定，由有权机关指定之法定代理，谓之指定代理，如人民法院、民政部门指定监护人等，指定代理性质上仍属法定代理。

在学说上有争议的是，通过裁判、官方指定或者遗嘱指定的财产代管人，属于什么角色呢？如失踪人之财产代管人（《民法典》第42条）、破产财产管理人（《企业破产法》第22条）、遗嘱执行人（《民法典》第1145条）、遗产管理人（《民法典》第1147条）等。"法定代理说"认为，管理人对管理财产不享有权利义务，所为的法律行为效果也不是由自己承担，而是最终归于财产所有人，因此这属于广义的法定代理。但"职务说"则持反对意见，认为管理人是以自己的名义处理属于他们管理的财产，并且承担行为效果及所管理财产的义务，因此这些管理人应被视为职务的执行人。[1]从财产管理人与财产所有人关系上看，管理人是以自己名义行使权利，不符合代理法律要件，"职务说"更能解释得通。但支撑"职务说"的理论依据是什么？还是代理学说，因为并没有成体系的职务学说。因此，在法律对代管或者管理财产无明文规定且与其性质不相悖时，还是得参照或者适用法律对代理的规定。

（二）两者区别

1. 代理权产生原因不同。法定代理之代理权产生于法律规定，而且规定法定代理之规范，属于强行性规范；意定代理之代理权产生于意思表示，在规范上属于任意性规范。

2. 代理权限不同。法定代理属总括代理，代理之法律行为，包括人身行为和财产行为，代理权限由法律直接规定，无须特别授权为代理。《民法典》第163条第2款规定："委托代理人按照被代理人的委托行使代理权。法定代理人依照法律的规定行使代理权。"

---

〔1〕 参见［德］卡尔·拉伦茨：《德国民法通论》（下册），王晓晔等译，法律出版社2003年版，第818～819页。

根据这条规定，意定代理的代理权限由授权行为限制，在人身行为方面之代理，还须受法律的限制。

3. 效果不同。法定代理人对被代理人的侵权行为也须负赔偿责任，《民法典》第 1188 条第 1 款规定："无民事行为能力人、限制民事行为能力人造成他人损害的，由监护人承担侵权责任。监护人尽到监护职责的，可以减轻其侵权责任。"意定代理为法律行为代理，侵权行为因属违法行为，其意思表示不生法律效果，故亦无适用代理之余地。据此，有学者认为，代理人须对行为能力欠缺者的加害行为负责，说明法定代理是对行为能力欠缺者的能力救济制度；而意定代理则是行为人法律行为之延伸，与行为能力无关。所以，法定代理与意定代理是本质完全不同的两种代理制度。[1]

三、总括代理与特别代理

（一）含义

这是以代理权限的范围划分的。在意定代理中，对代理权限无特别限制的代理，称之总括代理、概括代理或者全权代理；对代理权范围有特别限定的代理，称特别代理。

在特别代理中，授权限定代理某类事项的，称种类代理或者类别代理，如授权代理涉外事务。若限定某单一事务的代理，则谓之单一代理，如聘请律师负责与并购某公司的签约谈判。

（二）区分实益

1. 法定代理属于总括代理，意定代理须按授权确定的类型代理。

2. 对于意定代理，法律规定须经特别授权的代理，仅有总括代理是不够的。如《民事诉讼法》第 59 条第 2 款规定，"诉讼代理人代为承认、放弃、变更诉讼请求，进行和解，提起反诉或者上诉，必须有委托人的特别授权。"也就是意定代理这些事务，须经特别授权，代理人的意思表示方对被代理人生效。

四、积极代理与消极代理

以代理人意思表示的方式为标准，代理可分为积极代理与消极代理。积极代理，就是由代理人实施意思表示的代理；消极代理，

---

〔1〕　参见张俊浩主编：《民法学原理》（上册），中国政法大学出版社 2000 年版，第 313 页。

则是由代理人受领意思表示的代理。

区分两者的实益在于，意思表示须有相对人受领的情形，该意思表示到达相对人之代理人时即发生拘束力，与到达本人具有同等效力。

五、独立代理与共同代理

（一）法律涵义

以所代理事项的代理人有一人还是一人以上，区分为独立代理和共同代理。所代理的事项仅有一人代理的，属独立代理或称单独代理，至于被代理人是一人或数人，在所不问；所代理事项之代理权属于二人以上的，即为共同代理。如果本人有数个代理人，但分别代理不同的事项，各代理人之代理权限并不重叠交叉，仍属独立代理；如有部分是相重叠交叉的，就这重叠交叉部分的事项，成立共同代理。

（二）特殊效果

1. 共同行为。共同代理之代理人须共同实施代理行为，才对本人生效。共同实施，是指实施了相同的意思表示，若代理人之一人未参加代理行为或者意思表示有瑕疵的，则属代理行为有瑕疵。对于本人而言，授权多人以同一事项的代理权限，有使代理人互相制衡的作用，以防止代理人越权或者滥用代理权。所以，在未有特别约定的情形下，共同代理之代理人，得共同为代理行为。《民法典》第 166 条规定："数人为同一代理事项的代理人的，应当共同行使代理权，但是当事人另有约定的除外。"但学说上认为，在受领意思表示之消极代理中，代理人一人受领亦足矣，无须共同受领。[1]

2. 自负其责。若代理人未与其他代理人协商独立为"代理"行为的，则视为自己行为，由行为人本人承受其效果，其他共同代理人不负其责。

六、本代理与复代理

（一）概念

这是依代理人选任者划分的。由本人选任的代理人的代理，称本代理；由代理人基于复选任权选任代理人的代理，称复代理，也

---

〔1〕 参见史尚宽：《民法总论》，中国政法大学出版社 2000 年版，第 520 页。

称再代理、次代理,《民法典》称之转委托代理。在民法起草过程中,许多民法学者建议使用"复代理"或"复代理人"用语,没有被接受。[1]《民法典》用的转委托之委托,在法律涵义上还包括事实行为,唯有代理特指民事法律行为,所以还是用复代理更准确。

因复代理享有代理权的人,谓之复代理人。民法对代理的规定,是以本代理作为代理的"典型",而将复代理作为一种特殊的形态,采例外方式规定。所以,在本代理与复代理类型中,就专门阐述作为"例外"的复代理。

【典型案例36】

在代理关系中,代理人经本人事先授权有复任权的,可以选任复代理人。复代理之效果与本代理相同,即复代理人之行为效果归属于本人,而非归属于代理人。

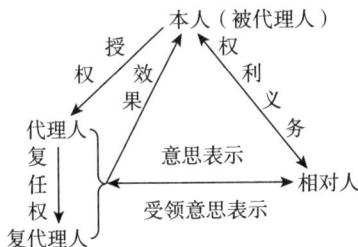

图6.2　复代理法律关系示意图

复代理发生后,复代理人与代理人构成复数代理,只是复代理人是由代理人"授权"的,如果该授权基于复任权,那么在效果上就发生复代理人与代理人的共同代理。

(二)复代理之要件

1. 本代理存在。复代理以本代理为基础,故须以本代理的存在为前提条件,如无本代理,复代理就成无源之水,缺乏权源,复代理即无存在之余地。复代理权既然是被代理人授予,其范围只能等于或者小于本代理权,不得大于本代理权,这也是顺乎逻辑的。

2. 有复任权或经追认。代理人之民事法律行为之所以对本人生效,就是因为有本人的授权。即本人承受代理人之代理行为的效果,是基于其自身的意思表示,而非法律强加,并没有溢出意思自

---

〔1〕参见《民法总则立法背景与观点全集》编写组编:《民法总则立法背景与观点全集》,法律出版社2017年版,第341、410页。

治的范围。自理言之，若无本人授权亦无事后的追认，代理人选任之复代理人的行为对本人不生效力。《民法典》第 169 条第 1 款规定："代理人需要转委托第三人代理的，应当取得被代理人的同意或者追认。"代理人有复任权的，复代理人的行为效果直接归于本人，即复代理人仍然是本人之代理人，而非代理人之代理人。代理人无复任权或者本人拒绝追认的，"复代理人"之行为效果归于代理人，即"复代理人"实际成为代理人之代理人。《民法典》第 169 条第 3 款规定："转委托代理未经被代理人同意或者追认的，代理人应当对转委托的第三人的行为承担责任；但是，在紧急情况下代理人为了维护被代理人的利益需要转委托第三人代理的除外。"从这个法律条文的但书可以看到，代理关系是一种信赖关系，在紧急情况下代理人为了被代理人利益，选任代理人的，即使未获授权或追认，作为一种例外，也由本人承受其效果，代理人及复代理人若无过失的，不承担责任。

3. 由代理人指示。即由代理人向复代理人授权。代理人基于复选任权，选任第三人为被代理人之代理人，并指示其代理，第三人因此成为复代理人并取得代理权。尽管复代理人的代理行为效果是由本人而非代理人承受，但代理人对选任及指示承担过失责任。如看走眼、选错人或敷衍了事，代理人对此事要向本人承担责任。《民法典》第 169 条第 2 款规定："转委托代理经被代理人同意或者追认的，被代理人可以就代理事务直接指示转委托的第三人，代理人仅就第三人的选任以及对第三人的指示承担责任。"

（三）复代理之效力

1. 本代理权并不消灭。复代理成立，本代理并不因此消灭。如果本代理消灭，则属于让与代理权，法律关系性质骤变。

2. 复代理人为本人之代理。复代理权一经成立，复代理人即为本人之代理人，复代理人在复任权范围内的法律行为，其效果直接归于本人，而非归于代理人再由代理人转归本人。

3. 代理人之责任。如果代理人选任复代理人时，授权之意思表示不清晰的，复代理人之行为效果仍然由本人承担。若代理人在选任复代理中，有过失的，如对复代理人之授权大于本人对代理人的授权，本人对代理事项有特别限制而未告知等，本人在承担该代理行为的后果后，再由代理人对本人负赔偿责任，若复代理人也有过失的，则由复代理人与代理人对本人负连带责任。

（四）紧急选任之例外

代理人虽无复选任权，因紧急情况，为了本人利益将代理事务转托他人的，该选任有效，复代理人之行为效果亦归于本人。《民法典》第 169 条第 3 款规定："……在紧急情况下代理人为了维护被代理人的利益需要转委托第三人代理的除外。"

紧急情况，如代理人生急病、通信联络中断、瘟疫或战乱等天灾人祸等，不能与被代理人及时取得联系，代理人又处理不了代理事项。概括紧急选任的法律要件是：①遇有紧急情况，如时间紧急、代理人患急病或通信联络中断、瘟疫等情形，非紧急情况不得适用；②代理人无法亲自为代理事项，包括全部事项或者部分事项，在后者可以转托部分事项；③无法与本人联络向其请示，只能"将在外君命有所不受"；④不选任复代理会给本人造成损失或者扩大损失，选任复代理人是为了避免损失或减少损失。简而言之，如情况不紧急，可以待障碍消除再办的，或可以与本人联系取得复选任权的，都不能适用"例外"。

七、职务代理

职务代理是指法人或者非法人组织之职员，在其职权范围内以法人或者非法人组织名义实施的代理行为。职务代理与法人代表不同：①法人代表是法人机关，不是代理机关；②法人代表的权限由章程规定，原则上及于法人之一切事务，而职务代理仅限于职权范围内事务；③法人代表以法人名义所为法律行为，就是法人行为，其效果当然、无条件地由法人承受，职务代理之效果归于法人，是依据代理关系。

职务代理也属于意定代理，其代理权限来自法人或者非法人组织对该职员担任职务之授权，因此其代理行为的效果由法人或者非法人组织承受。《民法典》第 170 条第 1 款规定："执行法人或者非法人组织工作任务的人员，就其职权范围内的事项，以法人或者非法人组织的名义实施的民事法律行为，对法人或者非法人组织发生效力。"

对于越权之职务代理行为的效果，《民法典》第 170 条第 2 款规定："法人或者非法人组织对执行其工作任务的人员职权范围的限制，不得对抗善意相对人。"即代理行为之相对人不知或者不应当知道该职员越权的，法人或者非法人组织仍然得承受其效果。如相对人有恶意的，那就构成行为人与相对人的恶意串通，该行为对法人或者非法人组织就不生其效果，由行为人自负其责。

八、家事代理

家事代理，是夫妻双方互为代理人之代理，属配偶权的一项权能，在类型上更接近法定代理，仍属民事代理。《民法典》把家事代理规定在婚姻家庭编，为了对代理制度有个全局性认识，在这里作简略阐述。《民法典》第 1060 条第 1 款规定："夫妻一方因家庭日常生活需要而实施的民事法律行为，对夫妻双方发生效力，但是夫妻一方与相对人另有约定的除外。"虽然夫妻是各自独立的民事主体，但由于家庭是生活共同体，家事代理中任何一方代理行为的效果只是扩张到配偶，代理人本人并不能置身事外。这与意定代理不同，意定代理行为之效果完全由被代理人承担，代理人是"局外人"；而家事代理中夫妻是互负连带责任的，双方都不能"置身度外"。即使对单方或互设限制，效果也只发生在夫妻之间，对善意第三人不发生效力。《民法典》第 1060 条第 2 款规定："夫妻之间对一方可以实施的民事法律行为范围的限制，不得对抗善意相对人。"

在立法例上，家事代理的适用范围皆以日常生活事务为限，不涉及身份代理和商事代理。如《德国民法典》第 1357 条第 1 项规定："婚姻的任何一方均有权处理使家庭的生活需求得到适当满足并且其效力也及于婚姻对方的事务。婚姻双方均通过此种事务而享有权利和承担义务，但是如果根据情况得出另外的结论则除外。"德国民法将家事代理限定在日常生活事务范围内。而《法国民法典》还将家事扩展到子女教育，该法第 220 条第 1 款规定："夫妻各方均有权单独订立旨在维持家庭日常生活和子女教育的合同。夫妻一方依此缔结的债务对另一方有连带约束力。"我国《民法典》将家事代理规定在婚姻家庭编，将代理限定在"家庭日常生活需要"，也是限定家事代理的适用范围，不得扩展到身份代理或商事代理。

第三节　代理权

一、代理权之发生

任何有效代理的代理人都是有代理权的，要么是由于法律的直接规定而发生，即法定代理权；要么通过有权机关的指定而产生，即指定代理权；也有通过本人授权发生，即意定代理权。

法定代理是对民事行为能力欠缺人之救济制度，学说已有定论；唯意定代理之代理权之发生、性质以及形成的法律关系，学术上争议颇多，此处略陈以释惑。

（一）发生依据

意定代理权是基于法律行为发生的，自无疑义，但是基于哪个法律行为，学说上有一段可陈的历史。在民法学发展史上，解释代理关系的比较著名的学说有很多种，择要述之。

1. 委任契约说。委托代理权从何而来，"委任契约说"认为，代理权就是由委任契约授予的，甚至认为代理就是委任，在委任关系外无代理，将代理与委任混同。耶林就认为"委任是意定代理惟一可想像的发生原因"。[1]最典型的就是《法国民法典》，不区分代理与委任，将代理规定在委任合同中。该法第 1984 条第 1 款规定："委托或代理是指，一人依此授权另一人以委托人的名义，为委托人完成某种事物的行为。"该条第 2 款还规定："委托契约，仅以受委托人承诺而成立。"

该学说不能解释的是，一方面，因委任合同亦可委托事实行为，并不以发生代理权为必要，如出远门时委托他人看家护院；另一方面，在雇佣、合伙、承揽等法律关系中，也可能发生代理事务，如雇主遣雇工去订合同、业主托装修公司申请安装煤气、合伙执行人代理其他合伙人等，当事人之间并没有签署委任契约，这一点代理关系"委任契约说"就不能解释。

2. 无名契约说。"无名契约说"认为，委任契约只发生委任人与受任人之内部关系，而代理权是由本人与相对人就代理达成合意发生，此合意为无名契约，日本学者多持此主张。[2]该学说区分委任与代理权授予，在解释代理权发生上，比委任契约说有所突破。但代理权授予须通过合意，限定了代理权授予之无名契约须由本人和代理人互为意思表示，若本人单方面向第三人或者不特定人表示授权，无名契约仍然解释不通。

3. 授权行为说。"授权行为说"由德国民法学者拉邦德（La-

〔1〕 转引自王泽鉴：《民法学说与判例研究4》，中国政法大学出版社1998年版，第6页。
〔2〕 史尚宽：《民法总论》，中国政法大学出版社2000年版，第530页。

band）于 1866 年首次提出，这一学说颠覆了将代理权与基础关系视为"一体"的理论。他认为，要对设立本人与代理人之间内部关系的行为与发生代理权的授权行为加以区分。在委任、雇佣、合伙、承揽等契约中，本人或许会表达需要代理的意思表示，合同之相对人或许会接受履行代理这样的义务，但是作为契约其效力只会在当事人之间发生，不能对第三人生效，而代理法律行为，恰恰是要对第三人的。因此，拉邦德认为委托代理权的发生，是在设立该内部关系行为以外的行为，即基于授权行为发生的。[1]

按拉邦德的观点，代理人履行代理义务是由于与本人之间有一个内部契约，但这个契约本身并不发生代理权。代理权的发生"是基于一个应与基础关系区别的代理权授与契约"。[2]虽然拉邦德的代理权授予学说还没有从"代理权与委任一体性"完全解脱，但拉邦德将授权行为独立化，将当事人间内部的基础关系与对外生效的代理权区分开来，这是一个重大贡献。

从耶林区分委任与代理，到拉邦德提出代理权授予行为的独立性与无因性，并与基础关系分离，代理权理论始成形。之后，又经许多人的参与探讨，代理权授予为单方法律行为渐成共识。这个学说首先就被《德国民法典》吸收，影响遍及全球，瑞士、瑞典、日本、丹麦、挪威、芬兰、波兰、意大利、希腊、捷克及中华民国民法等，也采纳了这一理论。在 1958 年召开的第 42 届德国法学家年会上，德国学者汉斯·多勒（Hans Dlle）教授在所作的"法学上之发现"的专题演讲中，将"拉邦德关于代理权授予及基础关系之理论"置于"法学上之发现"之首。[3]其他被认为属"法学上发现"的理论还有耶林（Jhering）的"缔约上过失"理论及泽克尔（Emil Seckel）的"形成权"理论等。

代理权授予与基础关系分离，并规定代理权授予为单方法律行为，从实务上考虑，也有便利性。有学者认为对授权行为课以最少的生效要件，可避免双方行为对被授权人承诺意思表示制约，以免节外生枝，徒增因意思表示瑕疵而影响其生效或存在的障碍。[4]因

---

〔1〕 转引自［德］卡尔·拉伦茨：《德国民法通论》（下册），王晓晔等译，法律出版社 2003 年版，第 855 页。

〔2〕 参见王泽鉴：《民法学说与判例研究4》，中国政法大学出版社 1998 年版，第 6~7 页。

〔3〕 参见王泽鉴：《民法学说与判例研究4》，中国政法大学出版社 1998 年版，第 1~25 页。

〔4〕 黄立：《民法总则》，中国政法大学出版社 2002 年版，第 402 页。

此，制定法不将代理权之授予认定为契约，在利益衡量上是倾向于被代理人的。

4. 共同完成说。该学说是德国晚近流行的代理权理论，认为代理由授权行为与代理行为共同完成。穆伦·佛莱因费尔斯（Mullen Freinfers）于 1955 年首次提出该说后，获得维纳尔·弗鲁莫（Werner Flume）、柯茵（Coing）等学者的响应。该说认为，授予代理权行为，既有目的又有表示意识和表示行为，故属于法律行为；代理行为欠缺为自己取得法律效果的意思，因而不能成立法律行为。所以，只有授权行为与代理行为结合，才统一地构成法律行为。[1]

（二）授权行为与基础契约之关系

授权行为是单方法律行为，这会使人心生疑虑——本人凭什么以单方意思表示就可以呼唤代理人为其"鞍前马后"效劳呢？这是因为在授权行为以外，还有一个建立内部关系的法律行为的存在，如委任、合伙、雇佣、承揽、运送等。这个构建内部关系的法律行为，与授予代理权的法律行为之间，是什么样的关系，两者有何区别，它们之间是有因还是无因，等等，在学术上是很有辨清必要的。

1. 意思表示不同。授权行为是本人为单方意思表示即可成立的法律行为；而设立内部关系的法律行为，如委任、雇佣等均是契约，属双方法律行为，须双方意思表示一致方可成立。

2. 产生之效果不同。授权行为既发生代理权，亦决定代理权的类型和范围；契约行为由当事人意思表示一致，债权契约是在当事人间发生债权债务关系，并不发生对外效力。

3. 效果之归属不同。根据授权行为发生的代理权，代理人因代理与第三人之间行为的法律效果归属于本人；而在契约关系中，当事人在契约以外的行为并不受该契约的约束。

4. 行为之表征不同。代理行为之相对人之所以容忍代理人行为的效果归于被代理人，是因为向相对人告知该授权行为，即授权行为作为外部行为须向相对人"公示"。代理权授予行为具有外在表征，也是无权代理不对被代理人生效的合法性理由所在。而作为基础关系的代理人与本人之间契约关系，作为内部关系无须告知第三人。

---

〔1〕 参见张俊浩主编：《民法学原理》（上册），中国政法大学出版社 2000 年版，第 312 页。

（三）授权行为之无因性

代理权授予行为虽常与其内部关系行为同时或者先后进行，其形成及存续却不以内部关系之存在为必要。即授权行为是独立的无因行为，授权行为与基础关系的关系，存在以下数种情形。

1. 有关系又有授权。既有基础之内部关系，又有授权行为，这是比较完美的组合。至于基础关系之建立源于何种法律行为，可以在所不问。如雇佣契约、劳动契约、承揽契约、委任契约等，只要被授权人负有受任义务即可。

2. 有关系但无授权。有基础之内部关系中，如有委任契约，但无授权行为，则代理权不发生；但在无权代理中，成立了表见代理的特殊情形，内部关系亦是"表见"之证据。

3. 无关系但有授权。无基础之内部关系，却有授权行为，被称之孤立代理权，该委任代理权依然有效。授权行为是独立行为，代理权不受内部关系效力拘束，因此授权行为属于无因行为，本人与代理人的内部关系可适用无因管理的规定。但也有学者认为，授权行为是须与基础法律关系结合的有因行为，如基础法律关系无效或得撤销，授权行为也因之消灭。[1]

二、代理权之性质

代理权在性质上，属权利还是权限，学说上有不同看法。

（一）权利说

该说认为，代理权是可对他人发生效力之法律行为之力，因此代理权属权利，而且是一种特别形成权。[2]但代理之效果是归于被代理人的，代理人并不参与权利义务关系，"权利说"显然解释不通。

（二）权限说

亦称"能力说"。该说认为，代理权虽然名为"权"，实质其内容既有权利亦有义务，就像行为能力一样，是一种特定的法律上的能力。[3]因行使代理权与代理人自己的利益并无必然联系，与行

---

〔1〕 参见史尚宽：《民法总论》，中国政法大学出版社 2000 年版，第 531 页。

〔2〕 参见史尚宽：《民法总论》，中国政法大学出版社 2000 年版，第 529 页。

〔3〕 参见［德］卡尔·拉伦茨：《德国民法通论》（下册），王晓晔等译，法律出版社 2003 年版，第 827 页。

为人利益无关的资格，不属权利，属于权限。[1]

从代理权理论的演进过程看，拉邦德提出"关于代理权授予及基础关系之理论"后，在怀疑、质疑的不断讨论中，学界最终取得共识。即认为代理权是"法律上之能权（das rechtliche können），在一定的要件下，得直接对另一法律主体产生一定的法律效果"。[2]所以，代理权是权限或曰权能，而非权利，是符合民法体系及代理权理论的。

三、代理之法律要件

代理为法律行为，当须具备法律行为之一般要件，如行为能力适格、意思表示真实、不违反法律及公序良俗等。此外，代理因有三方当事人，有其特殊性，故还须具备代理之特别要件。

（一）须有本人存在

代理之法律行为效果归属本人，如本人不存在，则代理因该事项标的不能而无效。若没有本人，代理人为意思表示或受领意思表示，就不可能是代理行为，因此该项所谓的"代理"绝对无效。若本人死亡，代理关系则消灭；但法律特别规定的，则另当别论。

（二）须以本人名义

代理人实施代理行为，须以本人之名义进行，即所谓"显名主义"原则。"显名"是代理人清楚地表明其意思表示之效果不由他自己而由被代理人承担。我国《民法典》第162条也明确了"代理人在代理权限内，以被代理人名义实施的民事法律行为"的要求。若代理人非以本人名义实施法律行为，其效果由代理人自己承担。

但也有学说认为，"以本人名义"并不一定要求明示，只要相对人知道表意人之意思表示并不是为了自己，同时了解与谁发生法律关系，也应该算符合"公开性"原则。[3]受这一学说的影响，民法在代理人"以本人名义"方面的要求有所降低，由严格的"显名主义"退到只要"公开本人"即可。这一变化，与英美法的影响及其对各国法律普遍的强势渗透有关。我国《民法典》第925条的规定也有所体现。"受托人以自己的名义，在委托人的授权范

---

〔1〕　张俊浩主编：《民法学原理》（上册），中国政法大学出版社2000年版，第318页。

〔2〕　王泽鉴：《民法学说与判例研究4》，中国政法大学出版社1998年版，第7页。

〔3〕　参见［德］卡尔·拉伦茨：《德国民法通论》（下册），王晓晔等译，法律出版社2003年版，第837~838页。

围内与第三人订立的合同，第三人在订立合同时知道受托人与委托人之间的代理关系的，该合同直接约束委托人和第三人；但是，有确切证据证明该合同只约束受托人和第三人的除外。"显名主义要求代理"名正言顺"，而实用主义只要求相对人知道行为人在为"他人做嫁衣裳"即可。

（三）须依代理权

代理发生须有代理权存在，自不待言。在法定代理中，代理权须依法律规定或者有权机关的指定；在意定代理中，须有本人的授权，无代理权之代理，实为本人行为。代理还须在代理权限范围内实施法律行为，代理人之权限行为由本人承受效果，若逾越代理权限为法律行为，构成代理瑕疵，无本人追认或法律特别规定的，则由代理人本人承担责任。

四、代理权之授予

关于代理权之授予，在法定代理中，代理权的内容与范围应以法律规定为准；在意定代理中，应以授权行为的意思确定范围，如单一代理、类别代理或总括代理等；若同一事项代理权授予数人的，则构成共同代理。然意定代理，是通过授权行为授予代理权，本人授权之意思表示向谁为之，是否要式行为等，需要厘清。

（一）授予之方式

根据意思自治，代理权以何种方式授予，由当事人自行确定。即在法律没有强行性规定的情形下，授予方式可由当事人选择，在法律有特别要求时，须以法律规定的方式授予。

1. 明示方式。即本人作出明确的授权意思表示，如颁发代理权证书，在媒体或者网上公告，或者传达于第三人等。

2. 推定默示。通过可推断之意思授予代理权，也是常见的一种方式，在授予方式上属推定默示授权。例如，雇用他人从事某项业务，在没有特别排除约定时，通常也是与代理权授予联系在一起的。如被聘为销售员，可推断其有售卖之代理权；被聘为长途汽车司机，可推断其有加油之代理权；等等。

【典型案例37】

3. 容忍代理权。容忍代理权，是指在无法确认是否授予代理权的情形下，而实际从事代理行为，被代理人又无否认表示的，被代理人不得主张不存在代理权。如邻里之间代缴清扫费、物业管理费等。

容忍代理权与推定默示授权不同，容忍代理权是已经授予并且业已存在的代理权，如上述邻居一直代缴费与将代理权对外公示的情形相同，应认为具有代理权公示效果。也有学者将容忍代理权所发生的代理效果，归之于表见代理。但越来越多的学者不同意这样的观点，因为表见代理中被代理人没尽到注意义务，而容忍代理权中，被代理人的有意容忍近乎授权公示。[1]

4. 书面方式。这是法律对授权须以要式进行的特殊要求，如《民事诉讼法》第 59 条第 1 款规定："委托他人代为诉讼，必须向人民法院提交由委托人签名或者盖章的授权委托书。"在书面授权时，意思表示须具备的各项要素，《民法典》第 165 条有明确的规定："委托代理授权采用书面形式的，授权委托书应当载明代理人的姓名或者名称、代理事项、权限和期限，并由被代理人签名或者盖章。"

（二）授予意思之表示

代理权授予之意思向谁表示，由谁受领，也是代理权授予并生效的法律要件，如对不相干的人表示，而被授权人和第三人却无从知晓，授予之意思表示不能生效。在比较法上，一般认为有三种方式；此外在商法上，还有空白授权方式。

1. 内部表示。即由被代理人向被授权人发出授权之意思表示，该意思表示自到达被授权人时生效，代理权成立。如某企业委派业务员去铁路局洽谈中欧货运班列，该业务员手持单位业务函，上书"兹派某某某前来你处，洽谈你局开通的中欧货运班列事宜"。还可以附期限如"自签署之日起 5 天内有效"，这里注明的"中欧货运班列事宜"也是对授权的限定。

2. 外部表示。即由被代理人向代理行为之相对人告知授权之意思表示，该意思表示自到达相对人时生效，代理权成立。

3. 公告表示。即将授予之意思公开，公开之意思的受众可以是不特定的人，包括公众或者某特定行业的不特定人。

4. 空白表示。是指依据法律规定或交易惯例，本人对符合一定条件的不特定人授予代理权之意思表示，空白表示其表现形式，如未指定被授权人的空白授权书等。

---

[1] 参见［德］迪特尔·梅迪库斯：《德国民法总论》，邵建东译，法律出版社 2000 年版，第 733 页。

（三）授予之撤回与撤销

授予之代理权撤回或撤销，适用法律行为关于撤回和撤销的规定。在代理权撤回中，撤回意思于授权意思到达前或与之同时到达的，代理权即撤回。在授权行为有效期内，撤销该行为的，代理权于撤销之日起终止，撤销前的代理行为仍然有效。但依据代理权之持续作为，为维护相对人对代理之信赖，该撤销行为不得对抗法律对信赖利益的保护，构成所谓的表见代理。

五、代理权之限制

代理权制度的价值在于"为本人计算"，因此代理人行使代理权当以为本人利益计算作为衡量。若非为被代理人计算，而是为自己计算或为他人计算的，则有违代理制度宗旨，属代理权滥用，法律予以限制。《民法典》第 164 条第 1 款规定："代理人不履行或者不完全履行职责，造成被代理人损害的，应当承担民事责任。"

（一）自己代理

自己代理，指代理本人与自己为双方法律行为，也称"自己契约"。广义的自己契约，包括自己代理与双方代理，这里为将两者分辨清楚，采狭义自己代理，以便厘定两者的区别。

自己代理，在代理中无异于"自言自语"，即代理本人向自己作意思表示或受领意思表示；又自己受领意思表示或作意思表示。意思表示过程完全可以在其大脑中进行，把双方法律行为简化为一个单人行为，代理由此发生质变，有悖法理。再者，代理本须以"为被代理人计算"为宗旨，而自己代理，代理人既"客串"代理人又扮演交易相对人，难以期望代理人不谋自己利益而为他人计算。因此在立法例上，对自己代理予以必要的限制。

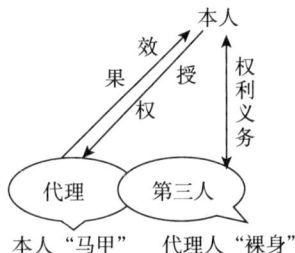

图 6.3 "自己代理"之法律关系示意图

对自己代理的效力，"无效说"认为，双方代理有违代理宗旨，应为当然、绝对无效；学者们更倾向于对自己代理采"效力未定说"，即经本人追认亦可有效。[1]《民法典》第 168 条第 1 款规定："代理人不得以被代理人的名义与自己实施民事法律行为，但是被代理人同意或者追认的除外。"从《民法典》的规定看，采的是效力待定说，将自己代理的效果交由本人去决定，法律不直接干涉，最大限度维持意思自治。

（二）双方代理

双方代理，指代理人代理本人与代理的他人为双方法律行为，亦称双方契约。在双方代理中，就代理人与本人的关系看，完全属"一仆二主"行为；就代理人意思表示过程看，也是"自言自语"行为。在双方代理中，代理人貌似"中间人"，其到底为谁的利益计算，殊难料定。若不偏不倚，似将代理蜕变为居间，有违代理宗旨；若为一方计算，必然会损害另一方之利益；更有甚者，"吃了原告吃被告"，还给损害代理之双方提供了法律上的便利。所以，双方代理属滥用代理权，为法律所限制。

在比较法上，限制双方代理原则和效果，以及给予的弹性，皆与自己代理相同，有无效说、撤销说和效力待定说。我国《民法典》第 168 条第 2 款规定："代理人不得以被代理人的名义与自己同时代理的其他人实施民事法律行为，但是被代理的双方同意或者追认的除外。"此亦采效力待定说，与自己代理不同的是，须两个被代理人皆同意或追认，仅有一方同意或追认，双方代理仍不发生有效代理之效果。

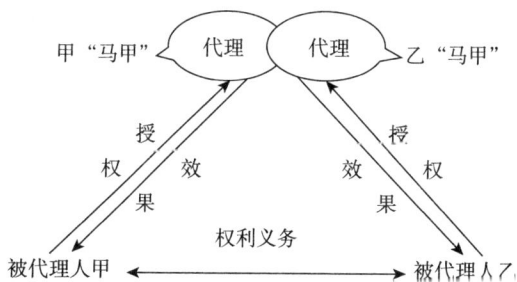

图 6.4　"双方代理"之法律关系示意图

---

〔1〕　参见史尚宽：《民法总论》，中国政法大学出版社 2000 年版，第 535 页。

（三）复任权之滥用

在复代理中，若代理人以有害本人利益之意思选任复代理人，或者通过对复代理人的权限的限制，使其为不利于本人的意思表示的，都属于复任权之滥用。复任权是本人基于信任而授予代理人的便利，其宗旨仍然是为本人之计算，而非求代理人之利益。复任权之滥用，无异于"借刀杀人"，有悖于代理权宗旨，属权限之滥用，构成无权代理。所以，《民法典》第169条第2款要求："……代理人仅就第三人的选任以及对第三人的指示承担责任。"代理人就选任复代理人或者对第三人的指示有过失的，对本人承担责任，但该复代理仍然有效。

（四）利己行为

在法定代理中，法定代理人利用地位之便利，实施利于自己却不利于被监护人的行为，亦构成代理权之滥用，为法律所禁止。《民法典》第35条第1款规定："……监护人除为维护被监护人利益外，不得处分被监护人的财产。"在立法例上，对法定代理人的此项限制，亦适用于遗嘱执行人。[1]

六、代理权之消灭

代理区分为法定代理和意定代理，就代理权消灭而言，两者有共同原因，也有其特殊原因。《民法典》总则编第七章第三节"代理终止"，分3个条款（第173条、第174条、第175条）规定委托代理、法定代理消灭的原因，及被代理人死亡后委托代理不消灭的特别事由。在法律适用上，这样分别规定方便适用法律，对号入座即可；从学习的角度看，则不能就此归纳法定代理与意定代理消灭的共同原因，及区别两者消灭的特别原因。为了加深对法定代理和意定代理消灭的共性和个性的认识，根据法律规定，总结代理权消灭的共同原因，并梳理仅适用于法定代理和意定代理的特别原因，分三点分别说明，与《民法典》编列稍有不同。

（一）代理消灭之共同原因

1. 代理人死亡。代理人死亡，包括自然死亡和宣告死亡，代理权失去行为人，当然消灭。同理，若任代理人之法人消灭，代理权亦消灭。《民法典》第173条第4项和第5项及第175条第3项

---

[1]　［德］迪特尔·梅迪库斯：《德国民法总论》，邵建东译，法律出版社2000年版，第727页。

都规定代理人死亡或者作为代理人的法人、非法人组织终止，代理权消灭。

在意定代理中，代理人之继承人继续代理之行为经本人承认的，该代理权被移转至继承人，本人之承认可视作对代理人之继承人的另行授权，代理权得以延续，相应地，原代理人与本人之间权利义务亦概括移转。

2. 代理人丧失行为能力。代理为法律行为，因此代理人须有民事行为能力。若自然人丧失行为能力的，自无担任代理人资格，代理权因此消灭。《民法典》第 173 条第 3 项、第 175 条第 2 项都规定，代理人丧失民事行为能力的，委托代理或法定代理终止。

3. 被代理人死亡。即本人死亡的，法定代理已无代理的必要，代理权当然消灭。《民法典》第 175 条第 3 项规定，被代理人死亡时法定代理终止。

意定代理则不然，被代理人死亡，或者法人消灭的，代理权只是原则上消灭，但法律另有规定或者继承人承认的，则不在此限。因死亡属事件，本人和代理人都难预知，如代理权消灭有害本人利益或经其继承人承认的，代理权不当然消灭，可以继续有效。《民法典》第 174 条第 1 款规定："被代理人死亡后，有下列情形之一的，委托代理人实施的代理行为有效：（一）代理人不知道并且不应当知道被代理人死亡；（二）被代理人的继承人予以承认；（三）授权中明确代理权在代理事务完成时终止；（四）被代理人死亡前已经实施，为了被代理人的继承人的利益继续代理。"作为被代理人的法人、非法人组织终止的，《民法典》第 174 条第 2 款规定："作为被代理人的法人、非法人组织终止的，参照适用前款规定。"参照适用，如对第 2 项"被代理人的继承人予以承认"的，则应解释为法人或非法人组织权利义务承受者承认的，如合并或者分立后的法人或非法人组织等。

（二）意定代理消灭之特别原因

1. 代理事务完成。代理权范围限于特定事项的，代理人之代理行为因事项完成而消灭，即《民法典》第 173 条规定"委托代理终止"中的第 1 项"代理事务完成"。如专项缔约之代理权，合同最终订立或者终止缔约，都属完成授权之特定事项，代理权消灭。

2. 期限届至或解除条件成就。授权行为附有终期的，代理权因期限届至而消灭。授权行为附有解除条件的，代理权也因该解除条件成就而消灭。

3. 撤销代理权。撤销代理权是本人直接消灭代理权的意思表示，该权利属于形成权。《民法典》第173条第2项谓之"被代理人取消委托"，这里的取消应就是撤销的意思。授予代理权是以信任为前提条件的，所以在代理权存续期间，代理权可随时撤销，撤销之意思表示于到达时生效。授权行为如向第三人表示的，撤销之意思表示也得告知第三人，或以公示方式（如将意思表示发表）进行。代理权撤销，当事人之间基础关系不当然消灭。撤销代理权如损害第三人利益的，本人得负损害赔偿责任，如代理人与第三人洽商缔约，因代理权撤销缔约突然终止，本人对第三人之信赖利益损害负赔偿之责。

4. 放弃代理权。放弃代理权，是代理人拒绝代理的意思表示，《民法典》第173条第2项谓之"代理人辞去委托"。放弃代理权属于单方法律行为，于意思表示到达本人时生效。至于该放弃代理权是否构成对原因行为的违反，在所不问。这里的法理就在于代理权之授予属无因行为，如代理人辞去代理导致违反与本人的委托合同，放弃代理行为仍有效，但代理人要承担违约责任。

5. 本人破产。这也是大陆法系民法普遍规定的意定代理的消灭原因。如《法国民法典》第2003条、《瑞士债务法》第35条、《日本民法》第111条等，我国民法没有明确规定。自理言之，本人破产，民事行为能力已限缩至清算范围，如授权之代理事务超出此范围的，该授权当属无效，代理权自然也应消灭。再者，《企业破产法》第13条规定："人民法院裁定受理破产申请的，应当同时指定管理人。"即破产后管理人已有法院指定，一应清算事务也由破产管理人处理。即使法院指定原代理人为破产管理人，那么处理事务的权限仍来自法院指定，而不是来自代理权。所以，本人破产应是意定代理消灭的原因。

6. 基础关系消灭。这一点颇有争议，在认为授权行为属有因行为时，代理之原因关系消灭，代理权也因之消灭。如合伙、雇佣等，在合伙解散、雇佣解除时，因此等关系而授予的代理权也应该随着原因关系的消灭而消灭。

（三）法定代理消灭之特别原因

1. 本人取得或者恢复行为能力。《民法典》第175条规定的法定代理终止的第1项事由即是"被代理人取得或者恢复完全民事行为能力"。未成年人年满 18 周岁，取得行为能力，法定代理消灭；成年有精神障碍者，经治愈后恢复行为能力，法定代理即告消灭。

2. 取消指定代理权。在指定代理，人民法院或者指定单位等有权指定机关取消指定，该取消行为生效时，法定代理权消灭。

3. 其他原因。《民法典》第 175 条规定法定代理终止的第 4 项原因即是"法律规定的其他情形"，这可以视作"兜底条款"。在亲属法上，被代理人和代理人之间的监护关系消灭的，法定代理权也因此消灭。如因解除收养、亲权关系消灭等，法定代理权也随之消灭。反之，未成年子女被他人收养，亲生父母的法定代理权也随着亲权消灭而不复存在。这些都可以列入其他原因。

第四节　无权代理

一、概说

无权代理，是指没有代理权却以被代理人名义实施的并欲将效果归属于被代理人的代理。一个有效的代理，代理人有明确的授权并以他人名义为法律行为，如果对法律行为的事项没有授权，却以他人名义为法律行为，便构成无权代理。《民法典》第 171 条第 1 款规定："行为人没有代理权、超越代理权或者代理权终止后，仍然实施代理行为，未经被代理人追认的，对被代理人不发生效力。"根据代理权发生诸法律要件，须由本人存在、须以本人名义、须有代理权等。所谓无权代理，是指欠缺"本人授予代理权"之授权行为，即行为人没有代理权、逾越代理权限或代理权消灭后所为之代理。

无权代理，按照责任归属，区分为发生本人责任之无权代理和无本人责任之无权代理。发生本人责任之无权代理，本人须负授权人责任，亦即表见代理，可以有效；不发生本人责任之无权代理，即狭义的无权代理，只有经本人承认才对本人生效，如本人拒绝承认或否认的，则由无权代理人自负其责，或承担行为后果或负损害赔偿责任。这里讲的无权代理，则是狭义无权代理，表见代理另有专节论述。

二、法律要件

（一）须有无权代理之行为

即代理人有以他人名义为之法律行为，并由此发生该行为的效果归属问题。即在行为人、本人及相对人之间，须确定该行为产生的权利义务究竟为谁的问题。

（二）欠缺代理权

这一点至关重要，无权代理其他要件与有权代理一样，唯此不同。关于欠缺代理权的类型，无权代理有未授权之代理、越权代理、代理权消灭后的代理等三种。未授予代理权的，包括未授权或者授权被撤销或者无效。如有代理权，代理人行为损害本人的，构成滥用代理权，其效果如何，应依法律对滥用代理权之规定。

（三）须无本人承认

无权代理在本人承认前，处于效力待定状态，此时代理人并不负担无权代理的效果。如一经承认，即转换为有权代理，效果归属本人；本人拒绝承认的，才成立无权代理。

（四）消极要件

表面上没有足以令人信其有代理权的理由，即不符合表见代理的要件。如构成表见代理，该无权代理就发生有权代理的效果，须另当别论了。

三、法律效果

法律不仅要考虑本人的利益，还要考虑善意相对人的利益。所以，法律对于无权代理的效果分别对待：对于表见代理，趋向于保护相对人，定为有效代理；对表见代理以外的狭义无权代理，赋予本人追认权，故狭义无权代理属于效力未定之行为。《民法典》第171条第1款规定："……未经被代理人追认的，对被代理人不发生效力。"也就是无权代理，并不一定就是无效代理，本人承认的即为有效代理。

（一）本人与相对人之间

1. 本人承认权和拒绝权。无权代理，本来对本人无拘束力，但因行为人以本人名义为之，对善意相对人应使其知情，故需本人表态。同样，如果该行为对本人有利，也可以事后承认，允许本人放"马后炮"。

所谓承认，《民法典》谓之追认，是指本人接受无权代理行为之效果的单方意思表示；所谓拒绝承认，是指不接受无权代理行为之效果的单方意思表示。《民法典》第171条第2款规定："相对人可以催告被代理人自收到通知之日起三十日内予以追认。被代理人未作表示的，视为拒绝追认。"即承认须以明示方式表示，默示则为拒绝承认。承认权属形成权，《民法典》规定了30日的除斥期间，自催告成立起逾30日的，承认权消灭。

无权代理经承认，溯及行为开始对本人生效；本人拒绝承认的，无权代理效果由行为人自己承受。

2. 相对人催告权。催告是相对人请求本人于确定的期限内作出承认或拒绝的单方意思表示。对于效力待定状态的无权代理，本人有权承认，相对人也享有对等的催告权。否则，本人未知可否，相对人若信其默认时，本人又拒绝了，法律若不规定本人承认权和拒绝权的行使期限，意味着相对人要无期限地等待本人的决定。《民法典》第171条第2款规定，"相对人可以催告被代理人自收到通知之日起三十日内予以追认"。催告一经成立，承认权之除斥期间便开始，本人须在该期限内承认或拒绝，本人未作明示表示的，除斥期间届满承认权消灭；反之，在期限内本人明示承认或者拒绝的，除斥期间即告消灭。

3. 相对人撤销权。撤销是相对人在本人承认前，撤销其法律行为之意思表示。撤销权只需相对人一方意思表示即生效，故属于形成权。《民法典》第171条第2款规定："行为人实施的行为被追认前，善意相对人有撤销的权利。撤销应当以通知的方式作出。"无权代理行为一经相对人撤销，该行为效果即确定，不再对本人生效。但对无权代理人之效果并不消灭，如有损害的无权代理人还须负赔偿责任。

（二）无权代理人与相对人之间

1. 无权代理被承认。无权代理被本人承认的，溯及行为开始转换为有权代理，效果归属于本人，代理人与相对人之间不生权利义务关系。

2. 无权代理被拒绝承认。本人拒绝承认无权代理行为的，不承受该效果之效力。无权代理行为之效果承担，立法例上多视相对人是否善意分别处置。《瑞士债务法》第39条第1项规定由无权代理人对善意相对人负损害赔偿之责；而《德国民法典》第179条第

1 项则规定，无权代理人依善意相对人选择，负履行或损害赔偿之责。

我国民法也采大陆民法以善意作为责任区分的标准，《民法典》第 171 条第 3 款规定："行为人实施的行为未被追认的，善意相对人有权请求行为人履行债务或者就其受到的损害请求行为人赔偿。"即相对人为善意的，享有选择债权，即既可请求无权代理人履行债务，也可请求其赔偿损失。在立法例上，法国、瑞士等国民法采赔偿主义，即由无权代理人负赔偿之债；而德国、日本民法赋予相对人选择债权的权利。对此，德国学者认为，只有无权代理人有履约能力时，相对人选择履行请求权才有意义，一般而言，相对人有履约能力的主要是金钱债务和种类债务。[1] 在立法中，有一种意见认为采赔偿主义更为合理，其理由是："一是无权代理人并没有和第三人订立合同的意思，善意第三人也没有跟无权代理人进行交易的意图，强制他们之间发生合同关系违反意思自治；二是对于善意第三人利益的保护问题可以靠表见代理制度解决；三是实务上操作起来麻烦，现在社会资讯发达，第三人要弄清楚是不是真有代理权很容易，证明自己是善意的比较困难。"[2] 应该说，还是言之有理的，除金钱债务外，有行为人负赔偿之责更为妥当。

对于无权代理人的赔偿数额，法律作了限制。《民法典》第 171 条第 3 款规定，"赔偿的范围不得超过被代理人追认时相对人所能获得的利益"。相对人非善意的，即知其代理权有欠缺的，《民法典》第 171 条第 4 款规定："相对人知道或者应当知道行为人无权代理的，相对人和行为人按照各自的过错承担责任。"即对无权代理行为之效果，由行为人与相对人按各自过失分别承担。法律这两款规定，对无权代理之行为人负的赔偿之责划定了范围，也对相对人规定了应负担的过失责任，明确了两者的责任底线。

3. 相对人撤销。在相对人撤销其法律行为时，免除了本人的责任，无权代理人如具备侵权行为要件的，则应负损害赔偿之责。

4. 恶意串通。无权代理人与相对人恶意串通，损害本人利益，不是无权代理，而是无效代理。《民法典》第 154 条规定："行为人

---

〔1〕 参见［德］迪特尔·梅迪库斯：《德国民法总论》，邵建东译，法律出版社 2000 年版，第 743 页。

〔2〕 《民法总则立法背景与观点全集》编写组编：《民法总则立法背景与观点全集》，法律出版社 2017 年版，第 229 页。

与相对人恶意串通，损害他人合法权益的民事法律行为无效。"该无效代理的损害后果，由无权代理人与相对人负连带赔偿责任。《民法典》第164条第2款规定："代理人和相对人恶意串通，损害被代理人合法权益的，代理人和相对人应当承担连带责任。"

（三）本人与无权代理人之间

无权代理人之无权代理行为如确是为"本人之利益计算"的，本人与无权代理人之间可成立无因管理之债；反之，如造成本人损害的，在本人与无权代理人之间发生损害赔偿之债。

如代理事项违法，包括本人委托之违法代理，或者代理人采用违法手段实现委托事务，都构成违法代理。《民法典》第167条规定："代理人知道或者应当知道代理事项违法仍然实施代理行为，或者被代理人知道或者应当知道代理人的代理行为违法未作反对表示的，被代理人和代理人应当承担连带责任。"

第五节　表见代理

一、含义及制度价值

（一）含义

表见代理是指虽无代理权但表面上有足以使善意第三人信为有代理权的代理。这是一种内无代理之里，外却有代理之表的不真正代理。表见代理的代理权有欠缺，本属于广义的无权代理，因本人行为造成表面上使他人相信有代理权存在，在本人利益和善意相对人的信赖利益之间，信赖利益涉及交易安全和更广泛的民众利益，较本人利益更值得保护。所以，在民法上表见代理就发生有权代理之效果，即由本人而非行为人承担代理行为的效果。

在汉语中，"表见"通表现，意指在行为中显示出来的一种外部状态。即非一目了然，而是若隐若现，所以"见"同"现"。南北朝时期的民歌《敕勒歌》中有一句"风吹草低见牛羊"，就体现了这个意境。

表见代理也就是由法律确认，相对人可以根据外部行为状态认定行为人有代理权，而其内部是否有授权意思，在所不问。表见代理是从西方法移入的，法国学者对"表见"（apparence）的解释是："有两个意思：其一，'眼睛所清楚看到的，明摆着的'，即'显然的，可见的'；其二，'并不是其表面所显示的那样'，而是'虚幻的，迷惑人的'"。[1]所以，表见代理就是将外部行为似有权而内部却无授权的无权代理，由法律强制发生有权代理的效果。从这个意义上说，表见代理是"法定"的意定代理，或说是"法定"的有权代理。在利益衡量中，侧重信赖利益保护，这个制度发端于重商主义环境，在经济全球化以及互联网经济勃兴时代愈显重要。

（二）制度价值

在无权代理中，摘出表见代理并赋予有权代理效果，确实并不是被代理人的意思。意思自治，从最初的意思主义，进而到表示主义，现在又进入表征主义；有过往的个人自治，到社会团体共识，完全是从现象推断本人可能的"意思"。"意思自治"原则是否已打了折扣？

【典型案例38】

表见代理是法律对商业社会日益流行的"分身交易"模式的反映。商人们为了扩大市场份额、降低交易成本和风险，大量使用中间商，以品牌、商号为号召，有加盟商、代办商、代理销售等一连串"买办"组成一个强大的商业帝国，再辅之以金融资本的掺入，其内部之间的关系纷繁缭乱，消费者根本辨不清品牌及商号拥有人与销售人之间存在的法律关系。如果仅以本人意思以及其与代理人的内部关系，来决定真正的"卖方"是谁，对作为第三人的消费者是极其不公平的。因为营销专家们构造出来的经营模式，越来越专业化，"隔行如隔山"，法律不可能要求一般消费者在购买商品时还要具备足够的信息和专门的知识，去搞清多层次经营者之间的关系。既然商人们喜欢这个经营模式，就要承担其一切利弊，玩玩花招把风险肆意转移给消费者是不行的，法律必须主持正义，不能坐视不理。表见代理将无本人授权的代理认定为有权代理，通过对商人意思自治的否定，保证消费者的安全和对商业环境信赖。

既然商人们选择了"分身交易"模式，那么就必须为此付出代价。一方面，法律在审视商业环境的变化中，以"法律正义"修正"意思自治"的效果，阻遏借"意思自治"之名将风险完全推给第三人的趋利避害行为。另一方面，表见代理也意味着更高的注意义务，经营者本人不仅要对授权行为负责，而且要对未授权但在不知

---

[1] ［法］雅克·盖斯旦、吉勒·古博：《法国民法总论》，陈鹏等译，法律出版社2004年版，第777页。

情的第三人看来"貌似授权"的行为负责。易言之，经营者本人不仅要对授权的代理人行为负责，还要对第三人信以为有的代理行为负责。未尽到此项注意义务的，就是对消费者的"侵权"，只是用表见代理的效果来替代侵权法的损害风险分配方式而已。民法通过重新洗牌，对代理制度中的权利义务所作的新的划分，突破个人主义至上原则的羁绊。这就是民法的与时俱进，是进步的表现，量变中蕴含着质变，个体意思逐渐在被社会共识替代。

二、类型

表见代理之法律要件，与狭义无权代理只有一项不同，即具有足以令相对人信其有代理权的表征，其他的则相同。在诉讼上，相对人负有表见代理之表征的举证义务，即证明善意且无过失，如是恶意或者有过失而不知情的，则不能成立表见代理。《民法典》第172条规定："行为人没有代理权、超越代理权或者代理权终止后，仍然实施代理行为，相对人有理由相信行为人有代理权的，代理行为有效。"民法的这个条文就是表见代理的实定法依据，该条对应三种狭义无权代理，规定了三类表见代理。其意蕴是任何无权代理，只要"相对人有理由相信"是有权代理的，即为有权代理，这显然增加了被代理人的注意义务。有学者在民法立法征求意见时提出，要求对"'有理由相信'，应当增加限制条件"。[1] 即增加相对人的注意义务，其立场就是限缩表见代理的适用范围，相应地减少商人负担的风险。因为这个意见与表见代理宗旨不符，反映的是商人利益集团的立场，未被法律采纳，是理所应当的。这里之所以指出这一点，在于限缩表见代理的适用范围的观点，还是存在于司法实务中的，其立场也是不言自明的。习近平总书记在庆祝中国共产党成立一百周年大会上的讲话中，提到中国共产党"从来不代表任何利益集团、任何权势团体、任何特权阶层的利益。"是非常有现实意义的，在立法中尤其如此，"以人民为中心"的立法，才是中国的特色社会主义本质。

（一）无代理权型

如果完全无代理权而以他人名义为代理行为，则属诈欺，即使

---

〔1〕《民法总则立法背景与观点全集》编写组编：《民法总则立法背景与观点全集》，法律出版社 2017年版，第 229 页。

相对人信其有，本人亦可撤销之。所以，无代理权之表见代理，还是有代理权表征的。在立法例上，无代理权之表见代理，一般发生于代理权撤销或代理权消灭之其他情形，而第三人并不知情，将无权代理风险归之本人，是合乎情理的。法律也以此告诫本人，要尽此注意义务。代理权撤销是本人直接消灭代理权的意思表示，《民法典》第 173 条第 2 项谓之"被代理人取消委托"。本人撤销代理权，不得对抗善意第三人，因此撤销后无权代理人持续以本人名义为的法律行为，成立表见代理，其效果归属本人。

（二）权限逾越型

在代理权有限制时，代理人有足够的事实使相对人相信其逾权行为为有权代理的表见代理。在逾权型表见代理中，代理人有代理权，但本人对其权限的限制或限缩，在外观上无从表现，使相对人相信其行为在代理权限内。逾越权之表见代理的特殊要件有二：①代理人以本人名义为的行为是授权以外的事项，或者超越权限的事项；②相对人有正当的理由相信代理人之逾权行为是权限内的行为。

（三）代理权消灭型

也称权限延续型表见代理，是指代理权虽消灭，但有足够的事实使相对人相信代理权继续存在的表见代理。代理权消灭之表见代理的要件有二：①代理人曾有代理权，但现已消灭。②相对人不知代理权消灭，即相对人为善意；若知消灭而仍为之则属过失，须与代理人共负连带责任。

【典型案例39】

【典型案例40】

【课后练习题6】

第七章　时效与期限

本章知识结构图

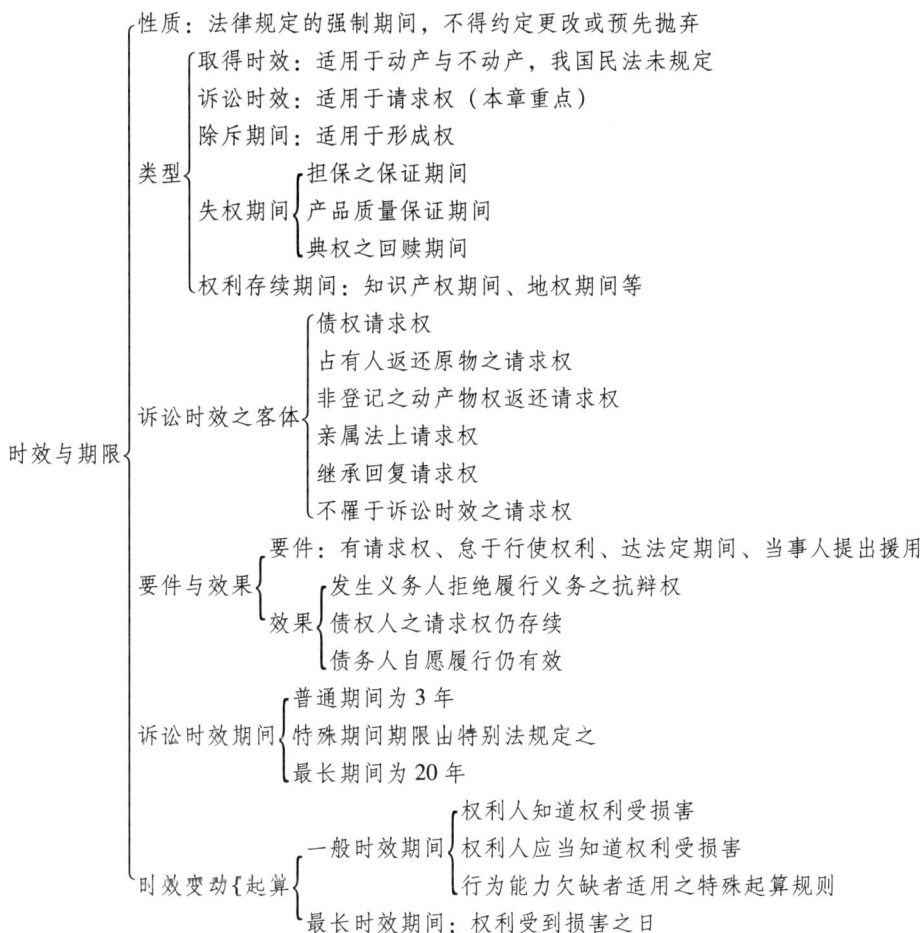

性质：法律规定的强制期间，不得约定更改或预先抛弃

时效与期限
├─ 类型
│   ├─ 取得时效：适用于动产与不动产，我国民法未规定
│   ├─ 诉讼时效：适用于请求权（本章重点）
│   ├─ 除斥期间：适用于形成权
│   ├─ 失权期间
│   │   ├─ 担保之保证期间
│   │   ├─ 产品质量保证期间
│   │   └─ 典权之回赎期间
│   └─ 权利存续期间：知识产权期间、地权期间等
│
├─ 诉讼时效之客体
│   ├─ 债权请求权
│   ├─ 占有人返还原物之请求权
│   ├─ 非登记之动产物权返还请求权
│   ├─ 亲属法上请求权
│   ├─ 继承回复请求权
│   └─ 不罹于诉讼时效之请求权
│
├─ 要件与效果
│   ├─ 要件：有请求权、怠于行使权利、达法定期间、当事人提出援用
│   └─ 效果
│   ├─ 发生义务人拒绝履行义务之抗辩权
│   ├─ 债权人之请求权仍存续
│   └─ 债务人自愿履行仍有效
│
├─ 诉讼时效期间
│   ├─ 普通期间为 3 年
│   ├─ 特殊期间期限出特别法规定之
│   └─ 最长期间为 20 年
│
└─ 时效变动 ─ 起算
    ├─ 一般时效期间
    │   ├─ 权利人知道权利受损害
    │   ├─ 权利人应当知道权利受损害
    │   └─ 行为能力欠缺者适用之特殊起算规则
    └─ 最长时效期间：权利受到损害之日

```
                          ┌于时效期间的最后 6 个月
                  ┌要件 ┤              ┌不可抗力
                  │      │              │监护人障碍
           ┌中止 ┤      └中止事由 ┤未确定继承人的
           │      │                    └权利人被义务人或者其他人控制
           │      └法律效果：中止原因消除后补足 6 个月
 时效与期限┤                          ┌权利人之请求
           │                  ┌中断事由┤义务人之同意
           │                  │        │提起诉讼或仲裁
           │          ┌中断 ┤        └人民调解或举报
           └时效变动┤        └法律效果：经过的时效期间归于无效，重新起算
                      │        ┌适用事由：由人民法院决定之特殊情形
                      └时效延长┤适用之时效类型：20 年之最长时效期间
```

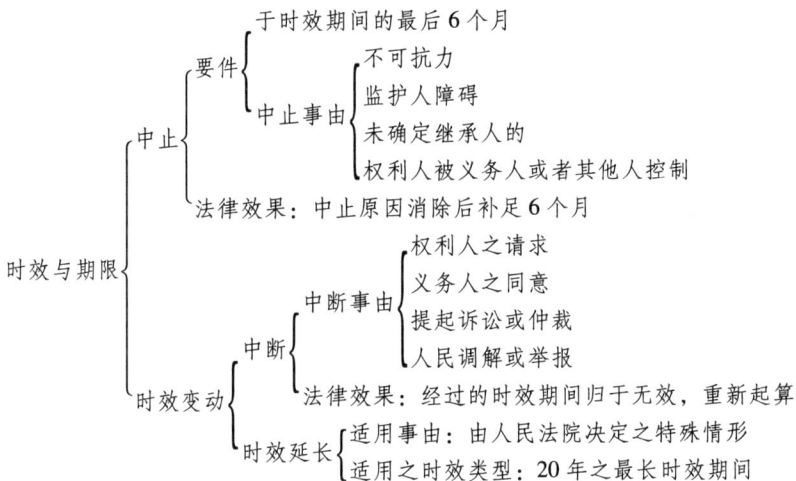

本章重点内容讲解

　　民事权利不仅存在于空间，而且还存在于时间之中。时间作用于权利，就是用时间隔断权利的历史联络，为特定时间内的权利提供安全，这就是时效制度的价值。法律对各类权利规定有不同类型的时效，《民法典》总则中规定的是诉讼时效，主要适用于请求权。法律规定有诉讼时效的长短不同的期间，分别适用于请求权的不同状态。时效进行中，也会因各种事由发生而中止、中断、延长时效。诉讼时效的效力并不消灭请求权本身，而只发生时效抗辩权。鉴于私法自治，适用时效与否，必须基于当事人之请求，不允许法院主动援用。

第一节　时效之概述

一、时效之含义

　　权利不独存在于空间，而且还存在于时间之中。在西人看来，一切事物只有获得时间的解释，才能取得一般性的特征。德国哲学家海德格尔（Martin Heidegger）在其代表作《存在与时间》的开篇就这样说："本书的目的就是要具体地探讨'存在'意义的问题，而其初步目标则是把时间阐释为使对'存在'的任何一种一般性领悟得以可能的境域。"[1]大哲学家都把存在与时间作了勾连，虽然这是时间对存在的哲学意义，但权利也是一种存在。用哲学透视法律，仍然会有高屋建瓴的效果。

---

　　[1]　［德］马丁·海德格尔：《存在与时间》，陈嘉映、王庆节译，生活·读书·新知三联书店 1987 年版，第 1 页。

时效，是指一定的事实状态持续经过一定期间而发生一定财产法效果的法律事实。时效是一种期限，但与一般期限由当事人约定不同，时效是法定的，具有刚性特征。时效在本质上，是对权利的限制，即用经过的时间来固定现实中的权利义务状况，否定真正权利人利用诉讼来推翻现状恢复到过去。

中国固有的传统，信奉"父债子还""今生不还来世还"，这样的信念和传统断然不会产生系统的时效制度。所以，我国现行法中的时效制度是从西方借鉴来的，并不是本土孕育的。在历史典籍中，也可以发现有个例的存在。如《宋刑统》卷第二十六准文规定："百姓所经台府州县论理远年债负事，在三十年以前，而主保经逃亡无证据，空有契书者，一切不须为理。"即债权文书经过 30 年又无主保证明的，即使有契书，该债权亦不受保护，类似消灭时效。类似取得时效的规范，如《清律》典卖田宅条附例规定："其自乾隆十八年定例以前，典卖契载不明之产，如在三十年以内，契无绝卖字样者，听其照例分别找赎。若远在三十年以外，契内虽无绝卖字样，但未注明回赎者，即以绝产论，概不许找赎。"通过此等个例，可以窥见我国历史上时效制度的功能所在，有利于对该制度正本清源。

现代民法上的时效制度滥觞于罗马法。罗马法中实体法与诉讼法不分，实体权利依附于诉权，时效经过导致诉权消灭，依附于诉权的实体权利因无法行使，也形同消灭。所以，罗马法上的"时效是这样一种法律制度：根据该制度，一切诉权，及一切体现在诉讼时效的权利，在经过一定时期之后，可以通过抗辩权而加以消灭"。[1]罗马法上规定的时效有两类，一是取得时效，源于《十二表法》；二是消灭时效，是由判官予之的诉权，这是后世民法上消灭时效的由来。现代民法与罗马法在时效上的不同，在于现代民法认为时效是一个实体法上的问题，因时间流逝而不能行使的是实体权利。时效在普通法系同样存在，与大陆法系不同的是，普通法系的时效仍被看作是一种程序上的权利，尤其是消灭时效，仍然保留在程序法制度中。[2]

在总分则民法典体系中，虽没有设立统一的时效制度，但时效

---

〔1〕　[意] 彼德罗·彭梵得：《罗马法教科书》，黄风译，中国政法大学出版社 1992 年版，第 107 页。

〔2〕　参见 [英] F. H. 劳森、B. 拉登：《财产法》，施天涛等译，中国大百科全书出版社 1998 年版，第 49 页。

被认为是一个实体法上的问题。诉讼时效因请求权所具有的总括性，规定于总则编；而取得时效因原则上仅适用于所有权，一般在所有权通则中规定；其他时效则分散规定于民法或者其他特别法。我国《民法典》设诉讼时效一章，只规定了诉讼时效，未规定取得时效。本章对时效制度作一个总览，以作为知全貌的"橱窗"，余下部分主要论述诉讼时效。

【拓展阅读47】

二、时效之性质

（一）法律事实

就时效对民事法律关系的效果而言，时效能导致权利的取得或者丧失，应属法律事实；时效的期间经过不受当事人意志的控制，就此而言，时效又属于事件。

（二）强制期间

时效期间由法律规定，当事人不得约定更改或预先抛弃。《民法典》第197条第1款规定："诉讼时效的期间、计算方法以及中止、中断的事由由法律规定，当事人约定无效。"该条第2款还规定："当事人对诉讼时效利益的预先放弃无效。"所以，时效期间既属法定期间，又属法律的强行性规范，不允许由当事人的意思约定，违反规定而约定者，皆绝对无效。

（三）法律要件

时效的效果是期间与事实的结合，即时效期间须与一定的事实状态结合才发生一定的效果。即无一定事实状态与之结合，也无时效之效果的存在。故时效法律效果的发生须与一定事实状态并存而构成法律要件。就此而言，时效又属法律要件。

三、时效之制度价值

【法条链接16】

对于时效的制度价值，学说上众说纷纭，尚无定论。最流行的说法是，设立时效制度在于敦促权利人及时行使权利，对不积极要求享有自己权利的人是不值得加以保护的。即所谓"法律不保护权利上的睡眠者"。这个说法太过笼统，甚至有点不讲道理。根据谁主张权利谁负举证责任的诉讼规则，权利人提出拥有权利的证据时，法院有何理由不予保护？法官是由纳税人养活的，当事人就是法官的衣食父母，法院凭什么不尽职尽责，用时间短长而不用证据来判案？显然这是一条为法官懈怠懒惰寻找的一条冠冕堂皇的理由，完全不顾及实体法上正义公平的法律价值。

另外两种比较流行的观点，也是被普遍作为时效的解释的。

"秩序安全说"认为，设立时效制度在于尊重形成已久的事实状态不被真正权利人推翻，以利于维持社会秩序的安全。[1]即如果权利人长期怠于行使权利，就会使法律关系处于不确定状态，不利于社会交易秩序的稳定。对此，法律更倾向于维护现实的财产安全。不过用"将错就错"否定"拨乱反正"来维护社会安全秩序，太过功利主义，理由也不那么理直气壮。因此，也有学者对此质疑，德国有学者认为，为了加快商业流转，法律规定越来越多的短期时效，权利人往往来不及提起诉讼，有时买来产品的瑕疵是事后形成或者使用时才发现的，或者权利人对对方很信任不想逼得太紧，而法律起草者们只考虑"权利的安全性"，这却并不总是合乎实际的。[2]尤其是给了那些企图通过"长期等待，以便借消灭时效之抗辩权解除义务的人"[3]可乘之机，不仅使粗心的权利人蒙受不利，对那些尽其注意仍未能获悉有此权利者，也显不公平。

"证据代用说"认为，时间长了以后，证明以往事实的证据材料难免湮灭，证明真实的权利关系是有困难的，为避免举证困难，以时效代替证据使久不行使权利者丧失权利。[4]上述批驳"法律不保护权利上的睡眠者"的理由同样可以否定"证据代用说"，因为法官驳回一个缺乏甚至没有证据支持的权利，比之用时效来推诿则更容易，也更显正当，更具正义性。对法律上已有的制度不敢质疑，用种种"貌似合理"的理由为其解释，充斥于民法理论中。这种现象是缺乏独立思考的表现。要学习马克思，带着批判的眼光去解读，理论自信、制度自信能在批判中产生。

在诸多关于时效的学说中，两位美国的法经济学者，试图用效率原理证明普通法中占有时效的起源，他们在论证中提出了时效产生的两个经济效率方面的理由，对了解西方人设计的时效制度很有启迪价值。他们提出的第一个理由，就是用时效切断所有人对掠夺者的追诉，减少管理财产成本。因为，时效制度可以使"买方不必理睬第三者基于老皇历的权利主张"，"交易不再因基于陈年老账争

---

〔1〕　参见史尚宽：《民法总论》，中国政法大学出版社 2000 年版，第 623 页。

〔2〕　[德] 卡尔·拉伦茨：《德国民法通论》（上册），王晓晔等译，法律出版社 2003 年版，第 335 页。

〔3〕　黄立：《民法总则》，中国政法大学出版社 2002 年版，第 452 页。

〔4〕　参见胡长清：《中国民法总论》，中国政法大学出版社 1997 年版，第 350 页。

议所有权的风险受阻"。[1]说到底，时效可以切断现实和历史的财产联络，为商人们创造交易的安全环境。他们提出的第二个理由，是避免财产被闲置，让有"进取心者"利用，这样符合效率原则。他们认为"依据无权占有规则，就是冒着把土地给他人利用的风险，将土地再分配给有进取心的所有者。该规则在这方面有利于将财产转向较高价值的用途，符合效率原则的要求"。[2]用经济效率来解释法律的应然，这是市场经济社会对法律的影响，其与各种学说对时效的解释，都反映不同时代对法律提出的要求。这些学说是否符合法律的正义、公平的要求，则是需要独立思考才能回答的。稍稍读过点西方史就应该知道，西方发达国家的工业化历史就是殖民地争夺史，掠夺原住民的土地、山林、矿产等各种资源，对殖民者来说就需要一个"合法化"的包装，用时效来切断上游者的权利，一切"存在"就当然而然地归殖民者拥有了。有些"鲜亮"的民法理论，是藏着污垢的。在以西方中心主义语境下，世界上大多数国家的法律都是通过被"洗脑"与西方"接轨"的，不知有汉，无论魏晋。[3]对于中国学者来说，应该有所觉醒。

农耕社会依赖"一岁一枯荣"，产出周期长，对时效要求不突出；而工商社会需要分工协作，周期短且"日新月异"，一切"存在"必须在特定时间内运行，时效有其合理性和必要性。但时效制度内含血淋淋的殖民史，这对曾经的半殖民地中国在引入这些制度的时候，应该是要有所取舍的，不能盲目搬过来。现在民法典中的时效制度，并没有用法律的"正义性"做过清理，后学者可以在这方面有所施展。这里只能依据现行实定法阐述，研习者可以在阅读中继续思考。

第二节　时效之类型

一、取得时效

取得时效，是指占有他人动产或者不动产持续达到一定期间，

---

〔1〕　［美］罗伯特·考特、托马斯·尤伦：《法和经济学》，张军等译，上海三联书店1991年版，第212页。

〔2〕　［美］罗伯特·考特、托马斯·尤伦：《法和经济学》，张军等译，上海三联书店1991年版，第213页。

〔3〕　出自东晋陶渊明所作《桃花源记》。意指连汉朝都不知道，三国魏及晋朝就更不知道了。

【拓展阅读48】

取得该占有财产所有权之时效。因取得时效的事实状态为占有他人财产，故又称其为占有时效。取得时效的制度功能在于维护已形成的新的财产关系，废除旧的财产关系。在立法例上，符合取得时效条件的持续占有财产的事实，被视为所有权原始取得的根据。对于取得时效之客体，各国法的规定不同。法国限于不动产，[1]而德国民法中限于动产，[2]不动产因属于载入登记簿的人，另规定了簿记时效，自主占有土地满30年的，可成为所有权人。[3]我国《民法典》没有规定取得时效，但法律中有取得时效的零星规定。如《民法典》第574条第2款规定："债权人领取提存物的权利，自提存之日起五年内不行使而消灭，提存物扣除提存费用后归国家所有。"这条规定的是国家取得私人提存物所有权之期间，在法律效果上也不属私法，但在性质上与取得时效相近。

我国学界关于建立取得时效制度的呼声不绝于耳，理由不一而足，与"国际接轨"恐怕是更深层面的主要理由。[4]鉴于取得时效制度出身于"强盗"规则，作为社会主义的《民法典》没有采纳，应该是不同于资本主义民法的一个特点，立法者的谨慎是应该的。在财产交易安全方面，《民法典》规定了善意取得制度，从另一个角度为真正权利人提供了法律保障，当然这要在物权编学习了。

二、诉讼时效

（一）称谓

也称消灭时效，是债权人怠于行使权利持续至法定期间，其权利的行使即受阻遏的时效。因该时效丧失的是诉讼上的公力救济权，我国民事立法和民法学著作一直沿袭《苏俄民法典》的叫法，谓之诉讼时效。虽然"诉讼时效"与"消灭时效"只是称呼之别，但细究起来，两者体现的价值观是很不相同的。谓之诉讼时效，反映的是民事主体与法院的公法关系，突出公权力对私生活的干预；谓之消灭时效，体现民事主体之间的权利义务关系，突出该时效在私法上的效果，与民法主旨吻合，含义也更精准。所以，称谓不是

---

〔1〕《法国民法典》第2265条。

〔2〕《德国民法典》第937条。

〔3〕《德国民法典》第900条、第927条。

〔4〕了解这方面的学术动态，可参见黄晨雨：《论建立取得时效制度的必要性》，载《上海法学研究》集刊2020年第19卷。

无所谓或可随意命名的，也是要咬文嚼字，通达本义才好。

（二）特征

诉讼时效与取得时效相比，有如下几点不同：

1. 制度价值不同。诉讼时效为避免举证困难，敦促权利人及时行使权利，不做"权利上的睡眠者"；而取得时效在于维护新的财产关系，废除旧的财产关系，换句话说，在新旧秩序之间，法律选择"喜新厌旧"。

2. 法律要件不同。诉讼时效以怠于行使权利为基础，权利人处于不作为状态；而取得时效以占有为基础，权利人处于作为状态。

3. 标的不同。诉讼时效之标的为请求权；而取得时效之标的则为所有权。

4. 法律效果不同。诉讼时效届满，丧失公力救济权；而取得时效届至，则取得权利。

诉讼时效的主要功能，是在商业交易中免除义务人对权利人的"等待"，是重商主义的产物。

三、除斥期间

（一）含义

除斥期间亦称预定期间，是指法律预定形成权于存续期间届满当然消灭的期间。法律对除斥期间的规定是分散的，不具有总括性。如《民法典》第 145 条规定的追认期间，第 152 条规定的撤销权期间，第 663 条第 2 款规定赠与人对忘恩行为之撤销赠与期间，及第 1124 条第 2 款规定的接受或放弃受遗赠表示期间等，都是关于除斥期间的规定。

（二）特征

除斥期间与诉讼时效虽均系因一定期间经过不行使权利而发生权利消灭的效果，但比较两者，仍有如下区别：

1. 价值不同。除斥期间的规范功能旨在维持原事实状态，除斥期间届满原事实状态之法律关系得到维持；而诉讼时效的规范功能则是为了维护新事实状态，诉讼时效期间届满新法律关系得到法律肯定，原有权利不再受公力救济。

2. 标的不同。除斥期间的客体是形成权；而诉讼时效的客体则是请求权。

3. 有无抗辩权不同。撤销权等形成权一经行使，效果即刻发生，相对人不得提出诉讼时效抗辩阻止该权利之效果。最高人民法院《关于审理民事案件适用诉讼时效制度若干问题的规定》[1]第5条第1款规定："享有撤销权的当事人一方请求撤销合同的，应适用民法典关于除斥期间的规定。对方当事人对撤销合同请求权提出诉讼时效抗辩的，人民法院不予支持。"而对于行使请求权的，非经法律特别限制的，相对人有抗辩权。

4. 效果不同。除斥期间届满，消灭的是实体权利，即形成权因除斥期间届满而消灭；诉讼时效届满则是丧失公力救济权，而实体权利并不消灭。

5. 期间弹性不同。除斥期间是不变期间，不能中断、中止、延长；而诉讼时效是可变期间，期间可因中止、中断或延长而得以延展。《民法典》第199条规定："法律规定或者当事人约定的撤销权、解除权等权利的存续期间，除法律另有规定外，自权利人知道或者应当知道权利产生之日起计算，不适用有关诉讼时效中止、中断和延长的规定。存续期间届满，撤销权、解除权等权利消灭。"法律规定很明确，无须再做解释。

四、失权期间

（一）含义

失权期间是指法律规定或当事人约定一定的期间，权利人于此期间内不行使权利，该权利即归于消灭的期间。失权期间的制度价值，是适应商业社会财产流转速率增加、交易规模扩大，消灭时效期间冗长的结果。法律适应这一要求，缩短某些请求权行使的期间或者允许交易者意思自治自行约定期间。法律对该期间亦无统一的概括性规定，学说上根据实定法对这类期间的规定，概括其特点、总结其效果，有认为其为另类法定期间类型，也有将其归入时效的。

当然有失权，必然有得权。一方因失权期间届满失去权利，相对人既可能免除义务，亦可能获得权利。得权的情形，如"抗辩权丧失的必然结果，是请求权的产生，或者请求权上的抗辩权消失，

---

[1] 2008年8月公布的《关于审理民事案件适用诉讼时效制度若干问题的规定》，在《民法典》公布后又作了相应的修正，并于2020年12月公布。这里引用的是修订后的规定。

因此该请求权得以重新实现"。[1]

失权与权利失效不同，权利失效是指权利人行使权利的前后行为矛盾，使相对人合法期待落空而使其权利失效。权利失效是对形成权行使的制约，是由司法判例和学说推演发展而来的，其制度价值是维护信赖保护理念。

（二）类型

1. 保证期间。保证期间，亦称保证责任期间，是债权人可主张保证人承担保证责任的期间。《民法典》第 692 条第 2 款规定："债权人与保证人可以约定保证期间，但是约定的保证期间早于主债务履行期限或者与主债务履行期限同时届满的，视为没有约定；没有约定或者约定不明确的，保证期间为主债务履行期限届满之日起六个月。"该条规定的 6 个月保证期间或约定保证期间，即属失权期间。未约定保证期间的，主债务履行期届满 6 个月后，保证债权人则失去保证请求权，亦即保证人得以免除保证债务；约定保证期间的，则约定期限届满后，保证人可免除保证责任。在法定或约定期间，承担保证责任的，该责任于履行保证债务后消灭。

《民法典》第 692 条第 1 款规定："保证期间是确定保证人承担保证责任的期间，不发生中止、中断和延长。"

2. 质量保证期间。质量保证期间，亦称质量异议期间，是指约定或者法定的产品质量或者瑕疵检验期间，逾此期间，权利人失去瑕疵担保请求权或者质量异议请求权。如《民法典》第 621 条第 2 款规定："当事人没有约定检验期限的，买受人应当在发现或者应当发现标的物的数量或者质量不符合约定的合理期限内通知出卖人。买受人在合理期限内未通知或者自收到标的物之日起二年内未通知出卖人的，视为标的物的数量或者质量符合约定；但是，对标的物有质量保证期的，适用质量保证期，不适用该二年的规定。"质量保证期间与诉讼时效，虽都适用请求权，但两者明显不同：①质量保证期间可约定，诉讼时效不得约定。②质量保证期间届满，消灭的是损害赔偿或者违约请求权，属于原债权的派生权，非原权利；诉讼时效届满，消失的是公力救济权，不是原实体权利。③弹性不同，质量保证期间是不变期间，不适用中止、中断和延长等；诉讼时效则是可变期间。

---

〔1〕 ［德］迪特尔·梅迪库斯：《德国民法总论》，邵建东译，法律出版社 2000 年版，第 119 页。

3. 回赎期间。在我国传统的不动产交易中，允许设定典权。回赎期间就是出典人赎回出典不动产之权利的期间，可以约定，未约定的一般为 30 年。若逾回赎期限不回赎的，即失去回赎权，俗称"绝卖"。因《民法典》没有规定典权，就不展开论述，这个概念可以作为法律专业的知识储备。

五、权利存续期间

权利存续期间是指支配性财产权于法定期间内存续，逾此期间该权利即告消灭的期间。权利存续期间的制度价值，主要在于为了充分利用某些公共资源，赋予私人以一定期间内的支配权，在法定期间届满后，随着该权利消灭私人占据的资源重归公共属性。

（一）地权期间

我国实行土地公有制度，因此土地属于公共资源，一切土地所有权皆为国家所有或者集体所有。私主体不能享有土地所有权，但可以取得使用权，该使用权为期限权利。自然人或法人对土地的使用权于法定期限内存续，期限届满该权利即告消灭。当然如需继续使用，得重新设定才能获得期间延展。我国土地区分国家所有和集体所有，并根据建设用地和农业用地规定了不同设定程序和地权期间。

1. 集体土地。对集体所有土地上设定的各类生产经营性使用权，《民法典》第 332 条第 1 款规定："耕地的承包期为三十年。草地的承包期为三十年至五十年。林地的承包期为三十年至七十年。"该承包权期间，即为农地使用权期间，得由承包合同约定，属于刚性期间，当事人不得约定变更。《民法典》第 336 条第 1 款规定："承包期内发包人不得调整承包地。"

2. 国有土地。《民法典》第 249 条规定："城市的土地，属于国家所有。法律规定属于国家所有的农村和城市郊区的土地，属于国家所有。"在国有土地上可以设定建设用地使用权，《民法典》第 344 条规定："建设用地使用权人依法对国家所有的土地享有占有、使用和收益的权利，有权利用该土地建造建筑物、构筑物及其附属设施。"对于建设用地使用权的期限，《中华人民共和国城镇国有土地使用权出让和转让暂行条例》第 12 条规定："（一）居住用地七十年；（二）工业用地五十年；（三）教育、科技、文化、卫生、体育用地五十年；（四）商业、旅游、娱乐用地四十年；（五）综合或者其他用地五十年。"建设用地使用权期限届满，权利即告消灭，但住宅用地例外。《民法典》第359条第1款规定："住宅建设用地使用权期限届满的，自动续期。续期费用的缴纳或者减免，依照法律、行政法规的规定办理。"

（二）知识产权期间

知识的创造、传播、运用并最后造福于人类，并不是某个人的功劳，是人类在漫长的演化过程中积累并共同创造的。因此，知识属于全人类，是人类的共同财富。知识产权法的诞生，是公共资源私有化的产物，既是人类社会对资本主义市场体制的妥协，也是给予创作者、技术创新者投入的回报，知识产权是"双刃剑"。所以，将知识化为"产权"，人类还需要守住几条底线，而且不允许逾越：其一，不允许将人类共同文化"私有化"，如语言、文字以及人文知识等，因为人的受教育、人的社会化过程就是复制已有的共同文化的过程，如突破此底线，人类社会将沦落为"动物世界"。其二，不允许将人类对自然界、人类社会的认识"私有化"，这主要是人类对客观世界、社会发展规律的认识，如科学、社会科学、医学等，这些知识是人类社会进步的源泉和动力。其三，确立知识产权垄断的有期原则。法律规定知识产权期间，就是为了体现这一原则，一旦权利存续期间届满，该权利即告消灭，其标的之知识即进入公有化领域，使知识回归其本来的属性，归全人类共享。当然，资本的贪婪总想着逾越底线，将知识私有，便于掠夺更多的财富。这是人类社会与资本的搏斗，在私有制社会是无解的，唯有人类进入社会主义、共产主义才能从根本上让知识回归公共属性。

爱尔兰剧作家萧伯纳说："如果你有一个苹果，我有一个苹果，彼此交换，我们每个人仍只有一个苹果；如果你有一种思想，我有一种思想，彼此交换，我们每个人就有了两种思想。"知识的交换本可以"双赢"，"产权"化是私有制的产物，与国际普遍的人权理念不相符。国际人权公约将享受知识作为基本人权，如《经济、社会、文化权利国际公约》第17条之一项就规定："人人有权参加社会之文化生活，欣赏艺术，并共同襄享科学技术进步及其利益。"注意公约里说的享有是无偿，而非有偿。《保护文学艺术作品伯尔尼公约》《保护工业产权巴黎公约》等，对知识产权的范围作了必要的限制，同时要求缔约国对著作权、专利权、商标权等知识产权中的财产权规定必要的存续期间。

我国《著作权法》第23条规定，著作财产权期间为"作者终生及其死亡后五十年"；《中华人民共和国专利法》第 42 条规定，"发明专利权的期限为二十年，实用新型专利权的期限为十年，外观设计专利权的期限为十五年"；《中华人民共和国商标法》第 39 条规定，"注册商标的有效期为十年"。此等期间，即为知识产权存续期间，期间届满，著作财产权、发明专利权绝对消灭；实用新型专利权和外观设计专利权、商标权可以申请期间续展，未续展期间的，期限届满权利亦告消灭。

第三节　诉讼时效之客体

诉讼时效适用于请求权，但请求权存在于各类民事权利中，不独是债权，物权、亲属权、继承权、人身权等，都有请求权存在。是否皆得适用诉讼时效，须一一厘定。

一、债权请求权

诉讼时效的主要适用对象就是债权请求权，包括合同之债请求权、损害赔偿请求权、无因管理请求权、不当得利请求权以及基于其他原因发生的债权请求权，如缔约过失之赔偿请求权等。

二、占有人返还原物请求权

物权属支配型财产权，可否适用诉讼时效，立法例上认识有别。德国法上，解除共有关系请求权、土地登记簿登记权利、相邻关系请求权等均不因诉讼时效而消灭；[1]瑞士民法只规定债权之诉讼时效，法国法则规定用益权、地役权因时效而消灭。[2]

《民法典》第 462 条第 2 款规定："占有人返还原物的请求权，自侵占发生之日起 1 年内未行使的，该请求权消灭。"即规定占有之物上请求权可适用诉讼时效。最高人民法院《审理民事案件适用诉讼时效制度的规定》第 5 条第 2 款规定："合同被撤销，返还财产、赔偿损失请求权的诉讼时效期间从合同被撤销之日起计算。"此处的"返还财产"请求权，应属债权请求权，返还财产不等于返

---

〔1〕 参见［德］卡尔·拉伦茨：《德国民法通论》（上册），王晓晔等译，法律出版社 2003 年版，第 334 页。

〔2〕 参见史尚宽：《民法总论》，中国政法大学出版社 2000 年版，第 629 页。

还原物，应解释为返还不当得利；若保管、运送、承揽等合同被撤销，所有人对被保管物品的物权返还请求权，不受诉讼时效限制。

三、动产返还请求权

《民法典》第 196 条规定："下列请求权不适用诉讼时效的规定：（一）请求停止侵害、排除妨碍、消除危险；（二）不动产物权和登记的动产物权的权利人请求返还财产；（三）请求支付抚养费、赡养费或者扶养费；（四）依法不适用诉讼时效的其他请求权。"按此规定推断，适用诉讼时效的仅包括非经登记动产返还请求权和债权请求权。民法规定诉讼时效只有 3 年，根据该条规定，动产返还请求权亦适用诉讼时效，在民法起草过程中，引发很大的争议。有学者就提出"第 2 项规定不应区分是否登记，应该一视同仁"；但持相反意见的学者认为："权利人长期不行使权利，不特定第三人可能并不知情，误以为义务人享有物权，基于信赖与之发生各种法律关系。不特定第三人的信赖利益被认为是社会公共利益的一种重要类型，需要保护"。[1]从《民法典》的规定看，显然吸收了后者的观点。

从比较法的角度分析，立法例上虽然也有规定物权返还请求权适用诉讼时效的，但都适用长期时效，而《民法典》则不分物权债权，除了明确规定不适用的，一概一视同仁，对动产物权返还请求权而言，3 年期间太短了，真不知立法者是如何考虑的。

【拓展阅读49】

四、亲属法上请求权

亲属法上请求权，如夫妻同居请求权、扶养请求权等，不因时效而消灭。《民法典》第 196 条第 3 项规定，抚养费、赡养费或者扶养费请求权不适用诉讼时效。我国《民法典》对于亲属法上请求权没有规定整齐划一的诉讼时效，亲属关系更多地遵循传统伦理和习俗规范，法律对此小心翼翼是有必要的。

五、继承回复请求权

继承回复请求权，亦称遗产请求权，是指继承人之继承权受到

---

[1]《民法总则立法背景与观点全集》编写组编：《民法总则立法背景与观点全集》，法律出版社 2017 年版，第 233 页。

侵害时，可向侵害人提出恢复原状之请求权。继承回复请求权是法律为了保护继承权设立的独立请求权，包括回复原状、返还遗产等请求权，均适用民法规定的普通时效。

六、不罹于诉讼时效之请求权

（一）《民法典》第 196 条之规定

该条规定的停止侵害、排除妨碍、消除危险请求权以及不动产物权和登记的动产物权的权利人返还财产请求权、支付抚养费和赡养费或者扶养费请求权，不适用诉讼时效。《民法典》第 196 条第 4 项还规定，"依法不适用诉讼时效的其他请求权"，梳理已有法律并结合实务，还有下列两项。

【法条链接 17】

（二）金融债权之请求权

法律基于特定的理由，限制请求权受时效限制的，则该请求权不得适用诉讼时效。最高人民法院《审理民事案件适用诉讼时效制度的规定》第 1 条规定了 4 项不受诉讼时效限制的请求权，即第 1 项"支付存款本金及利息请求权"；第 2 项"兑付国债、金融债券以及向不特定对象发行的企业债券本息请求权"；第 3 项"基于投资关系产生的缴付出资请求权"；第 4 项"其他依法不适用诉讼时效规定的债权请求权"。

上述 4 项不罹于诉讼时效之请求权，除了第 4 项属不确定的"其他"外，其他 3 项都是金融业中的金钱债权，可以称之金融债权。金融债权作为一种货币资本，其债权请求权不适用诉讼时效，实际与所有权不适用诉讼时效的道理是一样的。

（三）国家直接管理财产之损害赔偿请求权

至于其他法律规定不适用诉讼时效的，包括国家直接管理的国有财产受侵害的，其损害赔偿请求权，不受诉讼时效限制，永远可以追诉；再有人身损害中的定期金，是按照赔偿权利人的实际生存年限给付，作为持续性给付请求权，也不适用诉讼时效的限制。

第四节　诉讼时效之要件与效果

一、诉讼时效之要件

（一）请求权之存在

请求权，是请求他人作为或不作为的权利，包括债权请求权、物权请求权和亲属法之请求权。受诉讼时效的限制之请求权，在请求权之范围中已作说明，非请求权之权利，如所有权、形成权等，不适用诉讼时效。

（二）怠于行使权利

怠于行使权利，是因过失不行使权利的状态。诉讼时效既是敦促权利人积极行使权利，在表现上即是有不行使权利的情形，在外观上则是权利不存在。[1]如权利人不知其权利存在，或虽知晓其权利存在，但无法行使其权利，或一直在行使权利的，则不构成怠于行使权利。

通常权利人知其权利存在而不行使，可认定为怠于行使权利，若并不知悉其权利存在，就不存在"怠"之状态，但法律规定的最长时效，却自权利成立时起算，不以权利人怠于行使权利为必要，这是法律规定之例外。

（三）达到法定期间

即不行使权利持续到法律所规定的时间长度，这一时间长度即时效的法定期间。不行使权利持续状态达到法定期间，诉讼时效即告完成，时效的效力才发生。

各类请求权的法定期间并不同，适用时须根据请求权类型到法律规范中"对号入座"，如遇有法律限制适用的，则不得适用。在法定期间，怠于行使权利处于持续状态的，时效期间才届满；如期间有行使权利或义务人认诺等，时效即可停止，自下一次不行使权利状态发生时，持续状态重新开始，又重新计算期间。法律对期间周而复始的循环次数，没有特别要求，即并不限制。

【典型案例41】

（四）须当事人提出援用

诉讼时效期间是强行性规范，曾有人主张法院应在诉讼中提示当事人或者直接援引，在实务中也有法院越俎代庖，以强大公权力昭示"法律不保护权利上睡眠者"的价值观。然而，诉讼时效毕竟体现私法关系，当事人是否援用，仍应属于意思自治范畴，法院不应主动干预。《民法典》第193条明确规定："人民法院不得主动适用诉讼时效的规定。"据此，提出诉讼时效抗辩，成了是否适用的法律要件。最高人民法院《关于审理民事案件适用诉讼时效制度若干问题的规定》第3条第1款规定："当事人在一审期间未提出诉

---

〔1〕 参见史尚宽：《民法总论》，中国政法大学出版社2000年版，第621页。

讼时效抗辩，在二审期间提出的，人民法院不予支持，但其基于新的证据能够证明对方当事人的请求权已过诉讼时效期间的情形除外。"而且还延伸到再审，该规定第 3 条第 2 款规定："当事人未按照前款规定提出诉讼时效抗辩，以诉讼时效期间届满为由申请再审或者提出再审抗辩的，人民法院不予支持。"

在诉讼中得援用诉讼时效的权利，谓之援用权。谁享有援用权，最高人民法院的司法解释只说了"当事人"。但诉讼中除了原告、被告，还有形形色色的利害关系人，也都是当事人，是否皆有援用权，也须明确。学理上认为享有援用权之当事人应以"因时效而直接受益者"[1]为限，即当事人因属债权罹于时效免于履行债务之人和免于履行义务之人，后者如物上保证人等。总之，就是直接义务人，因时效而间接获利者、"搭便车"获利的皆不在此内，此观点可资赞同。

【典型案例42】

二、诉讼时效之效果

诉讼时效适用于请求权，时效届至，罹于时效的是请求权，而非请求权之基础权利，基础权利并不因之消灭。例如，债权请求权罹于诉讼时效后，债权本身并不因此消灭，只是沦为不完全债权而已。

请求权罹于诉讼时效后，发生何种法律上的效力，立法例上之规定相异。作一比较，然后审视我国法之规定，再作解读，就会更准确。

（一）立法例

1. 诉权消灭主义。《法国民法典》第 2262 条规定："一切关于物权或债权的请求权均经过 30 年的时效而消灭，主张时效的人无须提出权利证书，并不得对其援用恶意的抗辩。"在法国法上，时效完成请求权消灭，但是消灭的是实体法上的请求权或诉讼法上的请求权，需要明确。《法国民法典》公布时，实体法上请求权体系尚未构建，若以此解释《法国民法典》消灭的是实体法上请求权，显属"时光倒流"穿越之说，不符合实际。将《法国民法典》第2262 条的规定，解释为消灭诉权请求权，而非实体请求权，比较符合原意。

---

〔1〕 ［日］山本敬三：《民法讲义 I 总则》，解亘译，北京大学出版社 2004 年版，第 382 页。

2. 抗辩权主义。关于抗辩权主义，请求权罹于诉讼时效后，债务因附有抗辩权，可对抗请求权的强制执行力，债权并不消灭，在性质上沦为自然之债。《德国民法典》（2002 年施行）第 214 条第 1 项规定："在消灭时效完成后，义务人有权拒绝给付。"德国学者对此解释道："债务人在消灭时效届满后有权拒绝给付，这是一种技术意义上的抗辩权。债务人是仅仅主张消灭时效，还是想以其他方式为自己辩护，应当由债务人自己来决定"，然若"债务人一旦提出消灭时效届满的抗辩，就永久地排除了已罹于消灭时效的请求权的行使"。[1] 即时效完成，请求权以及其基础权利并不消灭，只是赋予债务人拒绝给付的抗辩权，作为债权的反对权存在。消灭时效抗辩权虽是一种永久抗辩权，其对债权的对抗效果，仍然是受到限制的。其一，附有抗辩权的债务在不知情时仍然履行的，不得以履行错误为由请求返还给付；其二，在时效届满前已符合抵销状态的，则该债权在罹于消灭时效后，仍然可用作抵销；其三，罹于消灭时效之债权有抵押、质权等物权担保的，债权仍可通过行使担保物权得到清偿，不受时效抗辩权的影响。

3. 债权消灭主义。《日本民法》第 167 条第 1 款规定："债权因 10 年间不行使而消灭。"此为学界认为日本民法采"债权消灭主义"的主要根据，以债权罹于时效而消灭债权本身，日本法的规定独树一帜。

如果将解释背景前移到 19 世纪日本移植德国民法之时，日本作此规定可能的原因就是法典起草人没有搞清楚债权与请求权的关系，在规定消灭时效之效果时，把时效这颗"炸弹"误投到债权，把债权"误炸死"了。为弥补和修正立法上的错误，日本对《日本民法》第 167 条第 1 款的规定作了限缩性解释。即认为，消灭时效即使完成，如当事人没有援用时，债权不因不行使而消灭，而是处于效果不确定状态。[2] 对于时效之功能，日本学者也多将其作为诉讼中的"防御"方法，赋予更多的裁判规范的品格，淡化民法规定"债权消灭"带来的规范体系上的消极效果。

4. 胜诉权消灭主义。《苏俄民法典》（1922 年）第 44 条规定："起诉权因超过诉讼时效期限而消灭。"1964 年修订后的《苏俄民

---

〔1〕 ［德］迪特尔·梅迪库斯：《德国民法总论》，邵建东译，法律出版社 2000 年版，第 102 页。
〔2〕 参见［日］山本敬三：《民法讲义 I 总则》，解亘译，北京大学出版社 2004 年版，第 379 页。

法典》取消了这个规定，对诉讼时效消灭的是什么权利，留下空白。但苏联学者认为，起诉在任何时候都是可以的，消灭起诉权用语不确切，应该是消灭时效期间届满债权人丧失胜诉权，即不能请求法院强制债务人履行债务，并被驳回其诉讼。[1]《俄罗斯联邦民法典》第 195 条规定："诉讼时效是被侵权人为维护自己的权利而提起诉讼的期限。"从字面理解，诉讼时效届满，实体权利之诉权消灭，消灭的还是胜诉权，而不是程序意义上的诉权。苏联民法对我国民事立法影响很大，在 21 世纪初及之前的《民法通则》和各类民法教科书，基本都是踩着苏联学说解释诉讼时效效果的。

（二）从《民法通则》到《民法总则》

1. 从胜诉权主义到抗辩权主义。我国《民法通则》第 135 条规定："向人民法院请求保护民事权利的诉讼时效期间为二年，法律另有规定的除外。"第 138 条又规定："超过诉讼时效期间，当事人自愿履行的，不受诉讼时效限制。"从《民法通则》的规定看，法律将诉讼时效期间届满所消灭的权利限定为"向人民法院请求保护"的民事权利，即诉讼时效期间届满时，权利人丧失的是胜诉权，而非实体权利，请求权之基础权利并不丧失。债权人对于债务人自愿履行的债务，仍享有受领保持力，债务人若自愿履行义务的，不得请求返还。胜诉权可以说是实体法上的"诉权"，其本质是执行力，与程序法上的诉权不同。当事人是否享有程序法上的诉权应依程序法上的规范判断，即使实体法上的诉讼时效届满，但当事人符合程序法上行使诉权要件的，人民法院仍得受理。因为诉讼时效是否已经届满，有无中止、中断、延长等情形，只有通过审判才能查明，其权利是否因诉讼时效届满而消灭，只有法院才有公力决断权。

进入 21 世纪，最高人民法院《审理民事案件适用诉讼时效制度的规定》第 19 条第 1 款规定的时效消灭规则是："诉讼时效期间届满，当事人一方向对方当事人作出同意履行义务的意思表示或者自愿履行义务后，又以诉讼时效期间届满为由进行抗辩的，人民法院不予支持。"即时效届满产生的是抗辩权，而非丧失胜诉权。司法解释意图由"胜诉权主义"向"抗辩权主义"方向转变。《民法

---

［1］［苏］布拉都西主编：《苏维埃民法》（上册），中国人民大学民法教研室译，中国人民大学出版社 1954 年版，第 176~177 页。

总则》（2017年）第192条第1款规定："诉讼时效期间届满的，义务人可以提出不履行义务的抗辩。"现在这一条又原样移入《民法典》。该条规定得非常明确，诉讼时效的法律效果，就是发生义务人拒绝履行义务之抗辩权，以此遏阻相对人的请求权，但请求权本身并不消灭，请求权之基础权利，更不消灭。

2. 从权利之效果。主权利之请求权罹于诉讼时效，非有法律特别规定，其效果及于从权利。如《民法典》第419条规定："抵押权人应当在主债权诉讼时效期间行使抵押权；未行使的，人民法院不予保护。"也就是主债权罹于诉讼时效的，及于从权利之抵押权。质权因为是质权人直接占有质物，法律未作与抵押权同等的规定，应视为主债权罹于诉讼时效的，其效果不及于质权。

对于保证债权，因法律规定其适用约定或未约定时6个月的失权期间，该失权期间届满，保证债权消灭（《民法典》第692条）。

第五节　诉讼时效之期间

诉讼时效的期间，即时效的时间长度，各国法的规定不一。但在种类上，有普遍期间和特殊期间之分；另外按照期间起算的不同，又有最长期间。

在我国民法中，普通期间由《民法典》和其他民事单行法规定；不适用民法规定的普通期间而由特别法规定的长于或者短于普通期间的，称之特别期间；此外，就是最长期间。

一、普通期间

诉讼时效普通期间是指由《民法典》规定的，非有法律特别规定时请求权所适用的诉讼时效期间。《民法典》第188条第1款规定："向人民法院请求保护民事权利的诉讼时效期间为三年。法律另有规定的，依照其规定。"即《民法典》或其他民事法律规范没有特别规定的，均适用3年的时效期间，因此该期间即为我国民法规定的普通时效期间。原来的《民法通则》规定的普通诉讼时效期间是2年，新公布的法律增加了1年。

普通诉讼时效期间，以多长期间为合适，确实需要探讨。立法例上规定较长的有30年的，如奥地利、法国等；有规定20年的，如荷兰；亦有规定10年的，如瑞士、意大利、日本等；再短的也有 3 年，如俄罗斯、德国等。相比较而言，我国法规定的普通时效期间比较短，尽管《民法典》规定了 3 年的期间，但不分物权、债权，对交易中的债权请求权或许尚可，对动产物权返还请求权，就显得很短。如借某物件给他人，约定返还时没去取或忘记了，一眨眼 3 年过去，"人是物非"归属他人了，非常的不合理。普通时效至少应 10 年，就是给 20 年也不算长。

二、特别期间

特别诉讼时效期间，是指不适用 3 年普通期间，而由法律特别规定适用于特殊请求权的诉讼时效期间，即属于《民法典》第 188 条第 1 款后半句的"法律另有规定的，依照其规定"。特别期间由民法或特别法另行规定，很难穷尽，这里主要作一个示例性说明。

（一）长于普通期间

法律规定的特别期间中，长于 3 年普通期间的，如《民法典》第 594 条规定："因国际货物买卖合同和技术进出口合同争议提起诉讼或者申请仲裁的时效期间为四年。"《保险法》第 26 条第 2 款规定："人寿保险的被保险人或者受益人向保险人请求给付保险金的诉讼时效期间为五年，自其知道或者应当知道保险事故发生之日起计算。"

（二）短于普通期间

法律规定的特别期间中，短于 1 年短期期间的，如海上运输货物向第三人赔偿请求权时效期间为 90 日。《中华人民共和国海商法》（以下简称《海商法》）第 257 条第 1 款规定："就海上货物运输向承运人要求赔偿的请求权，时效期间为一年，自承运人交付或者应当交付货物之日起计算；在时效期间内或者时效期间届满后，被认定为负有责任的人向第三人提起追偿请求的，时效期间为九十日，自追偿请求人解决原赔偿请求之日起或者收到受理对其本人提起诉讼的法院的起诉状副本之日起计算。"对于票据债权请求权的短期期间，《中华人民共和国票据法》（以下简称《票据法》）第 17 条第 2 项规定："持票人对支票出票人的权利，自出票日起六个月。"该法第 17 条第 3 项还规定："持票人对前手的追索权，自被拒绝承兑或者被拒绝付款之日起六个月。"该法第 17 条第 4 项接着规定："持票人对前手的再追索权，自清偿日或者被提起诉讼之日起三个月。"在商事、金融等服务行业，为实体经济服务，要求资金周转越快越好，所以时效期间都是以"日""月"计算，这是符合服务业特点的。

三、最长诉讼时效期间

最长诉讼时效期间，简称最长时效，是指法律规定的期间中最长的，请求权自成立起逾该期间即绝对丧失公力救济之期间。因该时效的法律要件与起算时间等，都与诉讼时效不同，故根据其性质，可认定其为法律的最长容忍期间。

（一）普通最长期间 20 年

诉讼时效期间属于主观时效，即以债权人不积极行使权利的主观状态为咎，按通常的对诉讼时效"维护财产安全秩序"的解释，如债权人无可咎之主观状态时，就不适用该时效，这样将导致财产秩序一直处于不确定状态。所以，法律规定一个客观时效作为"兜底"，只要权利人不行使权利达到一个法律容忍的最长时效期间，其请求权也罢于该期间而消灭。《民法典》第 188 条第 2 款后半段规定："自权利受到损害之日起超过二十年的，人民法院不予保护，有特殊情况的，人民法院可以根据权利人的申请决定延长。"即罢于最长诉讼时效期间的，请求权丧失公力救济权，但实体权利仍未消灭，有事还可延长。

（二）特殊最长期间

在特别法中，法律对最长时效期间的规定，也出现了例外。《中华人民共和国产品质量法》第 45 条第 2 款规定："因产品存在缺陷造成损害要求赔偿的请求权，在造成损害的缺陷产品交付最初消费者满十年丧失；但是，尚未超过明示的安全使用期的除外。"依其规定，产品缺陷赔偿请求权，未有安全使用期约定的，最长时效期间为 10 年，而且期间届满请求权之实体权利消灭。

《海商法》第 265 条对于船舶发生油污损害赔偿请求权规定的"在任何情况下时效期间不得超过从造成损害的事故发生之日起六年"。6 年时效期间属特别最长时效期间，这个规定复制了我国加入的《国际油污损害民事责任公约》（1969 年）第 8 条的规定："如果不能在损害发生之日起 3 年内提出诉讼，按本公约要求赔偿的权利即告失效。无论如何不得在引起损害的事件发生之日起 6 年后提出诉讼。如该事件包括一系列事故，6 年的期限应自第一个事故发生之日起算。"这是商法上的特殊情形，通常具有国际性，而我国对于所参加的国际公约，历来按优先于国内法予以对待。

四、仲裁之特别时效期间

法律对仲裁时效期间有特别规定的，依其规定；如无特别规定的，则适用民法对诉讼时效的规定。《民法典》第 198 条规定："法律对仲裁时效有规定的，依照其规定；没有规定的，适用诉讼时效的规定。"这一条是照搬了《中华人民共和国仲裁法》（以下简称《仲裁法》）第 74 条的规定。在法律规定强制仲裁的场合，就需要看法律对仲裁时效期间有无特殊规定。如我国对劳动争议规定了前置强制仲裁程序，并规定了仲裁时效。《劳动法》（2018 年修订）第 82 条规定："提出仲裁要求的一方应当自劳动争议发生之日起六十日内向劳动争议仲裁委员会提出书面申请。"此 60 日即为仲裁时效期间。按《劳动法》第 83 条的规定："劳动争议当事人对仲裁裁决不服的，可以自收到仲裁裁决书之日起十五日内向人民法院提起诉讼。一方当事人在法定期限内不起诉又不履行仲裁裁决的，另一方当事人可以申请人民法院强制执行。"[1]

【拓展阅读 50】

第六节　期间之开始

一、诉讼时效期间之起算

诉讼时效是一种主观时效，一般从权利可行使之时起计算。因为"只有当权利能够行使而怠于行使以至逾越时效时，权利人才应该承受其法律后果。如尚未到期的债权，此时权利人尚无请求权可言，诉讼时效自不应从权利发生之时起算"。[2]《民法典》第 188 条第 2 款规定："诉讼时效期间自权利人知道或者应当知道权利受到损害以及义务人之日起计算。"依此规定，在法律无特别规定时，诉讼时效期间从权利人知道或者应当知道权利被侵犯及义务人为谁之时开始计算。权利受到侵犯，不知道义务人为谁，权利仍无法行使，如车被砸但不知道谁干的，赔偿请求权就不知向谁提起，这时

---

[1]《劳动争议调解仲裁法》（2007 年）第 27 条第 1 款规定："劳动争议申请仲裁的时效期间为一年。仲裁时效期间从当事人知道或者应当知道其权利被侵害之日起计算。"新公布的《劳动法》的规定则大大缩短期间。

[2] 佟柔主编：《民法原理》，法律出版社 1983 年版，第 110 页。

启动时效就不合理。对于如何界定权利可行使状态，司法解释、民法学说根据请求权的类型，概括了不同的确认方法。

（一）合同之债请求权

1. 未定有清偿期的债权，自债权人请求履行并于宽限期届满时起算；定有清偿期的债权，自期限届满时起算。

最高人民法院《审理民事案件适用诉讼时效制度的规定》第 4 条规定："未约定履行期限的合同，依照民法典第五百一十条、第五百一十一条的规定，可以确定履行期限的，诉讼时效期间从履行期限届满之日起计算；不能确定履行期限的，诉讼时效期间从债权人要求债务人履行义务的宽限期届满之日起计算，但债务人在债权人第一次向其主张权利之时明确表示不履行义务的，诉讼时效期间从债务人明确表示不履行义务之日起计算。"司法解释比较全面，规定了合同有约定履行期限和无约定履行期限两种情形。

2. 附停止条件的请求权，自条件成就之时起算，因为条件成就前，其权利尚属不可行使之期待权。

3. 对债务分期履行的，从最后一期债务履行期届满起计算。《民法典》第 189 条规定："当事人约定同一债务分期履行的，诉讼时效期间自最后一期履行期限届满之日起计算。"这主要适用于分期付款或分期交付之债，从最后一期履行期限届满起计算。

4. 对合同被撤销后，恢复原状或损害赔偿请求权时效期限如何起算，最高人民法院《审理民事案件适用诉讼时效制度的规定》第 5 条第 2 款规定："合同被撤销，返还财产、赔偿损失请求权的诉讼时效期间从合同被撤销之日起计算。"

这里对合同被撤销后的"返还财产"之请求权需作一说明。返还财产有返还不动产和返还动产之别，返还不动产和经登记的动产，按《民法典》第 196 条第 2 项的规定并不适用诉讼时效；返还动产的，如因保管、运送、承揽等合同被撤销，所有人对被保管物品的物权返还请求权则适用诉讼时效。

5. 债权之从权利。对于主权利之从权利，时效从何时开始，法律有明确规定，从其规定。例如，保证债权适用失权时效，对于期间起算日，《民法典》第 692 条第 2 款规定："没有约定或者约定不明确的，保证期间为主债务履行期限届满之日起六个月。"即保证期间从主债务履行期届满之日起计算，为 6 个月。对于贷款利息请求权、迟延利息请求权等，有学者认为，主请求权因时效而消灭时，从属请求权也随之而消灭。[1]但主债权之请求权期间开始，从债权如另行约定期间或者没有约定期间，则应该自从债权之请求权约定之始期开始，未约定应自请求时起计算期间。

主债权罹于诉讼时效的，从权利为担保物权的，该从权利是否罹于诉讼时效或者时效从何时开始计算，《民法典》第419条规定："抵押权人应当在主债权诉讼时效期间行使抵押权；未行使的，人民法院不予保护。"也就是主债权罹于诉讼时效的，及于从权利之抵押权。质权因为是质权人直接占有出质物，《民法典》未作与抵押权的同等规定，应视为主债权罹于诉讼时效的其效果不及于质权。

（二）损害赔偿请求权

1. 对于因债务不履行而生的债权之损害赔偿请求权的诉讼时效期间，前文已述，应自债务不履行时起算；合同被撤销后损害赔偿请求权从合同被撤销之日起计算。

2. 对于因身体受伤害而发生的损害赔偿请求权，时效起算因伤害明显或隐藏而有不同。伤害明显的，从受伤害之日起算；伤害当时未曾发现，后经检查确诊并能证明是由侵害引起的，从伤势确诊之日起计算。

3. 对持续发生的侵权行为，其赔偿请求权时效应从侵权行为实施结束之日起计算。

4. 对于其他的因侵权行为而发生的损害赔偿请求权，其时效期间应自权利人已知或应知其权利受损害及侵害人为谁时起计算。

（三）无因管理请求权

最高人民法院《审理民事案件适用诉讼时效制度的规定》第7条第1款规定："管理人因无因管理行为产生的给付必要管理费用、赔偿损失请求权的诉讼时效期间，从无因管理行为结束并且管理人知道或者应当知道本人之日起计算。"该条第2款又规定："本人因不当无因管理行为产生的赔偿损失请求权的诉讼时效期间，从其知道或者应当知道管理人及损害事实之日起计算。"

（四）不当得利请求权

最高人民法院《关于审理民事案件适用诉讼时效制度若干问题

---

[1] 参见［德］卡尔·拉伦茨：《德国民法通论》（上册），王晓晔等译，法律出版社2003年版，第340页。

的规定》第 6 条规定："返还不当得利请求权的诉讼时效期间，从当事人一方知道或者应当知道不当得利事实及对方当事人之日起计算。"

（五）行为能力欠缺者特殊起算规则

《民法典》基于对无民事行为能力和限制民事行为能力的特殊保护，规定了两款诉讼时效期间的特殊起算方法。其特殊不在于时效期间的特殊，而在起算时间的特殊。法律通过规定时效的特殊起算时间，间接延长了两者的诉讼时效期间。

1. 对监护人之请求权。《民法典》第 190 条规定："无民事行为能力人或者限制民事行为能力人对其法定代理人的请求权的诉讼时效期间，自该法定代理终止之日起计算。"法定代理人也即无行为能力人或者限制行为能力人的监护人，无行为能力人或者限制行为能力人对其监护人的请求权，包括人身损害赔偿请求权、财产返还请求权等。该条中所指的"该法定代理"，应是作为请求权之义务人的特定法定代理人，不是泛指其他法定代理人。

无行为能力人或者限制行为能力人在被监护期间，没有独立意思能力，即使知道人身或财产被法定代理人侵害，其提起诉讼也须由该法定代理人代理，或者在有多个法定代理人时会受到该法定代理人的干涉。如果诉讼时效从知道或者应当知道权利受到损害之日起计算，到该法定代理终止时，很可能时效已届满，权利就此落空。所以，在该义务人的法定代理终止之日起计算时效，有利于对无民事行为能力人或者限制民事行为能力人的保护。

在法定代理人之代理终止后，无民事行为能力人或者限制民事行为能力人或许已取得完全民事行为能力，也或许还继续处于民事行为能力欠缺状态，设定了新监护人。不管哪种情形，其请求权之时效即开始计算。

2. 未成年人性侵之赔偿请求权。《民法典》第 191 条规定："未成年人遭受性侵害的损害赔偿请求权的诉讼时效期间，自受害人年满十八周岁之日起计算。"即未成年人遭受性侵害发生的损害赔偿请求权，一概从其 18 周岁成年时起计算。

与《民法典》第 190 条规定的对法定代理人的请求权相比，第 191 条的规定在适用上有如下特点：①受害人须是未成年人，不论男性女性皆可适用，但成年人则不能适用，包括成年无民事行为能力和限制民事行为能力人；②该请求权须是因性侵害发生，即非性侵害之赔偿请求权不能适用该起算时间，如其他身体伤害的赔偿请求权及其他债权请求权都不能适用；③赔偿义务人的范围不特定，可以是监护人，也可以是其他非监护人，可以说是对未成年人的"网状"保护；④诉讼时效起算是自受害人年满18周岁成人之日，即使成人后仍是无民事行为能力和限制民事行为能力人，也不能适用该特殊保护。

二、最长时效期间之起算

《民法典》第188条第2款规定，"自权利受到损害之日起超过二十年的，人民法院不予保护，有特殊情况的，人民法院可以根据权利人的申请决定延长。"即该时效从权利被侵害时起计算，不是从权利可行使之时起计算，这是最长时效期间与诉讼时效期间最重要的区别之一。法律的考虑是这样的，从权利人已经可行使权利时起，如已知或应知可行使权利而不行使，适用普通时效期间，如无过失不行使的，则适用最长时效，司法给予的公力救济逾此期间不再等待，请求权之救济权罹于该最长时效期间而绝对消灭。

三、期间之竞合

所谓时效期间的竞合，是指权利被侵害后，因特殊情况可同时适用最长时效期间和其他诉讼时效期间，此时这两种时效期间发生重叠。如在权利受到侵害第19年知道被侵害或知道义务人为谁，可适用3年诉讼时效期间；但按最长诉讼时效期间，只能适用20年期间，两者发生竞合。即适用3年诉讼时效期间，其第2年即逾20年期间，该3年期间实际长于20年期间；若适用20年期间，该3年期间只适用1年，时效即终止。适用哪一个期间，对请求权就很重要。从法理上分析，《民法典》第188条规定的最长时效属主观时效，期间期满，绝对丧失公力救济权。因此，诉讼时效期间与最长诉讼时效期竞合时，优先适用最长时效，排斥适用诉讼时效期间，包括3年的普通诉讼时效期间及法律规定的其他特殊诉讼时效期间。[1]

---

〔1〕《贯彻执行〈中华人民共和国民法通则〉的意见（试行）》第167条就规定，时效竞合时，对于"超过二十年的，不予保护"，即优先适用最长时效。该意见虽已被废止，替代的司法解释尚未公布，但仍有参考价值。

第七节　期间之变动

一、概说

诉讼时效期间，须以权利人不行使权利为要件，若期间开始以后，因有变故使该要件不充分，时效期间即因之发生变动。概括立法例上的规定，存在三种变动形态，即诉讼时效期间的中断、中止和不完成。

时效期间开始后，若权利人行使了权利，与时效进行的法律要件相逆，时效就当然地戛然而止，已经经过的期间全部作废，此谓之时效中断。若客观上有阻碍权利人行使权利的事实，该事实发生于时效行将完成之际，则时效暂停，谓之时效中止。时效继续进行并于事后延长期间的，谓之时效不完成。我国民法未规定时效不完成，而司法解释将时效不完成情形并入了时效中止。此外，对于时效弹性用尽有可能发生遗漏的情形，又规定了时效延长。因此，按我国民法的规定，有诉讼时效中止、中断、延长三种时效期间变动的类型，其共同的特征，是使期间因缓冲而获得比原定期间更长的期间，故谓之期间变动。

二、诉讼时效之中止

（一）含义

诉讼时效中止是指在诉讼时效期间的最后 6 个月内，因法定事由而使权利人不能行使请求权的，诉讼时效期间的计算暂时停止。依诉讼时效的中止，其已经经过的期间仍然有效，待阻碍时效进行的法定障碍消除后，时效期间继续进行，直至期间届满。其变动期间的方法，就是将法定障碍经过的期间从时效期间中扣除，使有效的期间获得延展。诉讼时效中止的制度价值，是把权利人非不行使权利而是不能行使权利经过的期间，排除于时效期间之外，从而使有效的诉讼时效期间符合"怠于行使权利"的要求，将真正计入时效的期间限定于权利人主观不行使权利的情形，以提高诉讼时效期间的"含金量"。

《民法典》第 194 条第 1 款规定："在诉讼时效期间的最后六个月内，因下列障碍，不能行使请求权的，诉讼时效中止：（一）不可抗力；（二）无民事行为能力人或者限制民事行为能力人没有法定代理人，或者法定代理人死亡、丧失民事行为能力、丧失代理权；（三）继承开始后未确定继承人或者遗产管理人；（四）权利人被义务人或者其他人控制；（五）其他导致权利人不能行使请求权的障碍。"法律规定了5项法定中止事由，其中前4项是明确的，最后1项属"兜底"条款。

（二）中止之法定事由

1. 不可抗力。《民法典》第180条第2款规定："不可抗力是不能预见、不能避免且不能克服的客观情况。"可适用不可抗力的情形，首先，是客观情况，即非权利人可以预料的情形，如地震、海啸、洪水等"天灾"当然在内；战乱、瘟疫、暴乱等"人祸"，能否适用不可抗力条款，我国法律没有明确的规定和解释，在立法例上，与不可抗力具有同等效力的事项还有"其他不可避免之事变"，就包括战争、骚乱、交通断绝等，[1]可资参考。其次，由于政府行为如征收征用等使权利不能行使的情形，如政府宣布设立雄安新区后，冻结在雄县、容城、安新三县的各种建设，因此遇有请求权不能行使的，此非主观可预料，亦应属于客观情况。最后，须符合"三不"要求，如天气预报有台风来临，能做预案的消极不做，就不符合"三不"要求。对于非人力能左右的经济危机，即使"不能预见、不能避免"，也很难说是不能克服的，往往是"几家欢喜几家愁"，所以是被法律排除在不可抗力之外的。《民法典》第533条第1款也对此定性为不属不可抗力："合同成立后，合同的基础条件发生了当事人在订立合同时无法预见的、不属于商业风险的重大变化，继续履行合同对于当事人一方明显不公平的，受不利影响的当事人可以与对方重新协商；在合理期限内协商不成的，当事人可以请求人民法院或者仲裁机构变更或者解除合同。"该规定是对经济危机类的重大事变，适用"情势变更"原则解除或变更合同，而不准用不可抗力推诿。

2. 监护人障碍。无民事行为能力人无意思能力，限制民事行为能力人不能实施超越其智力、精神健康状况的法律行为，通过诉讼行使请求权，肯定是超越限制行为能力人意思能力的范围的。因此，无民事行为能力人、限制民事行为能力人以诉讼行使请求权，

---

〔1〕 参见胡长清：《中国民法总论》，中国政法大学出版社1997年版，第374页。

须法定代理人代理，若法定代理人死亡、丧失行为能力，或者丧失代理权的，诉讼时效期间也因此中止。

3. 未确定继承人或者遗产管理人。继承权自被继承人死亡时开始，若继承开始后，未确定继承人的，继承即无法进行；无遗产管理人的，亦无法通过收取债权清偿债务、分割共有财产，并确定遗产范围。继承人在时效期间内行使继承请求权，向谁行使、遗产标的是什么都不明确，显然也无从请求。所以，法律规定未确定继承人或者遗产管理人的，时效期间中止。在明确了继承人范围，或者指定遗产管理人之时，时效继续进行。

4. 权利人被义务人或者其他人控制。诉讼时效期间从权利人知道或者应当知道权利受到损害以及义务人之日起计算，但若权利人被人控制，无法行使权利，诉讼时效期间就此中止。待权利人受他人控制状态消除，时效再继续进行。

5. 其他障碍。其他导致权利人不能行使请求权的障碍，是法律对不能穷尽的情形作的"兜底"性规定。

（三）中止事由发生之期间

中止时效的法定事由必须在诉讼时效期间的最后 6 个月内发生，或法定事由虽发生于 6 个月前但持续至最后 6 个月内的，才能发生中止时效的法律效果。因为时效中止主要是权利人行使权利发生了客观障碍，如果这个障碍能在时效期间内消除，那么就没有必要中止时效。例如，适用 3 年时效的，进行到 2 年时遇到洪水，交通阻断，2 个月后洪水退去，那么权利人还有剩余的 8 个月可以请求，就无须中止时效给予期间的救济。

（四）中止之法律效果

1. 中止前经过之时效。法定事由发生前已经过的时效期间仍为有效；法定事由经过的期间为时效中止期间，不生时效期间的效力；法定事由消除后，时效期间继续进行。

2. 中止事由消除后之期间。法定事由发生在最后 6 个月内，法定事由消除后，剩下时效期间如何计算？如果不足 6 个月，应否补足其为 6 个月。《民法典》第 194 条第 2 款明确规定："自中止时效的原因消除之日起满六个月，诉讼时效期间届满。"即不管中止事由发生于最后 6 个月内的何时，中止原因消除后，一概补足 6 个月。如法定事由发生于时效期间的最后 1 个月，法定事由消除后，时效期间"长"为 6 个月。

（五）中止适用之时效类型

除了法律有特别规定，诉讼时效中止适用于最长时效期间以外的所有的诉讼时效期间类型。

（六）中止与时效不完成

所谓诉讼时效不完成，是指在时效期间即将完成之际，虽因难以行使权利的事由发生，但时效继续计算并不停止，法律强行规定非于该事由结束后经过一定期间，请求权的时效不完成。

时效不完成与时效中止的区别，主要有：①不完成的事由具有持续性，如无行为能力状态，而且可以发生在时效期间届满之前或以后；而中止事由多为一时性，如地震，且必须在时效完成之前发生。[1] ②不完成的时效是继续进行；而中止的时效是停止进行。③不完成的效果是持续性障碍终止前时效不完成，[2] 在障碍终止后补加一定期间，《德国民法典》第210条、第211条规定的是短于6个月的，补足6个月。即变相延长时效期间；中止的效果则是将事由发生的期间扣除，将此前已经过的期间与扣除后进行的期间相加作为时效期间。一言蔽之，时效不完成是期间即使完成也算不成，时效中止则是眼看期间要完成而暂停进行。

在立法例上，时效不完成适用范围有缩小的趋势。如修订后的《德国民法典》将婚姻关系和监护关系由原来的时效不完成归入时效中止，缩小了适用时效不完成的范围，只有能力不完成（第210条）和继承关系不完成（第211条）两种。从这个角度看，我国民法典不规定时效不完成类型，具有删繁就简的意义。

三、诉讼时效之中断

（一）含义

诉讼时效中断是指因有与权利人怠于行使权利相反的事实，使已经过的时效期间失其效力。诉讼时效一经中断，请求权时效期间即须重新开始计算。诉讼时效以权利人消极不行使权利为前提条件，若此状态不存在，诉讼时效即因欠缺要件，其已进行的时效期间应归无效。

（二）中断之事由

对于诉讼时效中断的事由，法律规定了四种。《民法典》第

---

〔1〕 参见冯恺：《论诉讼时效的不完成》，载《法学杂志》2005年第1期。

〔2〕 参见〔德〕迪特尔·梅迪库斯：《德国民法总论》，邵建东译，法律出版社2000年版，第101页。

195 条规定："有下列情形之一的，诉讼时效中断，从中断、有关程序终结时起，诉讼时效期间重新计算：（一）权利人向义务人提出履行请求；（二）义务人同意履行义务；（三）权利人提起诉讼或者申请仲裁；（四）与提起诉讼或者申请仲裁具有同等效力的其他情形。"前 3 项比较明确；第 4 项需要司法解释或者通过习惯法认定。

1. 权利人之请求。这是指权利人于裁判外向义务人请求其履行义务的意思表示或其他可推断的请求行为。权利人提出请求，使不行使权利的状态消除，诉讼时效也由此中断。关于请求的方式，法律无明文规定，应认为口头或书面等能达请求效果的非要式行为，均可使用。请求之相对人除义务人外，权利人若向主债务之保证人、债务人的代理人及财产代管人提出请求的，亦发生请求的效果。最高人民法院《关于审理民事案件适用诉讼时效制度若干问题的规定》第 9 条规定："权利人对同一债权中的部分债权主张权利，诉讼时效中断的效力及于剩余债权，但权利人明确表示放弃剩余债权的情形除外。"

最高人民法院《审理民事案件适用诉讼时效制度的规定》第 8 条第 1 款规定了 4 种请求之意思表示方式：

（1）书面方式。该规定第 8 条第 1 款第 1 项规定，"当事人一方直接向对方当事人送交主张权利文书，对方当事人在文书上签名、盖章、按指印或者虽未签名、盖章、按指印但能够以其他方式证明该文书到达对方当事人的"；该规定第 8 条第 2 款加注，"前款第（一）项情形中，对方当事人为法人或者其他组织的，签收人可以是其法定代表人、主要负责人、负责收发信件的部门或者被授权主体；对方当事人为自然人的，签收人可以是自然人本人、同住的具有完全行为能力的亲属或者被授权主体。"

（2）数据电文。该规定第 8 条第 1 款第 2 项规定，"当事人一方以发送信件或者数据电文方式主张权利，信件或者数据电文到达或者应当到达对方当事人的"。这里的数据电文，应包含通过网络方式传递的信息，如电子邮件、微信等。

（3）推定方式。该规定第 8 条第 1 款第 3 项规定："当事人一方为金融机构，依照法律规定或者当事人约定从对方当事人账户中扣收欠款本息的。"这是以积极作为，表达行使权利的意思，法律承认其效力。这适用于金融机构在借贷合同作为贷款人的，若金融机构为借款人的，则不适用诉讼时效期间。这个规定的规范宗旨就是请求利息的，本金债权与利息债权一并中断。反之，则请求本金之效果不及利息，因为两者始期不同，如利息未约定履行期限的，自请求时计算履行期；如约定履行期的，则自履行届至时效开始。

（4）公告。该规定第 8 条第 1 款第 4 项规定："当事人一方下落不明，对方当事人在国家级或者下落不明的当事人一方住所地的省级有影响的媒体上刊登具有主张权利内容的公告的，但法律和司法解释另有特别规定的，适用其规定。"公告方式可以用来对付借钱后隐匿的"老赖"之类人。

【典型案例 43】

2. 义务人之同意。这是指义务人向权利人表示同意履行义务的意思，立法例上称之承认。义务人的同意，并非一定有意思表示，凡是达到对权利人之权利承认的一切行为皆可。承认，虽非债权人行使权利行为，但相对人送上一颗"定心丸"，债权人无须再紧盯讨债，故承认与请求发生相同之中断时效的效果。对同意的方式，法律未有限制，口头或书面、明示或默示，均无不可，而且也不问义务人的承认是否有中断时效的目的。

承认之表示人，原则上应为义务人本人，义务人的代理人于授权范围内而为同意的，亦发生同意的效果。但非连带保证人等承认的意思，对主债务人不生同意之效果。同意之相对人，原则上亦为权利人或权利人之代理人，对第三人为同意，除法律有特别规定或者交易惯例上允许的，不生同意的效果。

（1）履行义务。最高人民法院《审理民事案件适用诉讼时效制度的规定》第 14 条规定："义务人作出分期履行、部分履行、提供担保、请求延期履行、制定清偿债务计划等承诺或者行为的，应当认定为民法典第一百九十五条规定的'义务人同意履行义务'。"

（2）连带债务之连带效果。最高人民法院《审理民事案件适用诉讼时效制度的规定》第 15 条第 1 款规定："对于连带债权人中的一人发生诉讼时效中断效力的事由，应当认定对其他连带债权人也发生诉讼时效中断的效力。"该条第 2 款规定："对于连带债务人中的一人发生诉讼时效中断效力的事由，应当认定对其他连带债务人也发生诉讼时效中断的效力。"即在连带之债中，主债诉讼时效中断效力及于连带债权人和连带债务人的，后者包括连带保证人。

（3）行使代位权行为。最高人民法院《审理民事案件适用诉讼时效制度的规定》第 16 条规定："债权人提起代位权诉讼的，应

当认定对债权人的债权和债务人的债权均发生诉讼时效中断的效力。"

（4）债之移转。最高人民法院《审理民事案件适用诉讼时效制度的规定》第 17 条第 1 款规定："债权转让的，应当认定诉讼时效从债权转让通知到达债务人之日起中断。"该条第 2 款规定："债务承担情形下，构成原债务人对债务承认的，应当认定诉讼时效从债务承担意思表示到达债权人之日起中断。"即债之移转，让与之通知被视为一项新的"请求"；承担之同意，被视为"承认"，皆发生中断时效的效果。在立法例上，根据债的移转不得给相对人产生不利的后果，债务人可以原债权已经过的时效对抗新债权人，新债务人也可以原债务已经过期间提出主张。在这一点上，我国的司法解释给予时效以宽容，值得肯定，用时效"赖账"，很不齿。

3. 提起诉讼或仲裁。是指权利人提起民事诉讼或申请仲裁，请求法院或仲裁庭保护其权利的行为。在立法例上，与诉讼具有同等效力的事项也发生诉讼时效中断的效果，最高人民法院通过司法解释亦将该事项列入中断事由，这里一并列出。

（1）诉讼。诉讼之举，是权利人行使权利的最为强烈的表示，故诉讼之日便是时效中断之时。最高人民法院《审理民事案件适用诉讼时效制度的规定》第 10 条规定："当事人一方向人民法院提交起诉状或者口头起诉的，诉讼时效从提交起诉状或者口头起诉之日起中断。"

（2）仲裁。仲裁是由双方当事人协议将争议提交仲裁机构，由该仲裁机构对争议作出评判并予以裁决的非诉讼程序。根据私法自治原则，当事人之间就财产争议，有依约定排除法院司法管辖的权利。仲裁在性质上属自力救济，与公力救济的诉讼相比，有程序简便、仲裁人由双方当事人选任、仲裁机构为民间团体等特点，而且大多按专业设置，如海事、贸易、劳动等，仲裁员也多为专业人士，通常易于为当事人所信赖。所以，选择裁判自由已成为立法例上的通例，我国也制定了专门的《仲裁法》予以规范。对于仲裁裁决的效力，《仲裁法》第 5 条规定，"当事人达成仲裁协议，一方向人民法院起诉的，人民法院不予受理，但仲裁协议无效的除外"。亦即仲裁裁决与法院裁判具有同等效力。

（3）提起其他司法程序。权利人若以有效的判决、裁定、调解协议、仲裁裁决等法律文书，向法院申请执行的，亦发生与起诉同等的中断时效的效果。最高人民法院《审理民事案件适用诉讼时效制度的规定》第 11 条规定，申请支付令、申请破产或申报破产债权、为主张权利而申请宣告义务人失踪或死亡、申请诉前财产保全或诉前临时禁令等诉前措施、申请强制执行、申请追加当事人或者被通知参加诉讼、在诉讼中主张抵销以及其他与提起诉讼具有同等诉讼时效中断效力的事项等，皆属于与诉讼有同等效力中断时效的事项。

（4）撤案。权利人于申请诉讼或者仲裁后，没被立案或者被撤销立案的，或者起诉后又撤诉的，是否发生诉讼时效中断的效果呢？最高人民法院《审理民事案件适用诉讼时效制度的规定》第 13 条第 2 款规定，"上述机关决定不立案、撤销案件、不起诉的，诉讼时效期间从权利人知道或者应当知道不立案、撤销案件或者不起诉之日起重新计算；刑事案件进入审理阶段，诉讼时效期间从刑事裁判文书生效之日起重新计算"。提起诉讼、申请仲裁、举报，都是积极行使权利的行为，即使诉讼、仲裁、举报没被立案或者撤案，或者起诉和申请仲裁后，又撤诉的，但行使权利的效果仍然存在，故亦属于与诉讼具有同等效力的事项，可中断诉讼时效期间。

4. 与裁判有同等效力之其他情形。

（1）人民调解。调解，区分司法调解与民间调解。司法调解是由法院、仲裁庭等裁判机构主持的调解，其属于诉讼和仲裁程序的组成部分。人民调解属于民间调解，是由居委会村委会等群众自治组织主持，促成当事人通过自愿协商，就争议的民事权利义务纠纷达成一致的自治程序，在性质上属于准司法程序。在我国传统习俗中有家族调解，通常是有"舅舅"充当调解人，人民调解可以说是传承了这一传统，很有积极意义。《人民调解委员会组织条例》第 2 条第 1 款规定："人民调解委员会是村民委员会和居民委员会下设的调解民间纠纷的群众性组织，在基层人民政府和基层人民法院指导下进行工作。"对于人民调解的效力，《中华人民共和国人民调解法》第 31 条第 1 款规定："经人民调解委员会调解达成的调解协议，具有法律约束力，当事人应当按照约定履行。"所以，在人民调解委员会主持下，当事人就终结纠纷达成的协议，具有法律效力，与裁判具有同等中断诉讼时效的效果。

最高人民法院《审理民事案件适用诉讼时效制度的规定》扩大了有权调解人的范围，其第 12 条规定："权利人向人民调解委员会以及其他依法有权解决相关民事纠纷的国家机关、事业单位、社会团体等社会组织提出保护相应民事权利的请求，诉讼时效从提出请求之日起中断。"即将调解人扩大到国家机关、事业单位、社会团体等社会组织。如在灾难性事件赔偿中，因受害人众多，个别谈判费时费力，为了尽快平息灾难的负面影响，缓和社会舆论责难，有具有公信力的机关、社会组织出面调解，法律亦认其效力。如上海"11·15"特别重大火灾事故善后赔偿和"7·23"甬温线特别重大铁路交通事故赔偿，[1]是在政府支持下由慈善协会等多个社会团体出面调解解决的。

（2）举报。对于权利受侵害向司法机关举报的，亦有中断时效的效果。最高人民法院《审理民事案件适用诉讼时效制度的规定》第13条第1款规定："权利人向公安机关、人民检察院、人民法院报案或者控告，请求保护其民事权利的，诉讼时效从其报案或者控告之日起中断。"这是中国特色的中断时效的事由，既非诉讼，也未经立案，是一种非正式诉讼程序的检举或者报案，通称举报。如其是保护财产权利并含有请求权内容的，亦属与诉讼具有同等效力的事项，可中断诉讼时效期间。

（3）诚实信用。有学者提出，在诉讼时效期间比较短促的情形下，债务人主张时效届满抗辩权，是否可以根据诚实信用原则中断时效。如债务人请求债权人"再耐心等待一段时间，直到请求权最终确定"，[2]而后却主张时效已过。这等于下了一个套，让债权人钻，严重违反诚实信用原则。这当然不能任其得逞，最高人民法院《审理民事案件适用诉讼时效制度的规定》第14条规定："义务人作出分期履行、部分履行、提供担保、请求延期履行、制定清偿债务计划等承诺或者行为的，应当认定为民法典第一百九十五条规定的'义务人同意履行义务'。"最高人民法院是用扩大对义务人承认的解释，维护诚实信用原则的。所以，对债务人"耐心等待"之说，就可以解释为请求延期履行，发生中断时效的效力。

（4）谈判。在立法例上，谈判也是中断时效的事由。债权人与债务人就履行债务的谈判，既非请求，亦非承认，更非诉讼或调

---

〔1〕 参见2011年8月5日《关于上海市静安区胶州路公寓大楼"11·15"特别重大火灾事故调查处理结果的通报》和2011年12月25日《"7·23"甬温线特别重大铁路交通事故调查报告》。
〔2〕 ［德］迪特尔·梅迪库斯：《德国民法总论》，邵建东译，法律出版社2000年版，第105页。

解，而是双方自愿的和解。《德国民法典》第 852 条第 2 项规定：
"在赔偿义务人与权利人之间对于应当给付的损害赔偿的谈判悬而
未决时，时效中断，直至当事人一方或者另一方拒绝继续谈判为
止。"该法典第 639 条第 2 款规定的承揽合同的瑕疵检验期亦有中
止效果。在此种情形下，如债务人主张诉讼时效期间届满抗辩，也
有悖诚实信用原则。上述最高人民法院司法解释的第 14 条，应该
包括谈判。

（三）中断之法律效果

诉讼时效中断的事由发生后，已经过的时效期间归于无效，中
断事由存续期间，时效不进行，中断事由终止时，重新计算时效期
间。但如何确认中断事由的终止，因事由的性质有别而有所不同。

1. 因请求或同意中断时效的，书面通知应以到达相对人时为
事由终止之时；口头通知应以相对人了解时为事由终止之时。在时
效期间重新起算后，权利人再次请求或义务人再次同意履行义务
的，诉讼时效可再次中断。

2. 因提起诉讼或仲裁中断时效的，应于诉讼或仲裁终结，或
法院或仲裁机构作出裁判或仲裁书时为事由终止之时；权利人申请
执行程序的，应以执行程序完毕之时为事由终止之时。

3. 因调解中断时效的，调解失败的，以失败之时为事由终止
之时；调解成功而达成合同的，以合同所定的履行期限届满之时为
事由终止之时。

（四）中断适用之时效类型

诉讼时效中断适用于最长时效期间以外的诉讼时效期间类型。

四、时效期间之延长

（一）延长时效之含义

诉讼时效期间延长，是指因特殊情况，法院对已经完成的最长
时效期间给予的延展。《民法典》第 188 条第 2 款规定："诉讼时效
期间自权利人知道或者应当知道权利受到损害以及义务人之日起计
算。法律另有规定的，依照其规定。但是，自权利受到损害之日起
超过二十年的，人民法院不予保护，有特殊情况的，人民法院可以
根据权利人的申请决定延长。"从该条规定的递进关系看，对权利
的第一道时间限制线是诉讼时效，在诉讼时效不能适用时，再设立
了第二道时间限制线，即最长时效期间。因最长时效是客观时效，

没有期间变动的任何弹性，所以法律又怕挂一漏万，将该保护的权利挡在了时效外，于是对最长时效留了一个可以延长的"尾巴"。这个"延长"可以看作是最长时效之外的一个"延长时效"。从司法实务看，适用最长时效的就鲜见，这个"延长时效"更是罕见。

（二）适用事由

对于延长时效的适用事由，《民法典》仅规定属"特殊情况"，而且是由人民法院决定的。依对法条的文义解释，其属于法院自由裁量权范畴。

（三）适用之时效类型

关于延长时效适用的期间类型，根据前述对《民法典》第188条第2款规定的解读，延长时效是仅适用于20年的最长时效期间，不适用于其他诉讼时效及除斥期间。

【典型案例44】

（四）延长时效之特点

诉讼时效期间延长是为了保护当事人的权利，为防范法律可能的疏漏或者随社会发展出现不可预知的特殊情况，于中止、中断外而预留的救济空间。与中止、中断等其他变动时效相比较，延长有如下特点：

1. 适用对象不同。延长只适用于20年的最长诉讼时效，其他诉讼时效类型一概不能适用。

2. 适用原因特殊。关于适用之原因，《民法典》第188条第2款规定为"特殊情况"。因《民法典》都没给出"特殊"的范围和适用方向，还须通过司法实务的经验积累，或有待将来立法或司法解释阐明。而时效中止、中断的原因、适用范围，都是有法律明文规定的。

3. 须权利人申请。适用最长诉讼时效须由权利人向法院申请，未申请的，法院不能主动决定给予或不给予延长。而时效中止、中断是在当事人提出时效抗辩权时，权利人以中止或者中断作为对抗，适用无须向法院申请；法院作为裁判者，依法认定是否适用中止或者中断。

4. 由法院决定。由法院决定是否适用该项法律规定，而决定的结果为同意申请延长或不同意申请延长。若同意延长，延长多长时间，法院有一定的自由裁量权。而一般诉讼时效中止和中断的适用条件都是有法律规定的，只要当事人诉请并符合法律要件，法院必须适用，无权作出改变适用条件的决定。

第八节 期 间

一、期间之含义

期间是民事权利义务关系发生、变更、消灭的时间，其可分为期日与期间。期日，是指不可分或视为不可分的特定时间，如某日、某月或某年。期日的特征是表示时间长度中的某一点，而这一点是不可分的，其虽非瞬间，但无持续的观念。期间，是指从起始的时间到终止时间所经过的时之区间，例如，从某年某月某日至某年某月某日，这前一个时间是起始时间，后一个时间为终止时间，其间继续的时间就是期间。期间的特征是表示时间长度中的某一点到某一点的区间。与期日所表示的时间之"点"不同，它表示时间之"线"。

民事权利义务发生、变更、消灭之期间非任意期间，其效力发生于特定的时段内，受期间的限制，这个限制期间即是期限。《民法典》第 200 条规定："民法所称的期间按照公历年、月、日、小时计算。"我国采取公历纪年法，《民法典》的规定循此定历法。如果当事人之间特别约定用我国农历的，如"订一桌除夕夜的年夜饭""本歌厅子夜起打对折"等，以我国农历、地支计时表示日期、时间，也未尝不可。《民法典》第 204 条规定："期间的计算方法依照本法的规定，但是法律另有规定或者当事人另有约定的除外。"这就给了农历、地支计时的法律空间，当事人得按意思自治选用。

二、期限之效力

人的生与死、事物的变化、历史的发展等均存在于一定的时间，时间对人类社会的重要性自无疑问。民事权利义务关系的得丧变更均须于一定期日或期间内发生其效力，故此期日或期间，即是期限。期限之效力很广泛，概括言之，制约着主体、民事权利、民事义务等诸方面。

（一）决定民事主体的法律地位

即民事主体的法律地位由期限决定。例如，自然人的权利能力自出生之日开始，自死亡之日终止；有行为能力人在宣告死亡期间实施的法律行为有效；营利法人自登记之时成立；等等。

（二）决定民事权利得丧变更

即民事权利的取得、丧失或变更由期限决定。例如，所有权从财产交付之时移转；民事权利请求诉讼保护的时效期间从权利可行使起计算；继承自被继承人死亡时开始；发明专利权自申请日起20年消灭；等等。

（三）决定民事义务的存在与否

即民事义务的承担由期限决定。例如，在子女未成年期间父母的抚养义务；在债的关系有效期间债务人的给付义务；在专利权存续期间的实施义务；等等。

三、期限之性质及类型

（一）期限之性质

尽管人们对某些民事法律关系发生、变更和消灭的时间，能根据其意志决定，如选择订立合同、决定结婚的时间等。但这只是对时间的选择，而不是排除对时间的适用。易言之，任何人都不可能消除时间对民事法律关系的作用。所以，期限在性质上属于事件而不属于行为。这一事件属于法律事实范畴。

（二）期限之类型

依民事主体对期限有无选择权，可以对期限做分类，以认识期限对权利义务关系的不同影响。

1. 约定期限。这是指可由当事人自由选择的期限。如履行债务的期限、财产交付的期限、作品发表的期限等。

2. 法定期限。这是指法律强行规定的期限，即不容选择的期限，如诉讼时效期间、未成年人状态的期限等。在有法定期限并同时允许当事人约定其期限时，优先适用约定期限。如对于不动产物权合同的生效期间，《民法典》第215条规定，"当事人之间订立有关设立、变更、转让和消灭不动产物权的合同，除法律另有规定或者当事人另有约定外，自合同成立时生效；未办理物权登记的，不影响合同效力。"即只有当事人没有约定期限时，才适用法定期限。在法律不允许当事人约定期限时，法定期限不可更改，如对于须登记变动的不动产，《民法典》第214条规定，"不动产物权的设立、变更、转让和消灭，依照法律规定应当登记的，自记载于不动产登记簿时发生效力"，无意思自治的余地。

3. 指定期限。这是指由法院或仲裁机关确定的期限。如《民法典》第 48 条规定，"被宣告死亡的人，人民法院宣告死亡的判决作出之日视为其死亡的日期"。判决作出之日，即法院裁判指定的期限。指定期限的实质，也是法定期限，其与法定期限的区别，只是法律将确定期限的"法定"权授予法院或仲裁机关而已。

四、期间之计算

期间的计算方法有两种。第一种称自然计算法，即以实际经过的时间为计算的期间，如 9 月 9 日下午 5 时到 9 月 16 日上午 10 时，期间分秒不差。第二种是历法计算法，即以日历所定的年、月、日为计算单位。所称年，不论平年、闰年一概为 365 日；所称月不论大月、小月皆为 30 日。历法计算法虽不精确，然颇为便利。

依《民法典》第 204 条的规定，两种期间计算方法并存。法定或指定期限多用历法计算法；而约定期限，允许当事人选择；如未约定何种计算方法，则推定以历法计算法确定其约定期限。

五、始期与终期

（一）始期

始期即期间开始的时或日。以小时计算期间的，从规定时开始计算；以年、月、日计算期间的，其开始当天不算入，从下一天开始计算。《民法典》第 201 条第 1 款规定："按照年、月、日计算期间的，开始的当日不计入，自下一日开始计算。"但当事人对此有特别约定，从其约定计算。人的年龄，自出生之时起计算，其起算点，包括出生之日，此为例外。

（二）终期

终期即期间结束的时或日。按照年、月计算期间的，《民法典》第 202 条规定："按照年、月计算期间的，到期月的对应日为期间的最后一日；没有对应日的，月末日为期间的最后一日。"

期间的最后一天是星期六、日或其他法定假日的，《民法典》第 203 条第 1 款规定："期间的最后一日是法定休假日的，以法定休假日结束的次日为期间的最后一日。"休假日有变通的，以实际休假日的次日为期间的最后一天。

期间最后一天的截止时间的计算，《民法典》第 203 条第 2 款规定："期间的最后一日的截止时间为二十四时；有业务时间的，停止业务活动的时间为截止时间。"

【课后练习题7】

法学 e 系列教材

书　名	作　者
法理学	赵雪纲
宪法学	姚国建
行政法学	王敬波
行政诉讼法学	张　锋
中国法制史（第二版）	马志冰
民法总论（第二版）	姚新华
物权法	刘智慧
债法总论	费安玲
合同法	朱晓娟
侵权责任法	寇广萍
知识产权法（第二版）	周长玲
公司法学	吴景明等
证券法	王光进
经济法学	薛克鹏　张钦昱
金融法学（第二版）	魏敬淼
竞争法学	刘继峰　刘　丹
刑法学总论（第二版）	曲新久
刑法学分论	阮齐林
民事诉讼法学	杨秀清
刑事诉讼法学	卫跃宁
国际法	马呈元
国际私法	刘　力
国际经济法	张丽英